电子竞技专业系列教材

U0649542

电子竞技赛事管理

Management of E-Sports Events

◆ 直尚电竞　　主编

高等教育出版社·北京

内容提要

本书是电子竞技运动与管理专业校企"双元"合作开发的教材。

本书以市场为导向，由南京直尚电竞科技有限公司诸多资深电子竞技行业专家以及高校教师在总结近几年国家应用型本科院校与示范性高职院校专业教学改革经验及电竞行业内专家多年从业经历的基础上共同撰写。

本书主要介绍电子竞技赛事管理方面的知识，涵盖赛事概述、赛事的标准与制度、赛事的场馆管理、赛事营销、赛事中的多方参与、竞赛管理、赛事的场外运营等，并且在书中引用丰富的案例素材，进行深刻的剖析，对于电子竞技赛事的各项环节进行系统的梳理。通过本书的学习，读者可以对电子竞技赛事的概况、发展、管理模式、执行规范、长远规划等内容有比较深刻的认识，提升专业知识水平。为方便教学，本书配套有丰富的数字化课程教学资源，包括电子课件（PPT）、课程标准、授课计划、课后习题答案等，教师可发邮件至编辑邮箱 1548103297@qq.com 索取。

本书可作为本科及高职院校电子竞技运动与管理专业及体育类专业的基础课教材，也可作为电子竞技爱好者的学习和参考用书。

图书在版编目（ＣＩＰ）数据

电子竞技赛事管理／直尚电竞主编 ．--北京：高等教育出版社，2019.3（2022.11重印）

电子竞技专业系列教材

ISBN 978-7-04-051349-3

Ⅰ.①电… Ⅱ.①直… Ⅲ.①电子游戏-运动竞赛-组织管理-高等职业教育-教材 Ⅳ.①G898.3

中国版本图书馆 CIP 数据核字（2019）第 025503 号

策划编辑 刘子峰	责任编辑 刘子峰	封面设计 赵 阳	版式设计 童 丹
插图绘制 于 博	责任校对 刘 莉	责任印制 韩 刚	

出版发行	高等教育出版社	网　　址	http://www.hep.edu.cn
社　址	北京市西城区德外大街 4 号		http://www.hep.com.cn
邮政编码	100120	网上订购	http://www.hepmall.com.cn
印　刷	涿州市星河印刷有限公司		http://www.hepmall.com
开　本	787 mm×1092 mm　1/16		http://www.hepmall.cn
印　张	12.25		
字　数	290 千字	版　次	2019 年 3 月第 1 版
购书热线	010-58581118	印　次	2022 年 11 月第 3 次印刷
咨询电话	400-810-0598	定　价	35.80 元

本书如有缺页、倒页、脱页等质量问题，请到所购图书销售部门联系调换

版权所有　侵权必究

物 料 号　51349-00

丛书编委会

编委会主任

郭　阳　全国网络文化标准化技术委员会秘书长

编委会副主任

龚雨玲　教育部《高等职业学校电子竞技运动与管理专业教学标准》制订
　　　　专家组组长

朱海波　南京直尚电竞科技有限公司总裁

袁　军　中国互联网上网服务行业协会电竞分会常务副会长

王　惠　南京师范大学心理学院党委副书记、副教授

廖伟廷　上海映霸文化传播有限公司赛事总监

张海波　中国互联网上网服务行业协会教育培训专业委员会副主任委员

专家组

柳　军　教育部《高等职业学校电子竞技运动与管理专业教学标准》制订
　　　　专家组副组长

徐　众　江苏广播电视总台节目主持人、南京艺术学院特聘教授

严宝平　南京艺术学院传媒学院游戏化实验室主任、副教授

王　进　南京体育学院体育产业与休闲学院党总支书记、副教授

徐　凯　南京体育学院运动健康学院副教授

刘继红　江苏第二师范学院党委副书记、副院长、教授

李心渊　Suning 职业电子竞技俱乐部赛训总监

丛书编写项目负责人

刘凌英　南京直尚电竞科技有限公司（副教授）

委　员　姜翰生　张　强　王　政　韩　潮　蔡　涛　沙　莉

张　桐　芮伟明　许鹏飞

电子竞技（Electronic Sports）是电子游戏比赛达到"竞技"层面的活动。电子竞技运动是以电子设备作为运动机械进行的人与人之间的智力对抗运动，通过运动，可以锻炼和提高参与者的思维能力、反应能力和意志力，以及心、眼与四肢的协调能力，并可培养团队精神。2003年11月18日，国家体育总局批准将电子竞技列为第99个正式体育竞赛项目。2008年，国家体育总局将电子竞技改批为第78个正式体育竞赛项目。根据《普通高等学校高等职业教育（专科）专业设置管理办法》，在相关学校和行业提交增补专业建议的基础上，教育部组织研究确定了2016年度增补"电子竞技运动与管理"专业，自2017年开始实行。

本书是电子竞技运动与管理专业校企"双元"合作开发的教材。本书编写的主要目的在于教授学生以及社会电子竞技爱好者、相关从业人员关于电子竞技赛事的基础知识。现阶段，大众对于电子竞技赛事的认识尚不全面，本书通过大量的案例、素材进行透彻地分析，可以使读者对于电子竞技赛事的各知识要点有较为深入的理解。

本书共分为7章，对电子竞技赛事管理进行系统梳理。第1章是电子竞技赛事概述，从电子竞技赛事的发展史、类型与项目、赛事管理基础3个方面入手，详细说明什么是电子竞技赛事；第2章介绍电子竞技赛事的标准与制度，一方面给出电子竞技赛事规模的评价标准，另一方面罗列电子竞技赛事规则，读者可在这两者基础上对赛事的规模、质量有一定的认识；第3章介绍电子竞技赛事的场馆管理，主要对已有行业标准进行归纳和总结，目的是给现有电子竞技赛事的场馆使用提供标准，并列举赛事执行中的一些细节；第4章介绍电子竞技赛事营销的相关知识，首先系统介绍传统体育的盈利模式，因为电子竞技赛事至今为止都是在向传统体育学习，其次是电子竞技赛事逐渐展露出的一些特色；第5章主要讲述电子竞技赛事中的多方参与，分别是赛事内容的生产者、赛事的传播方、本地资源配置，从这些参与者的角度介绍赛事具体的发展、兴起、蜕变等一系列过程；第6章主要介绍电子竞技赛事在竞赛环境的组织管理，第一部分为按照活动流程、功能分区的竞赛赛场管理，第二部分为辅助赛事执行的后勤保障；第7章介绍赛事的场外运营，主要是从赛事主办方的角度出发，讲解赛事长期运营应当注意的内容，此外本章还结合当前电子竞技市场环境，对未来的赛事状况进行分析，供读者借鉴和思考。

本书采用理论与实例相结合的写作方法，在电子竞技赛事管理的理论基础上，结合实际比赛执行的细节，从形象分析、资源利用、营销探索、实际执行、长期规划等方面，帮助读者更加深刻地理解电子竞技赛事的相关概念和知识，有兴趣的读者可结合系列教材进一步学习。为方便教学，本书配套有丰富的数字化课程教学资源，包括电子课件（PPT）、课程标准、授课计划、课后习题答案等，教师可发邮件至编辑邮箱1548103297@qq.com索取。

本书的创作完成得益于创作团队长期的工作经验以及充分学习、调研积累，此外要特别感谢赛事相关专家的积极提点。由于编写组在赛事实际执行中实践缺失，部分内容不够全面、细致，疏漏及不妥之处在所难免，恳请广大读者提出宝贵意见。

编　者
2019年2月

目录

第 1 章

电子竞技赛事概述

概述

本章主要介绍电子竞技赛事的发展史和赛事管理基础。第 1 节首先介绍电子竞技赛事的早期发展以及目前电子竞技赛事的发展情况，然后重点介绍我国电子竞技赛事的发展，以及电子竞技赛事发展的新趋势。第 2 节主要介绍电子竞技赛事的不同类型和项目，并通过举例说明的方式详细阐述各类型和项目的异同。第 3 节主要介绍电子竞技赛事管理的内容和理念，其中内容包括战略管理和运作管理，理念包括赛事营销、产品服务、产品开发、赛事项目管理、赛事运作权变化和组织行为、法律与风险管理等六大理念。

电子竞技赛事的起源与发展，离不开优秀电子游戏的开发与推动。当电子游戏中出现了多人对抗，具有一定的比赛规模和形式，并且具有限定的场地、设备、规则以及奖励时，电子竞技赛事就诞生了。

1.1.1 电子竞技赛事的早期发展

世界上最早有记录的电子竞技比赛，是 1972 年美国斯坦福大学的学生在实验室里举办的 Intergalactic Spacewar Olympics 比赛（如图 1-1 所示）。比赛的规则很简单：两人使用一台 PDP-1 计算机进行对战，摧毁对方飞船的人胜出。此次比赛冠军的奖品是由《滚石》赞助提供的一年杂志订阅。

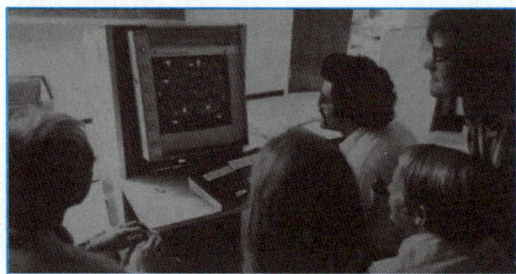

图 1-1　1972 年斯坦福大学举办的电子竞技比赛

到了 20 世纪 80—90 年代，街机、家用游戏机在全球流行，游戏玩家开始自发地比拼电子游戏中的最高分，如《吃豆人》《金刚》《俄罗斯方块》等。对这样的比赛进行规范化、组织化的管理时，现代电子竞技比赛的雏形就诞生了。1990 年，任天堂举办了"任天堂世界锦标赛（Nintendo World Championships，简称 NWC）"，首先是在 29 个城市举行预选赛，并将参赛者按照年龄分为 3 组，然后进行为期 3 天的总决赛，最终 3 个年龄组各诞生一名冠军，除了奖品与奖杯以外，3 人分别获得一万美元的奖金。

1996 年，首届格斗类游戏锦标赛（Battle by the Bay）在美国加利福尼亚举办，有 40 名参赛者参加了《超级街霸 2 Turbo》和《街霸 Alpha2》的比赛。到 2002 年，该赛事改名为 EVO（Evolution Championship Series），目前已经成为全世界最大规模的格斗类游戏竞技赛事（如图 1-2 所示）。

从 20 世纪末到 21 世纪初，《雷神之锤》《毁灭战士》《CS》《星际争霸》《魔兽争霸 3》等电子竞技游戏层出不穷，而随着《DotA》逐渐兴起，各类电子竞技赛

图 1-2　EVO 标志

事呈现出百花齐放之势。

1997 年，微软赞助举办了《雷神之锤》的 Red Annihilation 锦标赛（如图 1-3 所示），约有 2000 名参赛者进行线上比赛，决出的 16 名选手进行线下比赛，最终美籍华人方镛钦获得冠军，赢得了 5000 美元的奖金以及一辆法拉利 328 跑车。

图 1-3　《雷神之锤》Red Annihilation 锦标赛

1999 年，韩国 OGN 电视台正式创立了 Star League 联赛（简称 OSL），该联赛采取了线下赛制，并由 OGN 电视台全程转播，开创了电子竞技职业联赛与电视转播的先河。

1.1.2　电子竞技赛事的进一步发展

1. 全球三大电子竞技赛事

到了 21 世纪，CPL、WCG、ESWC 被并称为全球三大电子竞技赛事。

1997 年，职业电子竞技联盟（Cyberathlete Professional League，简称 CPL）成立，被认为是在全球范围内举办职业电子游戏锦标赛的先驱（如图 1-4 所示）。CPL 在 1997 年正式举办了第一场比赛 The FRAG，比赛项目是《雷神之锤》，参赛选手只有 300 人，奖金总额为 4000 美元。而到了 2000 年，CPL 大赛的总奖金达到了 10 万美元，最终美国的 FPS 职业玩家 Fatal1ty 拿下《雷神之锤 3》冠军，独占 40000 美元奖金。

图 1-4　CPL 标志

2001 年，由三星电子赞助的第一届世界电子竞技大赛（World Cyber Games，简称 WCG）在韩国首尔开赛，总奖金高达 30 万美元，共有来自 37 个国家或地区的 430 名选手参赛。自 2004 年起，每年更换举办城市，直至 2014 年，WCG 官方宣告停办。WCG 是全球范围内第一个最具规模的游戏文化节，大赛一直以 Beyond the Game 为口号，以推动电子竞技的全球发展为目标，曾被称为"电子竞技奥运会"（如图 1-5 所示）。

图 1-5　WCG 标志

欧洲传统电子竞技赛事 Lan Arena，最后一届于 2002 年在巴黎维莱特公园的展览大厅（Grande halle de la Villette）举办，共有来自 20 多个国家的选手参赛，总奖金达到了 6 万欧元，比赛场馆内备有 1500 台设备。随后，在 Lan Arena 的基础上，第一届电子竞技世界杯（The Electronic Sports World Cup，简称 ESWC）于 2003 年在法国正式举办（如图 1-6 所示）。这一年，我国的 15 个城市展开了 ESWC 预选赛，共选拔出 7 名选手赴法国参加全球总决赛。

图 1-6　ESWC 标志

2. 官方赛事

2009 年《英雄联盟》在北美发布，2010 年《星际争霸 2》发行，2011 年《DOTA2》面世，2012 年《CS：GO》正式发布，2014 年《炉石传说》开始运营，2016 年《守望先锋》横空出世。相对于 21 世纪早期电子竞技游戏，更加优质的电子竞技项目逐渐涌现，由于 Valve、Blizzard、Riot 等游戏厂商手握游戏版权和大量游戏用户资源，在举办电子竞技赛事时独具优势，因此官方赛事开始兴起，全球范围内展开了新一轮的电子竞技赛事热潮。《DOTA2》国际邀请赛（TI）、《英雄联盟》全球总决赛（S 系列赛）、暴雪嘉年华（BlizzCon）等已经逐渐成为观众人数最多、影响力最大、知名度最广的官方电子竞技赛事（如图 1-7～图 1-9 所示）。

图 1-7　《DOTA2》国际邀请赛（TI）标志

图 1-8　《英雄联盟》全球总决赛（S 系列赛）标志

图 1-9　暴雪嘉年华（BlizzCon）标志

　　而《英雄联盟》《守望先锋》等电子竞技游戏，在世界范围内构建了由游戏厂商掌控、运营的联赛模式。例如：

　　①《英雄联盟》联赛。由 Riot 进行组织，在全球设有 LPL、LCK、LMS 等六大赛区。

　　②《守望先锋》联赛（Overwatch League，简称 OWL）。由暴雪主办，2018 年第一赛季全球共有 12 支战队参加联赛，第二赛季将增至 20 支战队。

　　③《穿越火线》联赛。由韩国开发商 SmileGate 主办，在中国、北美、南美、欧洲等国家和地区均设有赛区。

　　此外，还有以网易 NeXT 联赛为典型代表的综合性官方电子竞技赛事。NeXT 联赛是网易游戏旗下首个集合多款热门游戏（如《梦幻西游》《逆水寒》《阴阳师》等）的专业电子竞技赛事，通过线上预选以及线下决赛的形式，为网易游戏的爱好者提供参与、观赏以及游戏文化沉浸式体验。

3. 第三方赛事

　　相对于体系完善、规模庞大的官方赛事，众多第三方赛事在游戏厂商的授权下火热展开，也受到了众多选手和玩家的追捧。但由于第三方赛事变现渠道不成熟，盈利较为困难，短期内往往会出现赛事运营收不抵支的情况出现，最终导致赛事因财政问题而停办（如上文提到的三大电子竞技赛事 CPL、WCG、ESWC）。

2004 年，韩国电子竞技界重金打造了 World E-sports Games（简称 WEG），是继 WCG 之后又一项由韩国主办的国际顶级电子竞技赛事，被誉为继 WCG、ESWC、CPL 之后的第四大电子竞技赛事。2006 年该赛事更名为电子竞技大师赛（World e-Sports Games Masters），并在杭州举办。2008 年起，赛事正式更名为世界体育电子竞技大师赛（World e-Sports Masters，简称 WEM），并将举办地定在杭州。

2006 年，Intel 与欧洲著名电子竞技组织电子竞技联盟（Electronic Sports League，简称 ESL）合作创办了英特尔极限大师杯赛（Intel Extreme Masters，简称 IEM），成为了 ESL 旗下的顶级电子竞技赛事。

2014 年，继承于 WCG 的世界电子竞技大赛（World Cyber Arena，简称 WCA）和全球电子竞技大赛（World e-Sports Championship Games，简称 WECG）相继创立（如图 1-10 和图 1-11 所示）。

图 1-10　WCA 标志

图 1-11　WECG 标志

2016 年，由阿里体育创办的世界电子竞技运动会（World Electronic Sports Games，简称 WESG），设有《DOTA2》《CS:GO》《炉石传说》《星际争霸 2》等比赛项目。WESG 作为新兴的大规模第三方赛事，将电子竞技与传统体育赛事的办赛模式进行了深度结合，在全球范围内受到了广大游戏玩家的关注。第一届 WESG 总奖金高达 550 万美元，吸引了全球超过 125 个国家和地区的选手参与。第二届 WESG 在全世界共有超过 68000 名选手报名，并且首次开设女子组，旨在倡导公平竞技，推动电子竞技运动中的男女平等（如图 1-12 所示）。

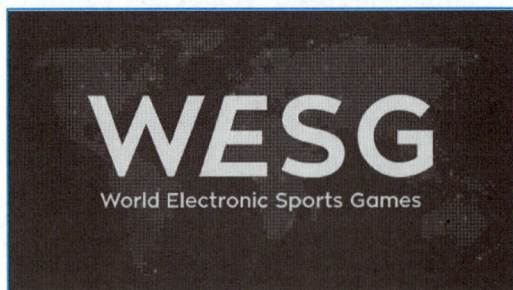

图 1-12　WESG 标志

1.1.3　中国电子竞技赛事的发展

在中国国内，则出现了一些由国家权威部门主导的国家级电子竞技赛事。

2002 年，首届中国电子竞技大会（China Internet Gaming，简称 CIG）由人民邮电报社牵头组织，联合原信息产业部、原文化部、国家体育总局、共青团中央等部门的相关司局共同发起，中国互联网协会、各大电信运营商、新华网等单位参与支持。CIG 定位于半职业电子竞技比赛，旨在推广电子竞技以及帮助电信发展的一个广泛性的比赛。

2004 年，第一届全国电子竞技运动会（China E-sports Games，简称 CEG）开幕（如图 1-13 所示）。这是由国家体育总局领导、中华全国体育总会主办的最具权威性的第一个国家级电子竞技赛事。

2013 年，全国电子竞技大赛（National Electronic Sports Tournament，简称 NEST）成功举办（如图 1-14 所示）。该赛事由国家体育总局体育信息中心主办，面向全国 4500 万电子竞技爱好者，通过全国范围线上线下的选拔赛，统一选拔出总决赛队伍。

图 1-13　CEG 标志

图 1-14　NEST 标志

2014 年，全国电子竞技公开赛（National Electronic Sports Open，简称 NESO）开赛，由国家体育总局体育信息中心及上海体育总会主办（如图 1-15 所示）。各省通过选拔赛输送出线队伍至全国总决赛，2017 年举办的第三届 NESO 共有 23 支省市代表队 435 名运动员参赛。

图 1-15　NESO 标志

2016 年，由国家体育总局体育信息中心主办，完美世界官方合作，MarsTV 承办的中国《DOTA2》职业联赛（DPL）开幕（如图 1-16 所示）。第一、二个赛季全年合计耗时 6 个月，包含国内多家顶级职业战队在内的共 22 支参赛队伍总共进行了 869 场比赛，总奖金高达 100 万美元。

图 1-16　DPL 标志

1.1.4　电子竞技赛事发展的新趋势

随着手机设备性能的不断提升与移动电子竞技游戏的迅速发展，《王者荣耀》《穿越火线：枪战王者》《皇室战争》等电子竞技手游也开始成为一些电子竞技赛事的比赛项目。

2015 年，由 QQ 手游平台主办的 QQ 手游全民竞技大赛（简称 QGC）启动，首届比赛共设有四款手游的比赛项目，赛期历时一个月，覆盖了全国 34 个省市的亿万游戏用户，最终全国总决赛在上海松江大学城体育馆举行，被称为是全民级的手游竞技赛事。

2016 年，第一届全国移动电子竞技大赛（China Mobile E-Sports Games，简称 CMEG）在贵阳成功举办（如图 1-17 所示）。这是首个官方移动电子竞技赛事，由国家体育总局体育信息中心联合大唐电信主办，分为线上海选、晋级赛、总决赛三个阶段。

图 1-17　CMEG 标志

2018 年 3 月，《皇室战争》职业联赛（Clash Royale League，简称 CRL）正式启动，在全球设有五大赛区。

在电子竞技赛事不断发展的过程中，其训练模式、比赛形式、积分方式、奖励仪式等方面都不断在向传统体育靠拢。

2018 年 5 月，国际足联（FIFA）宣布，在巴黎举办电子竞技俱乐部世界杯（FIFA eWorld Cup），共有 16 支职业电子竞技足球队参赛，最终沙特选手 Msdossary 斩获冠军，赢得了 25 万美元的奖金（如图 1-18 所示）。

图 1-18　Msdossary 夺冠后亲吻奖杯

在 2018 年雅加达亚运会上，共有六个电子竞技项目入选表演项目比赛，这是电子竞技行业的一次标志性事件，随之而来的是更高的参与度以及更专业的运营机制与行业规范。

在如今的电子竞技联赛中，以《英雄联盟》LPL 赛区为例，已经形成了以"季前赛+常规赛+季后赛"这种类似于美国职业篮球联赛（NBA）的赛制和赛程，部分俱乐部开始实行主客场制。

无论是电子竞技的体育精神和氛围方面，还是赛事的规格与制度方面，电子竞技赛事都在不断向传统体育接近，但电子竞技赛事也有属于自己的内涵与特性。作为新兴独立的产业，电子竞技的规模和影响力与日俱增，随着电子竞技体育化的概念深入人心，电子竞技赛事举办水平越来越高，相信电子竞技赛事在未来会有更好的发展。

1.2　电子竞技赛事的类型与项目

1.2.1　电子竞技赛事的分类方法

1. 按照赛事运作模式的差别分类

按照赛事运作模式的差别，电子竞技赛事仿照传统体育，逐渐发展出联赛、杯赛两种比赛模式。

（1）联赛

联赛一般指多人运动的比赛中，三个以上同等级的球队之间的比赛，也可以引申出不同类型的有组织性的统一比赛。在电子竞技中，由于电子竞技游戏在各个国家和地区的代理不同，与之对应的联赛通常是以国家为主要单位，如韩国《星际争霸》职业联赛（StarPro-League，简称 SPL）、中国《英雄联盟》职业联赛（League of Legends Pro League，简称 LPL）等。

随着电子竞技的发展，已有的各项赛事的联赛赛制基本是仿照 NBA 等传统体育赛事，既有持续时间长、比赛密集的常规赛，又有赛程更为残酷、对抗更为激烈的季后赛。同时，根据"常规赛+季后赛"的总用时、世界赛或其他重要锦标赛的时间分布决定该联赛全年包含几个赛季。在常规赛阶段，全联赛的队伍大循环或者分区循环，按成绩排出季后赛队伍；在季后赛阶段，采用淘汰赛决出冠军。

基于基本固定的赛程和参赛队伍，尤其是赞助商看到多人项目的兴起、俱乐部的发展、网络直播的普及后，赞助带来的效果突显，甚至一些大型企业直接收购、创办联赛队伍，以最直接的形式宣传企业品牌。

联赛的成功离不开开发商、运营商、赛事组织方的合力运营。《英雄联盟》项目之所以能够迅速成为全球最有影响力的电子竞技项目，除了它出色的游戏性能外，还与其开发公司拳头游戏（Riot Games）亲自参与各大赛区联赛的建设和管理有关，最终通过持续的运作收获了海量用户。

（2）杯赛

杯赛，即锦标赛的通俗称呼，其由来源于各类机构主办的各类竞赛活动的总称。由于这种比赛的奖品一般做成杯状的，杯赛的说法不胫而走。足球、网球、羽毛球、乒乓球、篮球、台球、橄榄球等项目都有国际著名的锦标赛，其中以网球的四大公开赛（澳大利亚网球公开赛、温布尔登网球公开赛、法国网球公开赛、美国网球公开赛）最具代表性。在电子竞技中，一些大型世界比赛基本符合杯赛的特征，如《DOTA2》国际邀请赛、《英雄联盟》全球总决赛。首先，大型世界赛都是参赛队伍先从世界各地汇集，再在密集的赛程（通常整个赛程用时不超过一个月）下完成小组赛、淘汰赛，最终决出冠军；其次，因奖金高、参赛名额有限等原因，每次这种世界性参赛队伍的变化较大；最后，杯赛在举办地、赛程、承办方、赞助与奖金等多项事宜上相较于联赛有更大的不确定性。

（3）联赛和杯赛对赛事的影响

1）联赛的优势作用。对电子竞技赛事或者电子竞技产业而言，联赛的作用大于杯赛，主要因为它的形式更加稳定，易于传播、发展。例如：

① 有助于选手的培养。在杯赛中，由于冠军等头部队伍包揽了奖金，导致一些错失奖金的队伍生存艰难，收入的两极分化较为严重。在职业联赛中，则很少出现类似问题，因为联赛所对应联盟或委员会会对员工基本收入有要求。21 世纪初，韩国的《星际争霸》项目能够迅速崛起与韩国政府及相关赛事良好规范有关，由于联赛保障选手收入，许多韩国长辈和年轻一辈认为这是个可靠的行业，优秀选手层出不穷。

② 联赛能够提供稳定的赛事内容，让观众逐渐成为忠实用户。联赛的周期通常都是3、4 个月甚至更久，每年同一批队伍在同样的时节开始比赛，这种稳定的比赛形式有助于各项赛事服务部门长期入驻，或是赛事外部合作企业更愿意竞标。这些外部协作部门因此减少了人员、资金、设备的支出，继而将资金用于引入新技术、拓展新渠道，间接推动赛事内容生产。

③ 联赛和赞助的合作密切。越来越多的大型品牌开始赞助电子竞技，其中多数赞助流向联赛，因为联赛有稳定的用户群，符合赞助商对于产品宣传、用户付费转化的根本追求。

2）杯赛的价值。

① 杯赛增强了区域间的交流。由于杯赛较短的比赛周期和丰厚的奖金，吸引了大量参赛者参加赛事。对于观众而言，各类杯赛的存在丰富了他们的业余生活；对于参赛者而言，区域间的战术交流有助于提高选手的自身实力。

② 从开发商的运营策略考虑，赛事在某种程度上可以视为电子竞技游戏在线下的宣传活动，因此近年来开发商越来越重视世界范围大赛。例如，从 2011 年开始，《DOTA2》国际邀请赛以高额奖金吸引行业内外关注，不少行业外的企业和个人都是因为这些高额奖金而关注赛事；在行业内则是带来后续变化，受杯赛影响，一些诸如选手待遇、直播代言费、赞助费用、冠名费用都因此增长。从长远角度和电子竞技历史回顾来看，世界性杯赛的战略意义大于实际价值。

2. 按照主办方的不同分类

按照主办方的不同电子竞技赛事可以分为以下两种：第三方赛事和官方赛事。所谓第三方赛事，即由第三方机构主办的电子竞技赛事，如 WCG、NEST。官方赛事是指由游戏开发商主办的赛事，如《DOTA2》国际邀请赛、《英雄联盟》全球总决赛。

（1）官方赛事

由于在电子竞技产业中知名项目开发商的巨大权力，官方赛事有着无可比拟的先天优势。例如，《英雄联盟》职业联赛（League of Legends Pro League，简称 LPL），是中国最高级别的《英雄联盟》职业比赛，是中国赛区通往每年季中冠军赛和全球总决赛的唯一渠道（如图 1-19 所示）。在 2018 年的全球总决赛中，LPL赛区的 IG 战队获得第八届《英雄联盟》全球总决赛冠军（又称 S8）。

（2）第三方赛事

独立组织的权威赛事是指由非官方大型的独立组织（第三方）组织的赛事，这种比赛往往也有职业电子竞技运动员的参与，竞技水平也较高。电子竞技在世界范围内的风靡，让第三方参与到了赛事的制作中。在国际上，最有影响力的第三方赛事是世界电子竞技大赛（WCG）（如图 1-20 所示）。WCG（World Cyber Games）于 2000 年创立，

图 1-19 《英雄联盟》LPL 赛区

是一项国际性的电子竞技赛事，由微软和三星两大企业提供赞助。为了推动电子竞技的全球发展，比赛主办方打出了 Beyond the Game 的口号。玩家耳熟能详的《星际争霸》《魔兽争霸3》《CS》《DotA》等都是 WCG 的比赛项目，赛事奖金也一度超过百万大关。作为最为杰出的以赞助商为主导的赛事代表，WCG 对电子竞技的国际宣传有着非常积极重要的影响。2014 年初，WCG 官方宣布组委会将不再举办任何赛事，这标志第三方赛事逐渐退居二线，而官方赛事后来居上，成为赛事的中流砥柱。

第三方赛事的发展有利于电子竞技的传播，为众多的游戏玩家用户提供了丰富的电子竞技产品。同时，第三方赛事的发展对于电子竞技产业链的延伸有着十分重要的意义。

图 1-20　WCG 比赛现场

1.2.2　电子竞技项目

电子竞技经过多年的发展，市场中涌现出众多优秀的项目，其中以 PC 游戏项目的表现最为出色。从赛事组织、赛程安排、项目特点、选手由来等角度出发，可以将现有的项目分为 PC 游戏项目、移动游戏项目。

1. PC 游戏项目

（1）《星际争霸》代表的 RTS 类游戏

《星际争霸》（StarCraft）是 1998 年由暴雪公司正式发行的一款即时战略类（Real-Time Strategy，简称 RTS）游戏（如图 1 - 21 所示）。该类游戏的核心模式由西木工作室（Westwood Studios）开发的《沙丘魔堡 II》（Dune II: The Building of a Dynasty）基本确定，并创造出用鼠标控制单位、资源采集、经济生产等重要概念。玩家在游戏中处于决策者的地位，进行调兵遣将等宏观操作。此类游戏注重战术策略，需要合理配置兵种和战斗队形，安排作战部队和后勤保障线路，综合抢夺各种资源发展实力，最后取得胜利。RTS 类游戏增强了玩家对于游戏的掌控力度，同时更多地加入了博弈元素，提高玩家操作难度的同时也必然增加了玩家在游戏中获得的乐趣。《星际争霸》与后续的《魔兽争霸 3》都是电子竞技历史上知名的 RTS 项目。

图 1-21　《星际争霸》

（2）《英雄联盟》为代表的 MOBA 类游戏

MOBA（Multiplayer Online Battle Arena，多人在线战术竞技）类游戏中，玩家通常被分为两队或多队，通过击杀等方式获得经济基础，利用经济优势提高装备优势，从而获得胜利优势。各队在分散的游戏地图中互相竞争，每个玩家通过控制一个所选的角色，执行团队策略，依靠自身技战术实力赢取胜利。但不同于《星际争霸》等传统 RTS 类游戏，MOBA 类游戏通常无须进行建筑群的建造、兵种训练等游戏环节，极大地简化了游戏过程和游戏体验。代表作品有《DOTA2》《英雄联盟》，其中《英雄联盟》由于较低的入手难度以及出色的游戏运营成为电子竞技市场中最优秀的项目。根据国外数据机构 Esports Charts 的统计，《英雄联盟》2018 全球总决赛单场比赛的观看人数超过 2 亿次（如图 1-22 所示）。

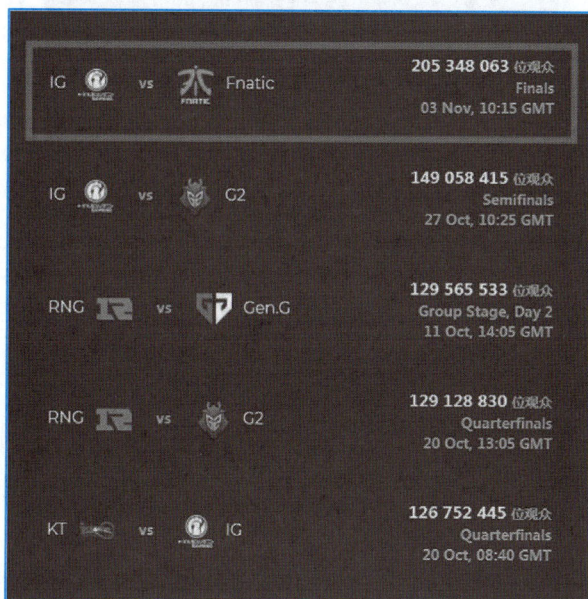

图 1-22　《英雄联盟》2018 全球总决赛多场比赛的观看人数

（3）《CS》系列为代表的 FPS 类游戏

《CS》（反恐精英）是 1999 年由 Valve 公司开发的射击游戏系列。玩家在《CS》中被分为两个阵营，分别是反恐精英（Counter Terrorists）阵营和恐怖分子（Terrorists）阵营，每个队伍需要在同一个地图上进行多回合战斗来获得胜利。不同的地图获胜的定义有所不同，具体有援救人质、暗杀、拆除炸弹、逃亡等。获胜的方式是达成该地图的获胜条件或者是完全消灭敌方玩家。

该系列的最新作为《CS：GO》（反恐精英：全球攻势），于 2012 年 8 月发行，其中中国区在 2017 年由完美世界运营（如图 1-23 所示）。

图 1-23　《CS：GO》游戏宣传画

2. 移动游戏项目

移动游戏项目的代表作为《炉石传说：魔兽英雄传》（Hearthstone：Heroes of Warcraft，

简称"炉石传说"），是美国暴雪娱乐公司开发的一款集换式卡牌游戏。《炉石传说》属于卡牌游戏（Collectible Card Game，简称 CCG；或 Trading Card Game，简称 TCG），是指多人进行的智力牌类游戏。截至 2018 年 11 月，官方报道称该游戏玩家注册用户数量突破 1 亿人（如图 1-24 所示），并且这项游戏在国内外都有较大影响力。2018 年 11 月 4 日，在 2018 年暴雪嘉年华《炉石传说世界杯》的决赛中，中国队击败巴西队获得冠军。

图 1-24　官方为庆贺 1 亿用户放开的回馈活动

《炉石传说》游戏的主要玩法是，玩家使用自行组建的牌组（30 张）进行对战。每局游戏开始时，会随机从玩家的牌组中抽取 3~4 张卡牌，然后玩家可以换掉其中若干张来组成开局的手牌。卡牌可以分为仆从卡牌（用来进攻和防御的无回合限制的卡牌）、技能卡牌和武器卡牌。游戏中使用卡牌需要消耗魔力值（界面右下方的蓝色宝石，用来召唤卡牌的必要单位），在下回合开始前会自动回复。整个游戏过程中考验玩家牌组搭配、费用使用、策略选择，游戏的对抗性极强。

1.3　电子竞技赛事管理基础

管理是涉及各种不同领域的学科，站在不同角度会有不同的解释，管理表层化的理解为管辖梳理。对于电子竞技赛事而言，管理的基础是确保赛事正常举行和维持赛事正常运转运作的基本学科，即战略管理和运作管理。电子竞技赛事的本质是将输入转换为输出的过程，转换的过程伴有管理活动，统筹转换的管理活动称为战略管理，而转换过程的管理称为运作管理。电子竞技赛事的执行者是主办方主体，所以赛事管理基础可以看作是主办方通过行使管理职能对赛事投入的人力、物力、财力和信息技术等进行规划、组织、实施与控制，并合理使用分配，高效地创造出竞技比赛产品和相关服务，从而达到赛事目的和目标的过程。

1.3.1　电子竞技赛事管理内容

1. 战略管理

电子竞技赛事的战略管理是指赛事主办者在确定举办赛事的设想之后，根据组织的外部环境和内部资源设定电子竞技赛事的战略目标，为保证目标的正确落实和实现进行规划，并依靠组织内部功能将这种规划和决策付诸实施，以及在实施的过程中进行控制的一个动态管理过程。

电子竞技赛事是一个庞大的系统，它不仅能为主办方带来巨大的直接经济收益，还有许多难以计算的附加收益。例如，各项相关基础设施的重建与更新，赛后遗留下来的场馆与设备，对社会、文化、环境的影响与变化，旅游业、服务业以及电子竞技产业本身的发展等。从长远来看，这些利益比直接的经济收益更有价值。要确保这些远期利益得以实现，保证赛事的可持续性发展，就需要将战略管理的原则和方法运用到对大型体育赛事的规划、运作及管理的各个环节中，以达到加强对体育赛事资源的有效利用和控制上，并最终实现体育赛事资源配置的优化和各方利益的最大化。电子竞技赛事战略管理的动态过程主要分为赛事目标的确定、赛事规划的制定、规划方案的可行性分析和执行、赛事的评估和反馈等。

（1）赛事目标的确定

赛事目标的确定是电子竞技赛事战略管理的第一个阶段，也是赛事战略管理的基础所在，确定了承办赛事的目标也就决定了承办赛事的规模和性质。就大型的电子竞技联赛而言，如《英雄联盟》的全球总决赛，从规模到影响力已经完全可以媲美大型的传统体育赛事。具有一定影响力的电子竞技赛事往往会为主办的国家和地区提供城市经济发展的契机，这些城市会利用承办大型电子竞技赛事的机会，利用闲置或者荒废的土地建造新的体育场馆和配套设施，发展当地的建筑业和房地产业，创造新的商机或旅游机会等，电子竞技赛事就是成为实现这些目标的催化剂。与此同时，赛事主办者还需要考虑的是通过举办赛事是否还可以为其他群体带来利益，以及如何收益；赛事的举办是否会产生政治、社会、文化、环境的影响，这些影响会持续多久等。

电子竞技赛事的战略管理还要求对赛事目标进行分类，可以将赛事的目标分为短期、中期和长期的目标，这将有助于赛事主办方在赛事组织和管理的不同阶段中明确相关的利益群体，对有限的资源进行合理的配置。在确定目标时，以短期服从长期目标为原则，保持短期目标、中期目标和长期目标的一致性，并将它们贯穿于赛事的申办、组织和运作的全过程中，保证这些目标的最终实现。

（2）赛事规划的制定

赛事规划的制定是指对赛事活动过程中出现的各项流程和对象的制定。赛事规划的制定主要包括三个方面的内容：对赛事本身的规划，对赛事利益相关者的研究以及对赛事组织机构的设计（见表1-1）。进行赛事规划的目的是保证在主办方决定申办或承办某项电子竞技赛事时，能够掌握足够的信息进行科学的决策，并能有效地保证举办电子竞技赛事的短期、中期和长期目标得以实现。

表 1-1　电子竞技赛事规划的内容和任务

类　别	赛事规划的内容和任务
对赛事本身的规划	赛事的项目和规模
	举办赛事的时间和地点（协调参赛队伍时间，错开其他赛事的档期）
	需要使用的设施（舞台、灯光、大屏等）和可以使用的设施（医疗、消防等）
	申办赛事可能遇到的竞争对手
	赛事的目标市场
	赛事的具体规章制度

类　　别	赛事规划的内容和任务
对赛事利益相关者的研究	国家政府和当地政府
	国家与国际的管理实体
	赛事的所有者和推广者
	赛事赞助商
	相关产业群体（房地产企业、旅游业等）
	赛事参与者
	其他有可能的合作方
	可能因为赛事举办而受到影响的群体
对赛事组织机构的设计	电子竞技赛事的运作模式
	赛事的投资者与组织者
	所有内部和外部的决策者

（3）规划方案的可行性分析和执行

在完成赛事规划之后，需要针对赛事规划中所列的内容和任务进行可行性的分析、评估并执行。赛事规划方案的可行性分析主要分为以下几个方面：

① 明确举办赛事所需要的资源，包括人力资源、场馆设施、装置设备、市场营销和配套服务等。

② 确定所需赛事的相关合作方的本质和合作期的长短。

③ 分析找出以往并未明确的合作方，尤其是能够提供资金支持的合作方。

④ 考虑赛事申办过程的协调问题，赛事的贯彻执行及场馆的选址和建设，以及相关装置设备借用和归还问题。

⑤ 着重考虑场馆设施的长期使用和后期维护管理问题。

⑥ 制作赛事成本和收益分析。

⑦ 确保执行方案是否与赛事目标一致以及长期、短期目标的责任人确定。

赛事决策者将根据这些标准对赛事规划方案进行评估，如果规划方案不可行，则考虑重新规划或放弃该项目。如果此规划方案被认为可行，则可以进入准备申办赛事或直接承办赛事的阶段。赛事规划方案的执行在确定承办体育赛事之后，赛事组织者就要开始制定赛事的实施方案，确定举办赛事的关键事件及时间节点。同时在执行过程中，还应不断与赛事规划进行对比评估，以保证赛事资源的整合利用以及赛事目标的实现。

（4）赛事的评估和反馈

赛事的评估和反馈是指对赛事进行过程的总结，通常发生在赛事结束之后，赛事主办者应分别根据最初制定的短期与长期目标，对赛事的效果进行评估和反馈。对赛事的短期评估，主要是指在赛事结束后应立即对赛事本身的成本、收益和影响等方面进行评估，而其中最重要的就是对赞助商的反馈报告。对于赛事的中期和长期评估，是指在特定的时间段后评估赛事的成本和收益，尤其要对赛事遗产进行评估，判断它们是否达到了设置的预期目标。

2. 运作管理

JayHeizer 所著的《运作管理》一书中提到：生产是产品和服务的创造。电子竞技赛事的运作管理是一系列通过输入转换成输出的创造商品和服务的活动。无论赛事的最终产品是商品或是服务，发生在赛事组织内部的生产活动都需要运作管理的支撑。

运作管理是对转换（如劳动力和未加工材料）成为销售给消费者的商品和服务过程的设计、运作和控制。任何组织都有一个运作系统，通过输入转换成输出而创造价值。这个系统接受输入（人员、技术、资本、设备、材料和信息），然后通过不同的过程、程序、工作活动，将其转换成最终的商品和服务。正如每个组织产出东西一样，组织的每个部门也都产出东西。营销、财务、研究和开发、人力资源和会计等部门都在把输入转换成输出，如销售、增长的市场份额、高回报率的投资、创新的产品、积极的员工和会计报表等。为了有效率和有效果地取得目标，管理者需要熟悉运作管理概念，而不论管理的是哪种领域。

1.3.2　电子竞技赛事管理理念

理念是指试图触及到事物本质和现状而进行的检查、推理和认识。电子竞技赛事管理理念是对赛事运作过程所涉及的存在因素和行动任务的本质认识，管理理念是赛事运作过程中管理者管理行为的依据。电子竞技赛事应该持有什么样的理念是一个重要的问题。赛事管理是一个复杂的过程，受主客观条件的多方面限制，如管理者本人素质、目标战略、组织文化、信息、不确定性环境、认识水平等。人是管理中最重要的因素，人的管理技能和所持指导思想以及思想观念决定了管理的效益和效果。为了提高管理效益和效果，明确和建立运作管理理念显得十分必要。理念是相对的和有限制的，并没有一个绝对的理念存在。但建立运作管理理念，有利于管理人员从管理学的角度认识赛事事物的本质，更有利于对赛事展开管理活动。电子竞技赛事管理理念应该包含赛事营销理念、赛事产品服务理念、赛事产品开发理念、赛事项目管理理念、赛事运作权变化和组织行为理念、法律与风险管理理念。

1. 赛事营销理念

营销理念是指企业在组织和谋划企业的经营管理实践活动中所依据的指导思想和行为准则，是企业营销活动的指导思想，也是有效实现市场营销功能的基本条件。电子竞技赛事的营销理念在于所有的赛事组织都应该从事赛事营销活动。电子竞技赛事会创造无形的服务和有形的产品，给包括观众在内的消费者提供服务消费的本质就决定了市场营销是电子竞技赛事必然的内容和任务。

2. 赛事产品服务理念

赛事产品服务理念是由赛事营销而产生的，赛事营销是以满足消费者的需求为目的，因为赛事产品的特殊性，赛事营销实质上是一种为消费者提供服务的营销。电子竞技赛事中的消费者是参与电子竞技赛事活动和使用电子竞技赛事服务的成员，具体表现为消费者对赛事产品的直接消费和包括职业选手在内的全体参与者对赛事支撑服务的消费。由于消费者有选择和面对不同服务做出改变消费模式的决策权利，那么增强消费者消费行动的意识和理由，影响消费者参与服务的消费经历就必然成为有效营销的核心。所以，赛事营销在强调消费者体验至上就必然对建立产品服务理念提出要求。

3. 赛事产品开发理念

电子竞技赛事的产品开发理念首先应当体现在赛事的推广上，只有通过良好的渠道、良好的传播效果来提升赛事的品牌知名度，才能让赛事可持续发展下去，才能使其他方面的营销取得成功，包括门票价格、转播和赞助回报等；其次，由电子竞技赛事衍生出的产品或服务应当做出推陈出新的改变，赛事产品应顺应当下市场的需求和时代发展的需求，做出更具有群众热点效应的产品开发；最后，赛事的产品开发是基于让消费者能有更好体验的理念，在做出决策前需要进行数据分析和市场调研。

4. 赛事项目管理理念

项目是指在特定条件下具有某种属性的一类工作任务，具有一次性、独特性、目标的确定性、组织的临时性与开放性、成果的不可挽回性。项目管理是把各种资源应用于项目以实现项目的目标，满足各方面既定的需求。项目管理的具体表现在对项目生命周期全过程进行有效地计划、组织、指挥、控制和协调的系统管理活动。电子竞技赛事明显符合项目管理范畴，电子竞技赛事的运作管理就是对一系列目标有序地实现而完成整个赛事目的和目标的过程，这些瞄准一系列目标进行管理的思想就是目标管理理念。

5. 赛事运作权变化和组织行为理念

电子竞技赛事由于内外环境变化和一些不确定的情况会导致赛事运作权的不稳定，为了适应这类管理上偶发的变化情形，主办方应进行识别和响应情境变量变化而做出相应的权变管理对策，灵活地进行赛事运作权管理。

组织行为理念存在于一切的组织当中，电子竞技赛事的运作当中应该考虑组织行为方面的管理，如工作团队的人员构成和如何建立等组织问题。电子竞技赛事运作者对于赛事和赛事环境应当不断审视和思考，运用全新的概念和手段顺利达到赛事的目的。

6. 法律与风险管理理念

法律是与赛事风险联系在一起的，又是电子竞技赛事运作不可缺少的因素。电子竞技赛事参与体是多样的，各自发挥的作用不同，依靠任何一家公司或一家机构完成整个赛事运作任务是不可能的，必须合作才能达到赛事目标，有合作就必然有合同，就必然有谈判和法律问题的存在。法律在赛事运作中表现的形式有风险管理与保险、中止与仲裁、赛场合同、诉讼、仲裁、争议解决。

赛事法律因素首先表现在赛事部分参与个体与赛事的合法关系上，通过合同的签署才能建立赛事承办方与赛事拥有方的合法关系；其次，赛事法律因素还表现在赛事运作活动的各个方面，如合同谈判、财政和税收、赛场的销售市场、赞助和广告、国内和国际的电视转播权等。赛事运作管理一方面要强调工作方法的标准化、有效率和有效果，另一方面还必须强调提高赛事的法律与风险意识和法律行为的规范。在国内赛事有越来越多的国外经纪公司参与，以及大型的电子竞技游戏开发商、运营商和众多媒体等参与的情况下，这种理念显得更加重要。

思考题

1. 请简单列举某项电子竞技项目的联赛和杯赛，结合实际讨论它们的区别和联系。
2. 电子竞技赛事管理的主要内容有哪些？
3. 电子竞技赛事发展的趋势有哪些？

第 2 章

电子竞技赛事的标准与制度

概述

　　随着电子竞技产业的蓬勃发展，电子竞技赛事层出不穷，不禁让人眼花缭乱。电子竞技赛事的标准和制度也随着电子竞技产业的发展不断健全和完善，促进电子竞技赛事朝着规范化、制度化的方向发展。本章从不同赛事的评价标准以及赛事共同的规则两个角度展开阐述，以大行业视角审视电子竞技赛事，目的是让读者对已有赛事形成一套系统的认知，对各种赛事的规模、质量有自己的评判依据，同时也为相关从业人员提供基础的知识储备。通过本章的学习，可以使读者对于现阶段的电子竞技赛事形成清晰的认知，帮助读者建立系统的知识库。

2.1 赛事级别的评价标准

赛事级别的评价标准是一个综合性的指标，需要从赛事的内部状况、外部环境等多项内容进行分析。

2.1.1 赛事自身的各项规格

1. 赛事规模

现阶段，人们对电子竞技等赛事规模的界定比较模糊。市场中既有以不同人群从自身理解出发的大、中、小型赛事这种通俗分类，也有举办方、媒体口中带有宣传、推广性质的新秀赛、商业杯赛等，甚至有业余赛事、半职业赛事、职业赛事这种以参赛者身份作为界定标准的赛事分类。因为普通电子竞技玩家及观众很难深入接触到赛事中，所以他们除了对一些最知名、最热门的电子竞技赛事有一定了解外，对其他赛事的规模状况缺乏足够认识。为了让读者对赛事规模有一定的理解，本节从几个重要方向出发，试着为读者构建赛事规模的概念雏形。

（1）赛事的地域状况

赛事的地域状况主要是指赛事辐射地域内包括的赛区数量、赛区活跃表现等，主要以赛事的辐射、影响的地区状况为重要依据。

1）赛事级别。根据参赛队伍的主要来源、赛事宣传的影响地区与赛事相关人员、地域的差异，赛事也有级别之分，通常可以将其划分为地区赛、全国赛、世界赛。

①地区赛：国内电子竞技赛事中，地区赛是指赛事从市这一级设立赛点，"市点"的上一级是省或多省联合的更大面积的地域，这种地区赛的特点是既重视"市"一级赛事在商业或赛事规模中的持续构建，又积极增加组织和参与比赛的受众，以力求获得更高的影响力。关于比赛涉及的是单一省市还是多省市，仅仅是由举办方在组织能力上的影响力范围决定的，因为这类地区赛通常是以城市赛点为基本组成，所以地区赛在宣传、报道中的正式称呼通常是"城市赛"或"省赛"。

②全国赛：在地区赛之上是全国赛，不少地区赛事都是全国赛下辖的次级选拔赛。例如，《英雄联盟》中国赛区次级联赛的 LDL，在 2017 年首届比赛中，将全国城市海选赛赛点分为华北赛区、华东赛区、华西赛区、华南赛区，每个赛区之下的赛点多以省会城市为主。全国赛与地区赛有众多的显著区别，全国赛的代表性特征如下：

● 独立的体系。全国性比赛出于商业独立性或未来的投资期许，其赛事制度与规模相对比较独立，通常不需要依附于其他以官方赛事为代表的一系列大型赛事，但也会与一些其他同类比赛有交集，或者直接组建自身的选拔赛。

● 稳定的规模。全国性比赛由于举办方实力等原因，相对地区比赛更稳定，不少全国比赛有较久的举办年限。例如，全国电子竞技大赛（National Electronic Sports Tournament，简称 NEST）是国家体育总局体育信息中心主办，由上海华奥电竞信息科技有限公司、浙报传媒集团股份有限公司、厦门建发集团有限公司承办，从 2013 年到 2018 年已经连续举办 6 届。

③世界赛：世界赛通常是指某一项或多项电子竞技项目中最高规格的比赛。在 WCG 停

办后，第三方主导的电子竞技赛事风潮已经过去，越来越多的世界级比赛都是由游戏开发商主导或授权举办，如《英雄联盟》《CS：GO》等项目下的世界赛事。当赛事的级别上升到世界级时，为了达到选拔参赛队伍的需求，主要是以亚洲、欧洲等地域的大区选拔制为代表，其中在具体比赛项目中，由于开发商的运营策略的不同而有所差别。例如，在《DOTA2》的赛事体系中：

● 主办方会根据不同国家和地区玩家数量、职业队伍数量、地区比赛规模甚至是地理与人文历史等条件作为划分赛区的参考依据，随后将职业队伍划归到相应的赛区下。

● 将除国际邀请赛（简称 TI）外所有官方授权的赛事分为 Major 和 Minor 两种，参加比赛的战队和个人将会获得一定的赛事积分，这个积分将用来确定赛季国际邀请赛的直邀名额。

● 全年有多个 Major 和 Minor 级别赛事。例如，在 2017—2018 赛季中，总计 11 个 Major 级别赛事、11 个 Minor 级别赛事，世界各地参赛队伍能充分交流。

总体而言，《DOTA2》的赛制是名为赛区实力积分排名的"全球联赛"，实力排名完全取决于一支队伍的长期比赛表现，其联赛制度更为开放。因此，历届 TI 的最终邀请名额时常出现某一赛区实力强于其他赛区的状况。而与《DOTA2》赛制差别较为显著的《英雄联盟》全球总决赛则选择彻底贯彻赛区制度，拳头公司（Riot Games）参与各大赛区联赛的构建，最终参加全球总决赛的队伍由地区联赛选拔而来，每个赛区有一定的名额，保证了不同赛区的参赛权利。此外，拳头公司也会允许各赛区的变动，保证联赛内的竞技水平和赛区内不同声音的表达。

2）赛区数量。赛区数量也是体现赛事规模的一个考量，当一项赛事的赛区数量众多时，表明了该赛事规模较大。为了高效管理，必须划分多个赛区，同时赛区数量也是举办方实力的佐证。而对于参赛者而言，划分多个同级赛区更能调动他们的积极性。例如，在普通赛事中，参赛者可能因往返赛区便利、允许多个赛区参赛；而在职业赛事中，参赛区则依靠一套较为完备的赛事体系保障参赛者权利。例如，《英雄联盟》在全球范围内的风靡推动了全球性赛事的发展，由于涉及范围广，全球被分为多个赛区，由美国拳头公司组织的全球总决赛、季中邀请赛、全明星赛等官方赛事都是以赛区的形式选拔队伍或选手（见表 2-1）。

表 2-1 《英雄联盟》部分赛区划分

赛 区	简 称
欧洲赛区	LCS
韩国赛区	LCK
中国赛区	LPL
北美赛区	LCS
巴西赛区	BCLOL
东南亚赛区	GPL
北拉丁美洲赛区	LAN
南拉丁美洲赛区	LAS

赛　区	简　称
土耳其赛区	TUR
大洋洲赛区	OPL
越南赛区	VCS
日本赛区	LJL

赛区的划分让电子竞技用户有了共同的交流平台，而赛区又因为用户植入的相近价值和情感被不断改变，形成不同赛区的文化，这种现象在以《CS：GO》《英雄联盟》等为代表的主流电子竞技项目世界赛区中表现明显。这既是因为大维度地域间的文化迥异，也是由于借助互联网传播的大用户量级带来更大的集聚效应。

3）赛区活跃程度。赛区数量并非是体现赛事地域状况的唯一指标，赛区内的活跃程度也相当重要。由于电子竞技赛事多以主办方主导市场运营，主办方在过于重视整体市场策略时会忽视赛事内部可能产生的一些问题。例如，一些比赛看似赛区众多，但单一赛区活力不足，这是赛事主办方与协办方没有充分利用电子竞技环境中各项资源的结果。事实上，如果主办方合理使用电子竞技周边的场地、人力等资源，那么既能减少赛事资金成本，也能为赛事储备人才，并激发本地的电子竞技氛围。当一个赛区活跃时，通常有以下表现：

① 利用现有场地优势。以最基层比赛为例，它的竞赛环节中经常包括"网吧赛"。在电子竞技赛事中，"网吧赛"通常被各项赛事定义为基础的选拔赛，也是一般电子竞技用户最喜闻乐见的竞赛形式。网吧以及配置服务更为优秀的网咖与电子竞技有着密切的联系，首先这些场所内有符合竞赛需求的电子竞技设备，其次网吧有为数众多的资深电子竞技玩家，最后玩家级竞赛或围观等多种方式为赛事做自发的宣传、推广，可以说网咖是一个集场馆、服务、宣传为一体的综合性场所。"网吧赛"早在中国电子竞技萌芽期就为电子竞技事业的发展贡献颇多，因此在电子竞技赛事蓬勃发展的新时期，依旧应当重视这种基础赛事。

② 各类用户自发性地加入到赛事。除竞赛选手外，还有可能有一些赛事志愿者、媒体传播者、小型或个体商户等。用户自发的参与不仅带来了电子竞技赛事资讯信息的传递，也在间接中帮助赛事成长，一些有宣传渠道、本地资源的小团体也会随赛事一同成长。

③ 当衡量一项电子竞技赛事的活跃程度时，赛事中所需求的人力、资金、设备、技术等各种资源使用频率的高低成为评价指标。高频次的赛事既在潜移默化中增加社会传播度，也在促进赛事管理经验的积累。

（2）赛事项目的状况

电子竞技项目作为电子竞技赛事的核心，一直受媒体、用户关注，因此赛事项目的状况是评测一场赛事的重要依据。虽然不同类型、不同级别赛事的运作方式有所差别，但在项目选择上有一些简单的标准。

1）竞赛中所选用的项目热度。所谓热度是一个相对综合但又相对笼统的概念，它的原意是指在一时间段内，用户对某一事物、词汇、现象产生浓厚兴趣，并借助搜索引擎或社交软件对相关内容进行搜索、评论、参与、关注等行为，最终成为人们的日常生活中的重要话题或娱乐方式。在电子竞技赛事中，对所选竞技类游戏热度标准要求极高。首先需要强调的是该游戏的用户数量、用户黏性等市场相关数据，以保证赛事的参赛人数与观赛人数；其次要求游戏有稳定的游戏寿命，因为只有长期运营的游戏才能不断取得进步并学习、改进，最终在与其他产品的竞争中保持稳定；最后则需要考虑游戏的类型与游戏模式，经一些专业人员的测评，确定其是否适合作为竞赛项目。

除了基于以上对项目热度的认知外，也有一些更为直观的方法。一是从搜索相关游戏的各项数据入手（如图 2-1 所示），同时为了保证对游戏有真实、准确的认识，要有多重衡量指标，如 App 下载量、游戏在 TOP100 榜单的周数、游戏的月销售额、游戏的活跃用户数量等，这些数据可以从不同角度反映游戏的运营现状。虽然电子竞技与游戏行业有着细微的差别，但是随着电子竞技行业的逐渐扩大，一些有关电子竞技项目的数据也有团队在积极统计，如《英雄联盟》项目的月活跃用户、玩家对英雄的使用率、红蓝阵营胜率等。二是从用户反馈出发的市场调研，当一些游戏热度一直保持并有不断扩大的态势，最终极有可能成为现象级作品，如《CS:GO》《英雄联盟》《王者荣耀》《绝地求生》等游戏。因为这类游戏通常能够做到跨越至游戏圈外甚至社会整体，它们既引领风潮，又在不断地塑造出新的潮流。无论是这类游戏借助朋友圈的日常社交，还是偶尔因赛事夺冠、知名选手转会等事件登上微博榜首，这都说明现象级游戏已经以自身独特的魅力被众多用户所接纳，主办方可以借助现象级游戏，简化赛事宣传、赛事组织等原本需要投入巨大人力与资金成本的过程，迅速举办赛事。

	应用	总榜排名
1	绝地求生:刺激战场 Tencent Mobile Games	3 ▼1
2	死亡岛：幸存者 FISHLABS	5 ▼1
3	Happy Glass Lion Studios	8 ▼1
4	航海王：燃烧意志 Aligames Inc.	26 ▼10
5	烈火如歌-明晓溪... Aligames Inc.	37 ▼4
6	王者荣耀 Tencent Mobile Games	45 ▼4
7	神都夜行录 网易移动游戏	51 ▼4
8	数字华容道 - 锻... Wuhan Dobest Information Technology Co., Ltd.	59 ▲3

图 2-1　App Store 中国免费游戏 2018 年 10 月某日排行榜

赛事通常选择那些较为容易获得授权的现象级游戏来作为竞赛项目。例如，Valve 公司旗下的《CS》系列游戏，该系列游戏最初就是由 MOD 改编而来，并因为 Valve 公司在游戏设计、赛事授权管理等方面相对宽松的理念，让《CS》系列能成为电子竞技中一款历久弥新的项目。该系列最新作品《CS:GO》无论是在比赛规模、奖金数额、市场影响力均与《英雄联盟》等其他顶级电子竞技项目不相上下。

2）项目的奖金状况。

① 单项赛事的高额奖金。针对单项赛事而言，由于玩家受众、比赛参与方数量和规模等固有条件的限制，单项赛事的奖金数额相对较高，因为高额的奖金既是激励众多顶级队伍参加比赛的一项重要手段，又是作为赛事宣传中易于引起用户阅读兴趣的话题。虽然在不同电子竞技项目或不同电子竞技赛事中，有众多其他数据作为评判赛事的标准，但是对多数电子竞技参与者而言，高额度的奖金更容易给人最直观、深刻的印象。同时，在一项合格的单项电子竞技赛事中，高额度奖金能在一定程度上反映举办方的综合实力和用心对待的积极态度。在电子竞技单项赛事奖金中，最为典型的就是《DOTA2》国际邀请赛以高额的奖金吸引了世界各地选手参加（见表 2-2），它的奖金数额已成为电子竞技赛事中的一类独特代表，玩家甚至在每年比赛开始前不断关注该年的比赛奖金状况。

表 2-2　历届《DOTA2》国际邀请赛总奖金

届　　数	总奖金数额/万美元
2011 年	160
2012 年	160
2013 年	287
2014 年	1092
2015 年	1842
2016 年	2074
2017 年	2478

② 多项目的奖金积累。除单项赛事的高额比赛奖金外，多个项目的奖金积累也证明了举办方对赛事的重视程度。因为主流电子竞技项目的开发商不同，所以多项目的赛事通常由第三方赛事主办，主办方为了显示出其不弱于官方赛事的信心和实力，也很重视比赛奖金，希望以此收获大量优秀参赛队伍和观众。例如，2016 年 3 月 10 日，落户于银川的 WCA 2016 发布会在北京隆重召开，会上宣布 WCA 2016 总奖金再创新高，达到了 2 亿元人民币，比上年整整翻了一倍（如图 2-2 所示）。WCA 2016 包括《DOTA2》《魔兽争霸 3》《炉石传说》《星际争霸 2》《英魂之刃》和《CS:GO》6 个主要项目。除此之外，还会有棋牌、手游等项目的赛事，涵盖了各个平台。

多个项目的赛事除了总奖金池这一特点外，还表现出对不同赛事的包容性。不同电子竞技用户的喜好、追求、期待各不相同，因此类似 WCA 的第三方赛事会有极强的包容性，并勇于尝试一些尚不能被所有电子竞技玩家认可的手游项目。赛事方通过为这些项目积极推广、运作，让其经历市场、用户的检验，从而拓展出"移动电子竞技""VR 电子竞技"等

图 2-2 WCA 2016 发布会

概念。这是一种奇特的现象，虽然赛事项目因为成本、创新性等原因落后于游戏开发等领域，但是在推广、影响力扩散等传播过程中，赛事又有可能领先于市场，而这正是赛事在整个产业中不可替代的作用。

3）项目的联动。赛事项目联动是指，原本两个互不关联的电子竞技赛事发生交集，这种交集既可以发生在第三方赛事与第三方赛事之间，也可以发生在官方赛事与第三方赛事之间。例如，获得第三方赛事 NEST 2018 中《英雄联盟》项目前三甲的队伍，将同时获得直通该年"德玛西亚杯"的名额。"德玛西亚杯"则是由《英雄联盟》中国区代理腾讯游戏举办，旨在加深国内顶级联赛"英雄联盟职业联赛"（LPL）与次级联赛"英雄联盟发展联赛"（LDL）间以及职业联赛与非职业联赛体系职业队伍间的交流和碰撞。这是一种典型的第三方赛事与官方赛事的联动，这种联动方式在游戏领域的联动更为常见，也更为成熟。例如，由于动漫与游戏之间在视听、剧情上的联系，游戏和动漫的版权产品往往都能相互"借力"，某款游戏会在游戏的一个版本中加入其他版权元素，以增加用户的乐趣。又或者是一家游戏厂商对其下不同作品做出的大胆尝试，如知名游戏厂商任天堂的《任天堂全明星大乱斗》。

在未来，一些较为成熟赛事可以借助运营商、电子竞技俱乐部、其他赛事实现更有价值的联动，做到拓展市场或者实现短期的项目创意。在跨界合作方面，俱乐部已经做出尝试，如以某俱乐部真人真事改编拍摄的网络大电影，以及以俱乐部的形式参加的地方卫视娱乐节目。

2. 赛事组织

（1）官方实力

官方在赛事在电子竞技产业内的地位在一定程度上决定了赛事的实力。当官方在电子竞技产业的重要性越高时，它所链接到的资源、集合的人员要素也就越丰富。在 WCG 这样的第三方综合赛事停止继续申办后，开发商或代理商主导的官方赛事逐渐在市场中占据重要地位，因为这些官方是当前市场中不可忽视的一股力量，本文就以此为例进行简单展开。

1）官方逐步构建的赛事体系。例如，腾讯游戏是《英雄联盟》的中国区代理，完美世界是《DOTA2》的中国区代理。在整个电子竞技赛事体系中，职业赛事是竞技水平和观赏性最高的比赛，能否最大限度地扩大职业赛事的影响力是赛事成功运营的关键。

①《英雄联盟》：构建联赛为主，杯赛为辅的联赛体系。

拳头公司（《英雄联盟》研发商）花了 5 年时间在全球各地建立了职业联赛体系，包含韩国 OGN/LCK、中国 LPL、北美 LCS、欧洲 LCS、东南亚 GPL、巴西 CBLOL、土耳其 TUR 等不断增补和完善的赛区，并辅之以每年数次的锦标赛（全球总决赛、季中邀请赛、洲际对抗赛）和一次表演赛性质的全明星赛，做到地方联赛和区域或世界范围比赛互为补充，从而使《英雄联盟》的职业赛事遍布全年，其影响力经久不衰。

以中国赛区为例，LPL 春季赛从 1 月初持续到 4 月末。在 5 月初春季赛结束后，拳头公司会举办一次世界级的锦标赛（MSI 季中赛），参赛战队是来自《英雄联盟》全球 5 大赛区当季度各自联赛的冠军队伍和国际外卡赛冠军，以此来调动全球玩家的观赛热情。接下来，玩家可以继续观看从 5~8 月末的夏季赛，其赛制和春季赛相同。另外，2017 年新增了洲际系列赛，旨在增强各大赛区的交流，如亚洲对抗赛的参赛队伍分别来自韩国 LCK、中国 LPL 等亚洲赛区。9 月初会进行 S6 总决赛中国区预选赛，10 月前后会进行代表了《英雄联盟》世界最高水平的 S 总决赛。随后的 11 月末会举行"德玛西亚杯"赛线下总决赛，以加强 LDL 和 LPL 队伍之间的交流。12 月末会举行《英雄联盟》全明星赛，由玩家选出本赛区最受欢迎的选手代表赛区参赛。

在职业联赛的休赛季，观众对《英雄联盟》赛事的关注度会出现明显下滑。每当这个时候，拳头公司和地区赛事主办方都会利用职业锦标赛、全明星赛等多种比赛形式弥补赛事空档期，最终保证了《英雄联盟》职业比赛在全年 12 个月都能获得充足的关注度和影响力。

② 《DOTA2》：奋起直追，打造全年 4 大锦标赛，效仿网球赛事体系。

与《英雄联盟》相比，《DOTA2》在国内的职业赛事起步较晚，体系比较松散，全年覆盖时间短，官方所主办的职业赛事屈指可数，已经成熟的赛事主要包括 2011 年成立的 TI 和 TI 中国区预选赛、2014 年成立的《DOTA2》次级联赛（DSPL）和 MDL 国际精英邀请赛等。虽然 TI 赛事每年的奖金池吸金能力和奖金噱头十分巨大，但其归根到底是一个杯赛，从中国区预选赛到 TI 全球总决赛总时长不足一个月，和全年 365 天相比，简直就是昙花一现。少了其他职业联赛和杯赛的铺垫，TI 赛事虽然在奖金上世界第一，但其在国内的影响力依旧比不上《英雄联盟》的 S 总决赛。

为了解决这个问题，Valve 公司（《DOTA2》研发商）在 2015 年开始对职业赛事体系进行全新布局，宣布在 TI 的基础上每年再加入三次锦标赛，即秋季赛（11 月初）、春季赛（4 月初）和冬季赛（3 月初），四次比赛组成一个完整的比赛体系，贯穿全年，夏季锦标赛（8 月初）即为原来的国际邀请赛。新增的 3 项新增的赛事将由 V 社赞助，由第三方主办，在全球的不同地方举行。在国内，国家体育总局也联合完美世界在 2016 年成立了《DOTA2》职业联赛（DPL），赛季覆盖 5~7 月以及 10~12 月，以填补全年大量的赛事空白。

2）官方赛事在赛场外的长期运营。官方赛事除了积极探索赛事体系外，也试图在赛场外构建一套完善的服务，以保证市场的活力和稳定性。现阶段，赛事主要与俱乐部和赞助商这两个重要参与方产生合作、互助。

① 俱乐部。电子竞技俱乐部作为一个有盈利期望的公司，更追求稳定性和盈利前景，因此当官方赛事能够给予上述条件时，越来越多俱乐部参与其中，甚至组成俱乐部联盟。2018 年 1 月 16 日，Rogue Warriors（中文名"侠盗勇士"，简称 RW，如图 2-3 所示）电子竞技俱乐部在上海浦东陆家嘴丽思卡尔顿酒店举办队伍成立仪式，俱乐部首先参与的项目是

《英雄联盟》LPL 联赛，该俱乐部由华硕的 ROG（Republic Of Gamers，玩家国度）赞助，虽然在此之前，华硕也曾频繁投资电子竞技，但多以短期投资为主。在发布会上，RW 俱乐部负责人称，有两个事情促使他们正式成立自己电子竞技俱乐部。一是 LPL 俱乐部联盟的成立，并取消了原有的升降级制度，这样让更多追求稳定环境或期待长远盈利的传统企业加入到其中，这是促使 2017 年 LPL 进行改革后，京东、苏宁、哔哩哔哩等越来越多企业加盟其中的一个重要原因；二是 2017 年韩国三星旗下的战队在重新组建后迅速夺得《英雄联盟》全球总决赛冠军，一些厂商、赞助商也从中看到电子竞技更大的市场商机，也会在未来投入更多的预算。

图 2-3　RW 俱乐部新闻发布会现场

② 赞助商。赞助商积极投资赛事的原因更多的是电子竞技产业背后巨大的用户市场。企鹅智酷《2017—2018 中国电子竞技发展报告》显示，当前中国电子竞技用户达 2.5 亿，其中 25 岁以下人群占六成。根据普华永道发布的《2018 体育产业报告》显示，电子竞技取代足球成为最具增长潜力项目，也是唯一一个所有体育行业领袖们一致认为需要去重点发力的项目。

例如，在 2018 年《英雄联盟》世界赛后，LPL 联盟给各个俱乐部下发了一份官方服饰公告。公告称 LPL 已经与某国际一线体育品牌达成了战略合作，新赛季该品牌方将为联盟所有俱乐部的选手、教练、领队、翻译、分析师等代表性人员提供服饰、配件、鞋产品，而作为联盟成员，所有俱乐部需遵守联盟与品牌方关于队服的全新协议，合作模式相当于联盟队服的总冠名。预计该品牌将花费 10 亿元人民币签下 5 年合约，每年高达 2 亿元的广告费，还包括提供所有战队队员及主要工作人员的服装。这项合作的深度和广度在世界电子竞技行业内甚至体育行业都是开创性的，它将为职业联赛未来发展带来巨大的帮助，也为电子竞技产业在体育领域的立足提供了参考和借鉴。

（2）非官方优势

虽然官方赛事在市场中占有相当的优势，一些大型俱乐部、顶级赞助商纷纷与其合作，但是非官方赛事依托于一些外部资源，依旧具有一定优势。

1）技术。近年来，随着互联网带来的深刻变革，人们的休闲娱乐发生了显著变化，受其影响，影视传媒行业也在经受挑战、迎来机遇。而电子竞技赛事则随着互联网的发展、传媒领域技术进步获益颇丰。例如，在由完美世界承办的《DOTA2》2017 亚洲邀请赛中，比赛现场充分利用虚拟现实增强技术、跟踪传感技术、地屏技术、飞猫技术，以高超的视觉效果向观众展示了《DOTA2》比赛中的对阵、比分及现场环境效果。比赛中转播团队巧妙结合场馆因素，将体育馆的顶棚变为与游戏匹配的乌云密布的天空效果，更以 AR 技术将每场比赛的对阵双方队标和比分实时展现，在 iG 战队胜利夺冠时，更以地屏技术在奖杯阶梯上以数据形式回顾 iG 战队的夺冠之路。中文转播团队正是通过对各种高端技术的运用以及对细节的把握，成就了 2017 亚洲邀请赛的完美表现。

2）人员。由于电子竞技自身行业的性质，赛事可以充分吸纳其中精英人才。虽然官方形式的赛事内容和服务较为重要，但在一些三线城市和高校学区等地域依旧有巨大的空白市场，这些都可供第三方赛事进行市场探索。参与电子竞技的人员数量十分众多，其主要原因如下：

① 行业进入途径众多、除了成为电子竞技职业选手外，玩家可以尝试成为解说、赛事执行、网站编辑、俱乐部领队，以及在电子竞技赛事或其他部门工作的幕后人员。

② 电子竞技已经有一定的历史积累，一些早期进入行业的优秀人才纷纷脱颖而出，他们或建立自己的团队，或加入已有电子竞技部门。

例如，国内知名赛事机构 Imba TV 的创始团队成员均是最早一批接触或从事电子竞技的人，像这样的资深从业者更容易抓住行业"痛点"，或是生产出优质的内容，或是组建新的团队成为改变电子竞技赛事的重要力量。

3）本地资源。一些主办方依托地域优势，在整合各项资源后，这样的电子竞技赛事有着场地、资金、政策等方面的优势。2014 年，银川市政府主办 WCA 2014，目的是为了汇集全球电子竞技团队同台竞技。这是国家倡导发展文化体育产业和地方政府鼓励引领创新的结果，借助电子竞技等新兴体育产业实现在文化娱乐产业中的弯道超车。截至 2017 年，WCA 在海外赛区方面通过品牌授权，与 LNEe（美洲赛区）、UCC（中东及北非赛区）、ESME（亚太及欧洲赛区）三家赛事合作伙伴展开海外赛事，努力搭建与世界其他地区电子竞技沟通的桥梁。

2.1.2 赛事在社会中的影响力

电子竞技赛事在社会中的影响力是一种活跃的动态表现，通常是用户在专业论坛、直播平台、社交软件的用户群等互联网群落中传递、交流对于某些事情的态度，再经由人数在意见上的趋同，形成不同派系的观点。以上方式与互联网上的其他舆论情况（以下简称"舆情"）状况有些类似，因此如果按照互联网上官方舆情的数据分析，可以从电子竞技赛事的"媒体传达量"，即视频网站、新闻媒体、直播平台的传播方，以及评论、转发、衍生创作为代表的"用户参与量"两个角度阐述赛事在社会中的影响力。

1. 媒体传达量

媒体传达量主要是指媒体报道的各项数据结果，既包括媒体报道数量、媒体报道的频次，也包含媒体报道质量。

（1）媒体报道量

在媒体报道数量上，主要是指借助社交平台、主题网站、自媒体等多种方式报道比赛，并且在一定程度上要求报道的资讯来源较为丰富。不同的团体或个人在亲身参与的过程中撰写文稿，为观众带来不同的视角、不一样的资讯。一项赛事的报道越丰富，说明其在用户间的话题度越高。

在报道的频次中，以电子竞技世界赛的报道最有代表性。因为可能存在比赛主场所在时区与部分观众所在时区差别较大的情形，所以这类报道既要保证直播观众的同步资讯，也要重视赛后报道整理、内容的上传和下载。一项赛事的报道频次越密集，说明媒体越重视。

　　就赛事报道质量而言，单纯有电子竞技赛事相关媒体报道是不够的，需要借助一定的契机传播到电子竞技行业外。究其原因，不同媒体的影响力、辐射范围不同，这又与它们的受众、行业地位以及报道机构和电子竞技相关性等多个因素有关。例如，游戏专题网站的主要用户就是玩家，很少有非玩家群体关注此类网站，因此在这个网站刊登的新闻、资讯只会被同类型站点转载，很少有机会将新闻传播到其他领域。而一旦以公共领域为代表的其他报道开始关注电子竞技赛事，都有可能说明赛事无论是在成就、影响力等方面都已成为主流社会不可忽视的声音。

　　例如，2018 雅加亚运会电子竞技表演赛开赛前，《人民日报》发微博为中国战队加油（如图 2-4 所示）。比赛结束后，中国团队参加的三项赛事收获两金一银，其中，《英雄联盟》项目和《传说对决》（AoV）项目收获金牌、《皇室战争》项目收获银牌。

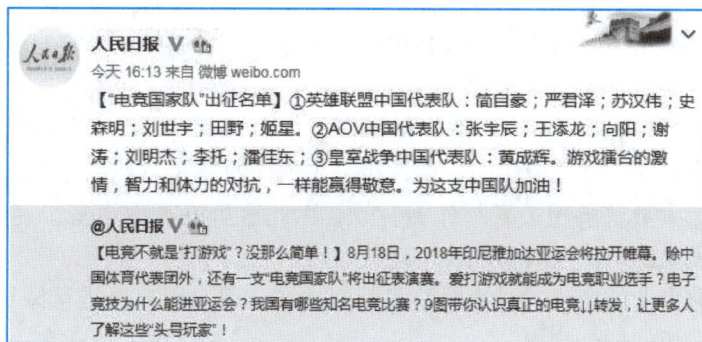

图 2-4　《人民日报》为中国电子竞技加油

　　由于电子竞技赛事彰显出的公平竞技的体育精神，其他类型的媒体在报道电子竞技相关新闻时往往优先报道大量赛事资讯相关新闻。这是赛事在报道上面具有的天然优势，赛事举办方和参与者等实际参与者应当学会积极借助它们为电子竞技宣传。

　　（2）赛事的直播与转播观看量

　　赛事的网络观看占相当大的观看比例。其中，直播端口的数量代表赛事受欢迎，直观依据就是一个赛事在线上平台中的站点数量，通常一些具有一定规模的线下赛事都会有网络直播端口。一些知名直播平台都已经参与到赛事报道中，如虎牙直播、龙珠直播、熊猫 TV、火猫 TV 等平台赛事都在不断投入赛事版权的购买，各平台将其视为某一时间阶段里流量最高的内容。例如，火猫 TV 最初的兴起就是得益于《DOTA2》第一届亚洲邀请赛的赛事转播，在这之后火猫 TV 也致力于成为《DOTA2》的专业户。

　　转播端口的长期留存说明用户市场庞大，直观依据就是视频等内容的收视率和点击率，它与传统电视的点播较为类似。传统电视点播的收视分析中另一比较常见的现象，是将收视率高低与内容好坏简单挂钩。当收视率走高或走低时，便时常可以看到诸如"这是因为节目内容好（或不好）"之类的断言。在电子竞技赛事中，节目内容大致等同于比赛质量。

　　综合而言，赛事直播和转播既是赛事推广的重要方式，也是直观体现赛事影响力的重要数据。

2. 用户参与量

虽然观众在赛事期间的一般行为（如查阅新闻、观看赛事、回顾赛事周边动态）都是一种参与，但是在这个过程中一部分观众少有互动，并不是真正意义上参与或互动。因为用户参与度是一个表示程度的词语，所以此处重点讨论的是用户深度参与电子竞技赛事的行为，按照参与的程度分别是评论、转发、衍生创作。

1）评论。评论是赛事中较为常见的单项传播方式，玩家用户通过弹幕和评论对视频或事件做出表态。但是大量的信息无法正常传递给赛事相关人员，更多的是被其他用户快速阅读。评论通常很难达成统一性，除非赛事中的某些事件在价值、情感上高度统一，如某电子竞技选手（运动员）在赛场作弊，或者是做出辱骂他人等恶劣行为等，肯定会招至众人的批评。

2）转发。虽然在现有的社交软件的功能中转发是一件比较容易的事情，但是这一行为本身是值得研究的。通常而言，转发比评论更具有互动性，例如，转发过程中涉及到该用户的社交圈，引起其他用户的回应；或者是用户在转发中加入的个人情感、文字作为一种公共言论行为被记录下来，这种亲身参与和反馈说明用户的参与度比评论更高。

3）衍生创作。赛事庞大的用户群体使得赛事成为了信息交流、传递重要的平台之一。当部分用户对于赛事评价意见较多时，会选择采用创作的形式来表明自己的态度，由于相关创作过程中会采用大量赛事相关素材作为背景，因此这里将其称为基于赛事内容的衍生创作。一些赛事中发生的事件极具话题性，这让这类衍生创作是一种较为有深度、有讨论余地的主题内容，部分专业的交流、讨论网站将其归类在一起，用户再进行浏览、评论、转发，这就是某一事件发酵的一个侧面。

2.2　赛制的具体规则

电子竞技产业的发展促进电子竞技赛事发展迅速，如今的电子竞技赛事与其他类型的体育赛事一样，有着重要的社会影响力，对产品的宣传甚至地方经济的发展都有着十分重要的作用。电子竞技赛事的举办和其他传统体育赛事也有着许多的相似之处。电子竞技赛事早期的举办基本都是利用传统体育的场馆进行改造升级，融入电子竞技元素，利用传统体育场馆的基础设施稍加改造，打造适合电子竞技比赛的场馆，进行赛事举办工作。随着电子竞技赛事越来越规范，电子竞技赛事也越来越成熟，电子竞技赛事不断走向成熟，也在迅速的发展中形成了众多的规则。

2.2.1　赛事规章

电子竞技赛事目前已经处在一个十分成熟的阶段。和传统体育相似的是，电子竞技赛事几乎继承了传统体育赛事所有的特质，重视竞技比赛中的公平、公正。同时，由于电子竞技赛事的特殊性，其也在长期的赛事运作中形成了独特的赛事特点。

1. 注重公平、公正的体育精神

竞技体育重视体育精神，电子竞技作为体育项目，也十分重视体育精神（如图2-5所

示）。竞技体育可以为广大的观看者带来很好的观看体验，这都是建立在竞技体育公平角逐的基础上。短跑、游泳等竞技体育的成绩计算中精确到毫秒，在职业选手高水平的角逐中，极其细微的误差对于选手的成绩都有着十分重要的影响。因此，对于比赛中的公平性有着越来越严格的把关。同时，严格的裁判制度也是赛事公正性的有力保障。电子竞技赛事是新兴的竞技体育赛事，经过较长时间的发展，加之电子竞技赛事在发展中学习和吸收其他传统体育赛事发展过程中的丰富经验，电子竞技赛事基本形成了比较完善的赛事体系。公平、公正的体育精神也是电子竞技赛事在发展中始终坚持的竞技体育精神。为了保障电子竞技赛事可以公平、公正的开展，电子竞技赛事借鉴传统体育的方式，也开始逐步引入反兴奋剂系统。

图 2-5　公平公正的竞技精神

　　2015 年，C9 俱乐部的《CS：GO》队伍就被指控使用阿德拉（一种控制中枢神经的西药），最终该队的队员也在采访中承认使用了该药物。国际奥利匹克奥委会将兴奋剂定义为：参加竞赛的运动员使用任何异体物质，或以不正常的量和不正常进入机体的途径使用生理物质，试图人为地以不正当的方式提高其在竞赛中的比赛成绩。由于兴奋剂在人体生理机能上的显著效果，很多传统体育项目中都曾出现过这种旁门左道的投机方式。兴奋剂的使用违背体育和医学科学的道理规范，对于运动员的身体健康同样是一种摧残，更蔑视了体育精神，受到了全世界人民的一致反对。随着电子竞技赛事影响力的日益增强，有些战队或者选手在平时的训练中缺少努力导致成绩比较一般，转而希望通过一些兴奋剂来提升自身的反应能力以及身体机能。因此，为了保障电子竞技赛事的公平和公正，电子竞技赛事中的反兴奋剂系统势在必行。

2. 重视团队合作

　　电子竞技比赛一般都是团队项目，因此对于选手的团结合作能力有着十分严格的要求。目前，主流的电子竞技项目大多都是多人共同完成的游戏项目。《英雄联盟》《DOTA2》《王者荣耀》需要 5 名选手共同参与到游戏中去，并且各个选手都有着比较明确的位置和对线位置，选手一方面需要在线上展现自己卓越的操控能力，另一方面也需要积极和队友进行互动，开展不同的战术策略。在《英雄联盟》《王者荣耀》等电子竞技项目中，十分流行"中野联动""'四一'分推"等战术体系，这些战术体系的使用除了选择十分合适的英雄角色以外，更加需要全体成员在游戏中严格执行系列战术，保持紧密的联系才可以保证战术的实际价值。

　　"'四一'分推"战术中，四名队友需要做好牵制工作，为单带的英雄（如图 2-6 所示）创造良好的单带机会。在"'四一'分推"体系中，分推的进攻队伍出现了很明显的人员不齐整的情况，因此相对防守方往往会强行开团或者抓单带点来应对这种分推。面对防守方有组织的反扑，进攻方需要更加重视团队合作，彼此保持良好的信息交流，将地图中对方人员的移动、战斗数据等消息作为重要的战略讯息传递给队友，保证队友的安全，也确保可以继续执行战术，最终取得胜利。

图 2-6　"'四一'分推"体系中代表带线英雄的武器大师

　　电子竞技比赛中对于团队合作的要求甚高，选手们在比赛中需要保持积极的交流，做好战术布置。面对不同俱乐部不同的执行战术，选手在第一次面临的时候往往应接不暇，这就更加需要全体队员随机应变，然后进行良好的交流，在比较严峻的游戏局势中做出最正确的判断，灵活应对对方的战术。这对于整个团队的要求都是非常高，对于整个团队的团结合作也是高要求。

3. 比赛环境的完善

　　电子竞技比赛对于网络以及计算机设备的要求较高，导致了赛事主办方需要为战队提供十分稳定的网络条件以及高质量的外设设备。传统体育赛事在直播等过程中为了可以获得更好的节目效果，需要提供较好的网络条件，而对于体育项目本身是不需要技术条件作为支撑，甚至根本不需要其他硬件等设备，篮球、足球等体育项目只需要提供完善的基础设施，便可以顺利开展体育运动项目，即使在直播中出现信号中断的突发情况，赛场的对决局势是不会受到影响的。而电子竞技赛事对于网络、外设设备等要求十分高，职业选手在高水平的对决中，尤其在千钧一发的对决时刻，网络延时、卡顿对于其操作都是十分致命的。为了保障电子竞技赛事的顺利开展，电子竞技赛事的主办方在网络条件、直转播、外设设备等方面都有着十分翔实的标准制定，用这种方式来保障良好的网络条件，为观众提供最优的游戏观赏体验。2018 年，腾讯电竞出台了《腾讯 2018 电子竞技运动标准》，对腾讯电竞电子竞技项目做出了明确的指示。以下为《腾讯 2018 电子竞技运动标准》电子竞技赛事直转播标准片段。

　　（1）传输部分

　　① HDSDI 编码机：支持 HDSDI，有丢包补偿功能。

　　② HDSDI 解码器：支持 HDSDI，有丢包补偿功能。

　　③ HDSDI 编码服务器：支持 RTMP 和 HLS 等传输。

　　④ 制式转换器：支持 1080 60i 转换为 1080 50i。

　　⑤ 光传输模块机箱：每个机箱使用不超过 60%，配置控制模块。

　　⑥ SDI 光传输发射模块：支持传输不少于 90 路 HDSDI 信号。

　　⑦ SDI 光传输接收模块：支持传输不少于 90 路 HDSDI 信号。

　　（2）视音频部分

　　① 16 画面分割器，支持 HDSDI 输出：144 路信号监看。

　　② 分割监看大屏。

③ 流媒体监看服务器：能同时监看至少 64 路，支持 HTTP 和 RTMP，可以监看 HLS 和 FLV，每台不少于 16 路。

④ 同步信号分配器：为不少于 34 个设备提供同步。

⑤ 高清视频服务器。

⑥ 高清录放视频服务器。

⑦ 通道监看。

⑧ HDSDI 解嵌器：模块化设计，支持周边机箱，有输入环出或 reclock 输出。

⑨ 高清视频分配器：至少 2 个输入，每路 4 个输出。

⑩ HDSDI 视频延迟器：至少高清 30 秒延时，支持通用国际标准，接受高清视频信号；断电环通 bypass 输出；优先考虑进口设备。

⑪ KVM 远程控制器：发送端，满足 DVI-I 接口，带音频接口，不少于 22 套；接收端，满足 DVI-I 接口，带音频接口，不少于 10 套；高品质 48 口交换机或 KVM 矩阵，不少于 1 台；DVI、USB 延长器，双绞线传输，不少于 1 套。

⑫ 帧同步板卡：支持 1 路 HDSDI 信号帧同步，支持 BB。

⑬ 千兆网络光传输板卡：总共能传输不少于 4 路千兆以太网。

⑭ 5 号充电电池：可充电 2000 次。

⑮ 5 号充电电池充电器：充 4 节 AA 或 AAA，带 LCD 显示电量。

⑯ 无线话筒系统。

⑰ 高清有线摄像机。

⑱ 摄像机控制单元。

⑲ 7 英寸（1 英寸 = 0.0254 米）彩色液晶寻像器。

⑳ 遮光罩。

除此之外，为了满足电子竞技赛事的顺利进行，对于赛事中的电子计算机也有一定的要求（见表 2-3）。2017 年，中国体育场馆协会出台了一项电子竞技场馆建设标准的公示标准，旨在规范电子竞技场馆建设，保障电子竞技赛事顺利进行。其中关于电子竞技计算机的使用就有十分明确的要求，严格按照标准执行，可以保证电子竞技比赛中运动员计算机正常稳定运行，保证整个比赛顺利进行。

表 2-3　电子竞技场馆比赛用机标准

部　件	性 能 要 求	
	普通电子竞技计算机	专业电子竞技计算机
产品类型	微塔式计算机	微塔式计算机
中央处理器	多核，2 GHz 以上，5 MB 缓存以上	多核，3 GHz 以上，6 MB 缓存以上
内存	DDR 内存	DDR 内存
硬盘驱动器	SATA 硬盘	固态硬盘或者混合硬盘
显卡	独立显卡	独立显卡
显示输出	1080P 以上，响应时间小于 1 ms，刷新率 144 Hz 以上	1080P 以上，响应时间小于 1 ms，刷新率 144 Hz 以上

续表

部　件	性　能　要　求	
	普通电子竞技计算机	专业电子竞技计算机
显示器	23 英寸以上显示器，LED 背光，防眩光	23 英寸以上显示器，LED 背光，防眩光
键盘	游戏键盘	机械键盘
鼠标	游戏鼠标	专业游戏鼠标
耳机	头戴式	头戴式
网络	千兆网络	千兆网络

注：鼠标、键盘和耳机比赛用设备，运动员可以自带

2.2.2　赛程计划

电子竞技赛事和其他成熟的传统体育赛事一样，逐渐形成完善的赛事体系和赛程计划。如今的职业电子竞技比赛赛制基本完善，赛程安排缜密，对于比赛的计划有着重要的导向作用。

完整的赛程计划需要囊括关于赛事的所有信息，整个赛程计划需要包括赛事介绍、组织结构、邀请比赛项目、选拔组比赛项目、裁判与仲裁、组队与报名、总决赛时间、总决赛地点、比赛办法、各地区选拔赛赛制、选拔赛举办流程、总决赛赛制、奖励办法等重要信息。通过赛程计划的浏览，社会人员可以及时了解关于该项赛事的所有信息，对于比赛有着较高热情的爱好者可以通过赛程计划获得报名等方面的信息，确定自身擅长的项目是否在该项比赛中，最后确认是否参加比赛以及自身是否符合比赛条件。本节将以国家体育总局信息中心主办的全国电子竞技大赛作为案例进行剖析。

1. 赛事介绍

赛事介绍往往指赛事信息的简单介绍，这部分内容中包含赛事的名称、主办单位、承办单位、意义等内容。电子竞技赛事的发展对于现阶段的电子竞技产业发展都有着十分重要的意义，电子竞技目前成为了大众认可的体育竞技项目，电子竞技的比赛精神也成为了体育精神中的重要部分，不断丰富着体育精神。同时，电子竞技赛事的兴办可以为广大的电子竞技职业选手和爱好者提供一个公平、公正、公开的竞技平台，面向社会宣传电子竞技运动、传播电子竞技正能量，提升大众对于电子竞技的认可度，促进电子竞技运动可持续发展。

2. 组织结构

一个完整的赛事体系必然有着完整的赛事组织结构。组织结构是一项赛事的中枢，负责赛事运营环节中各个方面的工作，对整个赛事的运作进行指导、监督以及执行，保障赛事的顺利开展。一个完善的赛事组织结构基本由赛事组委会、综合部、竞赛部、宣传部、技术部、市场开发部等部门组成（如图 2-7 所示），各部门各司其职，同时彼此之间相互紧密联系，共同促进赛事的良好发展。

各部门在整个赛事的运作中都有着十分明晰的职责划分，有着独立的负责项目和工作重心。

图 2-7　电子竞技赛事组织结构示意图

1）综合部：主要负责组委会的综合协调工作。

2）竞赛部：主要负责竞赛工作的组织和实施，包括审核、制定、印发竞赛规章及竞赛规程；提出各项目竞赛承办地点及各项目竞赛场地设备及器材规格要求；制定、安排各项比赛秩序册、成绩册；制定技术官员、裁判员、运动员参赛资格的审定标准；运动员参赛资格的审查和报名注册工作。

3）宣传部：主要负责新闻宣传报道方案的制定及实施、电视广播的宣传策划、转播开发工作组委会新闻发布工作。

4）技术部：主要负责竞赛电子计算机系统的审核工作，按照电子信息服务系统的整体方案，做好注册登记、多媒体查询、电子商务、新闻信息发布的各项准备工作及电子信息系统联合调试、软件开发、系统服务与场馆之间的技术协调工作。

5）市场开发部：负责组委会市场开发方案的策划及实施，综合协调组委会的集资工作，负责组委会无形资产的开发工作，办理各种专利、广告、比赛器材招标、购置等事宜。

3. 赛制安排

体育赛事的赛制比较丰富，各种不同的体育竞技项目往往也有不同的赛制。一项公平、合理的赛制对于整个赛事的赛程有着重要的意义，可以科学地选拔出成绩优秀的选手，同时为广大的电子竞技爱好者提供众多精彩的比赛，博得众多玩家的眼球。

电子竞技赛事采取的淘汰制，包括单败淘汰制和双败淘汰制。单败淘汰制是将所有参赛者顺序排列成一定的比赛秩序后，由相邻的两名参赛者进行比赛，败者被淘汰出局，失去继续比赛的资格，而胜者被保留，进入下一轮继续以相同的方式进行比赛。到通过若干轮比赛，全部参赛者被淘汰得只剩一名，比赛已无法进行，即宣告结束，而唯一一名未被淘汰的参赛者就成为这次竞赛的冠军。双败淘汰制指电子竞技选手负一场后并不被淘汰，只是跌入负者组，只有经历两次失败选手才会被最终淘汰。对于一些电子竞技赛事，组织方会采用瑞士制的淘汰方式。瑞士制是国际象棋、中国象棋赛事中常用的赛制，但是棋类运动中的瑞士制和电子竞技赛事中的瑞士制有着明显的差异。棋类比赛通过积分决定名次且不会淘汰任何选手，而电子竞技赛事中不计积分，且经常被用于小组赛阶段来决定出线和淘汰名额。瑞士制在电子竞技赛事中的运用丰富了电子竞技赛事赛制，大大缩短赛事赛程，每轮的比赛都是根据前一轮比赛的成绩决定对阵，保证强队不会遇到弱队，使得比赛更加公平。单败淘汰制减少了赛程的时间，提高了比赛的观赏性和紧张激烈性，但是增加了爆冷门的概率，容易出现优秀选手或战队早早被淘汰的局面。

知名的电子竞技项目《DOTA2》，每年都会由官方组织国际邀请赛（如图 2-8 所示），届时全球各地的职业俱乐部将会蜂拥而至。《DOTA2》国际邀请赛采用的就是双败淘汰制，第六届国际邀请赛一共有 16 支战队参赛，根据小组赛排名决定首轮对阵情况，胜者进入胜者组，败者进入败者组，随后胜者组的胜者继续晋级，败者掉入败者组；败者组的败者则被淘汰，胜者继续来到下一轮，直到最后胜者组的冠军和败者组的冠军争夺总冠军。

图 2-8　《DOTA2》国际邀请赛

严格意义上说，这种双败赛事是"不完全双败赛制"，这种双败赛制有一个缺点，即胜者组的冠军在总决赛中失败则只能成为亚军。这与严格意义"双败"是有一定的差异的，所以这种赛制被称为"不完全双败赛制"。与之对应的就是"完全双败赛制"，即决赛之后，再加赛一场决定冠军的归属。但是这对于败者组的冠军也不公平，因为败者组的冠军需要击败胜者组冠军两次才能夺冠，而胜者组的冠军赢一场比赛就可以赢下整届比赛。所以考虑到胜者组冠军比败者组冠军少赛几场比赛的原因，"不完全双败赛制"目前还是比较公平的淘汰赛制，也是目前电子竞技赛事中最为广泛的一种赛制。

在我国举办的电子竞技赛事中，联赛的赛制已经比较成熟。众多的赛会制赛事可以借鉴世界上顶级电子竞技赛事的赛制，采取分组循环制和单败淘汰制相结合的方法，具体场次可以根据情况采用一局定胜负、三局两胜制或五局三胜制。但要注意以下问题：

① "种子"选手的设定方法要做到公正合理，克服部分比赛的不合理性。

② 采用"定位抽签"的技术，解决比赛机遇性强的缺陷。

③ 安排好循环赛的秩序，尽可能解决好循环赛计算名次的复杂技术问题。

4. 裁判制度

成功的电子竞技赛事需要保证公平、公正、公开的同台竞技，裁判制度能够保障赛事的公平开展，也是对于职业战队和职业选手权利的良好保障。

裁判是体育比赛中负责维持赛场秩序、执行比赛规则的职位或者人物。裁判制度是体育赛事中重要的保障制度，一场体育赛事中的裁判也是神圣、权威的象征。许多国际比赛中的裁判必须从比赛双方之外的第三国中选出，以示独立、公正和无利益冲突。电子竞技赛事中的裁判同样是公平、公正的代表，在比赛中严格执行比赛的规则，不受金钱、权利等左右，坚持公平、公正的态度，保证赛事顺利开展，为广大观众献上精彩绝伦的竞技赛事。

2015 年 11 月，江苏省镇江市体育局主办中国电子竞技二级裁判员培训班，该次培训使用了"全国电子竞技裁判员教材"，该教材由国家体育总局电子竞技部摘编，着重讲述"体育竞赛裁判员管理办法""电子竞技赛事的构成""比赛设备、软件的调试""电子竞技裁判员工作细则""判罚和各项裁判方法""编排与抽签"等专业内容，让参加培训的人员丰富裁判方面的知识，并可以参与到实际的电子竞技赛事裁判工作中去。

5. 组队和报名

组队和报名也是电子竞技赛事赛程计划中重要的组成部分,建立良好的组队和报名渠道,扩宽民众参与赛事的广度,从而带动更多的人参与到赛事中。组队和报名需要给出明确的限定条件,选手报名截止时间、报名的方式、报名的规则以及其他要求都需要在这部分内容中体现。

2018 年,国家体育总局在官网上发布了《关于举办 2018 年全国电子竞技公开赛的通知》,宣布拟于 2018 年 12 月在四川成都举办 2018 年全国电子竞技公开赛总决赛,其中《绝地求生》被列入表演赛名单,《英雄联盟》《星际争霸 2》《炉石传说》则是正式比赛项目(如图 2-9 所示)。在该项赛事通知中,对于选手的组队及报名有着十分明确的信息要求。2018 年全国电子竞技公开赛采用网上报名的方式,网上报名系统有选手信息提交、赛程分组等多项功能,全国各地的意向选手可以通过网络平台进行网络报名。网络报名之前,想要参赛的选手需要在当地注册,非注册选手不得报名参加此次比赛,凡是违反此项规定的选手,将被取消一切参赛资格。报名过程中,参赛选手需要确认自己参赛的项目,了解清楚比赛的详细要求。例如,在移动电子竞技赛事中,比赛用移动设备需要统一系统版本,这些都是选手在报名的时候需要掌握的重要信息。

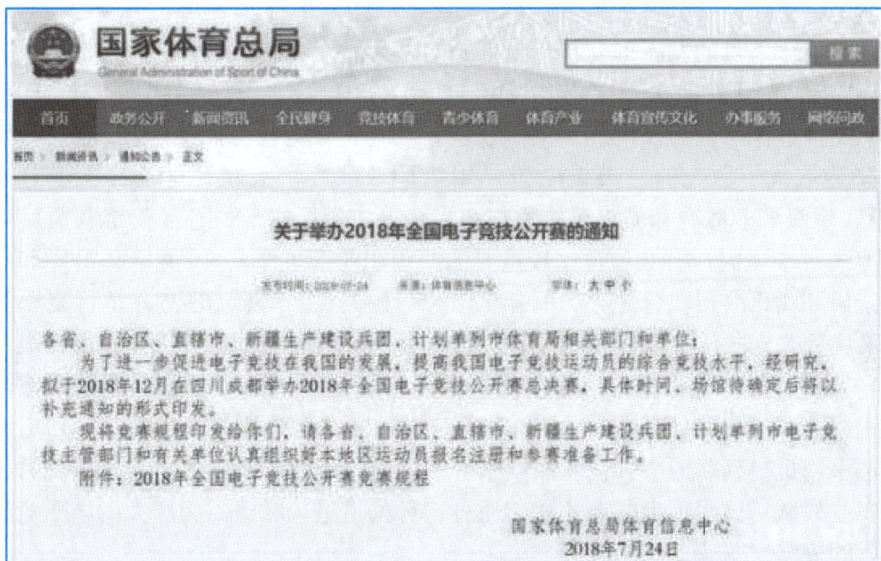

图 2-9　国家体育总局发布《关于举办 2018 年全国电子竞技公开赛的通知》

2.2.3　赛事的储备与升级

完整的赛事体制需要有完整的赛事体系,完善的赛事体系建立起完整的赛事系统,给予不同层次的玩家通道入口,这是完整赛事制度建设重要的步骤。目前,在世界范围内影响广泛的电子竞技游戏,基本都拥有比较完整的赛事体系,同时,这些赛事的兴办也保证了这些电子竞技游戏有着相对稳定的玩家群体。对于比较完整的赛事体系,都会对赛事进行一定的分级,建立更加完整的赛事体系。

1. 赛事储备和升级方式

电子竞技赛事储备和升级的方式与其他传统体育赛事的储备和升级方式大同小异，在充分借鉴其他体育赛事补充方式的基础上，电子竞技赛事结合其自身的特点，利用现代网络、新媒体等技术，将电子竞技赛事进一步完善和升级。

（1）电子竞技赛事的储备方式

电子竞技赛事的储备方式也是进一步完善电子竞技赛事赛制的重要举措。运营者根据不同的电子竞技项目自身特点加以改进，结合市场信息和玩家用户的相关信息，制定新的赛事模式，吸引电子竞技玩家参与到该项赛事中。电子竞技赛事的储备方式常常有次级联赛、城市争霸赛、网吧赛，都是电子竞技赛事重要的储备赛事。这些储备赛事的方式对于职业赛事是重要的补充，对于一些水平次于职业电子竞技选手的玩家而言，这些赛事方式的建立，使得电子竞技赛事有着十分完整的赛事体系。不同水平层次的玩家都可以参与到钟爱的电子竞技项目中，电子竞技的玩家用户可以进一步的拓宽，普通玩家也可以参与到赛事的竞技中，为普通玩家开辟进入赛事的渠道，使得电子竞技真正成为所有普通大众的体育项目。

1）次级联赛。次级联赛是职业联赛最重要的储备方式之一，次级联赛中的选手水平也是高于普通玩家很多的，大部分次级联赛的选手都是经历过顶级联赛的历练或从业余赛事中层层选拔而来，也代表着联赛的高级水平。《英雄联盟》职业联赛建立了最为完善的次级联赛制度，对于整个项目的发展都有着十分重要的意义。

《英雄联盟》职业发展联赛（简称 LDL，如图 2-10 所示）是《英雄联盟》于 2018 年推出的全新职业赛事体系，旨在促进《英雄联盟》职业电子竞技生态稳定健康发展。《英雄联盟》发展联赛取代了原先的《英雄联盟》甲级职业联赛次级联赛（简称 LSPL），原先的《英雄联盟》甲级职业联赛和城市英雄争霸赛将会退出历史舞台，与《英雄联盟》甲级职业联赛组成了《英雄联盟》游戏项目比较重要的两级职业赛事体系。《英雄联盟》职业发展联赛由拳头公司和腾讯公司联合主办，每年的 3~5 月举行春季赛，6~9 月举行夏季赛，两个赛季成绩最优的 8 支队伍可以晋级年度总决赛，最后决出的冠军将有机会获得晋级《英雄联盟》职业联赛的资格（联盟将对冠军队伍俱乐部综合资质进行审核，若通过审核，冠军俱乐部将正式进入联盟）。LDL 每年会为 LPL 固定贡献一支优秀的职业战队，在 LDL 联赛中发挥优异的选手，也得到联盟中其他职业俱乐部的关注，通过转会的方式将这些优秀的选手交易到其他职业战队，这些顶尖的人才就会通过这种渠道进入联盟，为广大的电子竞技玩家带来最为精彩的表演（见表 2-4）。

图 2-10 《英雄联盟》发展联赛标志

表 2-4　LDL 赛区划分表

赛　区	城　　市
华北赛区	北京市，沈阳市，石家庄市，郑州市
华东赛区	济南市，南京市，杭州市，福州市
华西赛区	成都市，重庆市，昆明市，西安市
华南赛区	武汉市，广州市，南宁市，南昌市

《CS:GO》赛事中也有比较成熟的次级联赛制度，这也是该项赛事成熟的赛事体系中最为重要的组成部分。《CS:GO》特级锦标赛（简称 Major，如图 2-11 所示），对于全世界的《CS:GO》选手而言，意味着终极目标和无上荣耀，职业电子竞技选手都渴望可以在特级锦标赛中获得冠军。次级锦标赛（简称 minor）是通往特级锦标赛重要的一步。早期的特级锦标赛队伍都是直接由主办方进行邀请，主办方会设置比较完善的赛制，被邀请的队伍将会参与到冠军的角逐。随着该项目的赛事日益完善，次级联赛对于整个系列比赛的影响越来越多，众多在次级联赛中脱颖而出的选手也成了联赛中最优秀的选手。

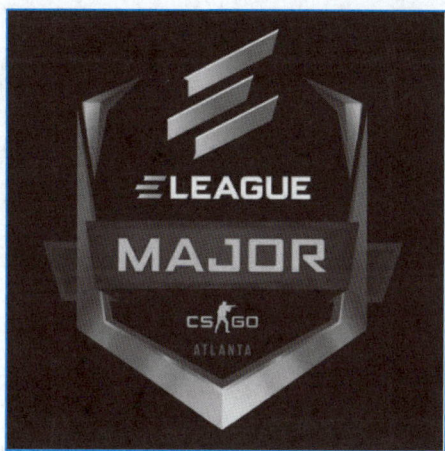

图 2-11　《CS:GO》Major 赛事

2）城市争霸赛。城市争霸赛的赛制也是电子竞技赛事赛制的补充和完善。一般电子竞技项目的城市争霸赛的门槛设立的都比较低，基本都是实行零门槛的报名准则，报名者只要对于电子竞技有着足够的热情，都可以报名、组队参加相应的项目比赛。

① 城市争霸赛赛制的特点。城市争霸赛是赛事中参与度最广的赛事类型之一。一般的城市争霸赛可以分为网吧赛、市赛、省赛、大区赛、全国总决赛等赛事，基本构成了一个由地方到全国的完整的赛事体系。由于参与的玩家群体过大，也导致了城市争霸赛的选手水平差异巨大，不同水平层次的选手都会因为对于游戏的兴趣，报名参加城市争霸赛。

② 城市争霸赛的重要作用和意义。城市争霸赛的举办丰富了电子竞技赛事的赛制，使得整个赛事构成了比较完整的赛事体系。同时，城市争霸赛也是重要的人才储备方式，众多优秀的电子竞技人才都是通过城市争霸赛的途径脱颖而出，成为行业中顶尖的人才。

（2）电子竞技赛事的升级方式

电子竞技赛事的发展，为广大的玩家用户提供了大量的可以消费的内容。除了专业的电子竞技职业联赛之外，主办方出于扩大游戏影响的目的，对游戏项目进行更深层次的开发，往往都会举办全明星比赛、洲际赛、PK 赛等新颖的赛事模式。这些新颖的赛事模式都是电子竞技赛事升级模式，而这些赛事模式往往也会得到玩家们的广泛关注，带来同样可观的商业价值。

1）全明星比赛。全明星赛事（如图 2-12 所示）是十分成功的电子竞技赛事的升级方式，也是电子竞技项目效仿其他体育项目十分成功的模式。电子竞技全明星比赛是近些年兴起的一种比赛模式，这种模式主要通过玩家网络票选的方式，挑选游戏中各个位置最受玩家支持的选手，票选得出各位全明星选手，重新组队进行比赛，为玩家表演精彩的比赛。全明星比赛往往出于娱乐目的，选手在比赛中压力也比较小，选用的英雄角色也和玩家平时的游戏娱乐中十分相似，与平时的游戏有着很高的契合度，没有过分重视战术。普通玩家也比较容易理解，往往可以给玩家带来很好的视觉体验。

图 2-12 《英雄联盟》全明星赛事标志

2）洲际系列赛。《英雄联盟》洲际系列赛是十分成功的一种赛事升级方式，对于《英雄联盟》项目的推广和发展都有着十分重要的意义。这种赛事模式是拳头公司（Riot Games）于 2017 年新增的电子竞技赛事，该项赛事将《英雄联盟》14 个赛区分为 5 个不同的对抗赛区，来自每个对抗赛区的队伍代表各自的赛区进行角逐，每个对抗赛区的受邀队伍数量、比赛场馆和赛制都会不同，但是所有的对抗赛都将在不同赛区间相互比拼。

2. 赛事储备和升级的重要意义

建立完善的赛事储备和升级的体系，对于电子竞技赛事的发展有着十分重要的意义。对于一些电子竞技项目，完善的赛事体系也是留住玩家的重要方式之一。电子竞技游戏除了给用户带来比较愉快的游戏体验之外，也为用户提供了丰富的视频资源。随着玩家年龄的越来越大，有很多游戏玩家没有足够的时间去娱乐，因此观看游戏视频成为了他们重要的娱乐方式。各种电子竞技游戏的城市争霸赛、全明星赛事同样吸引了不计其数的观看人数。足够的观看流量也为这系列的赛事带来了可观的经济利益，因此各种类型的赞助依旧很多。完善的体系也为电子竞技赛事商业利益的开发提供了比较科学的途径。同时，完善的赛事体系也为众多的人才提供了进入职业联赛的通道，优秀的电子竞技选手可以在这些比赛中获得关注度，甚至表现自己对于游戏的深刻理解、战术认识，来捕捉专业人士的眼光，这些都为人才选拔开辟了道路。

　　赛事储备方式的完善是人才梯队保持新鲜活力重要的方式，次级联赛以及城市争霸赛都为俱乐部提供了发掘人才的舞台，也是职业俱乐部锻炼新人的重要平台，是新人职业电子竞技选手进阶顶级联赛重要的练兵场。

　　完善的赛事升级方式则是推动职业电子竞技选手不断提升自身水平、为俱乐部争取更高荣誉的重要手段。

思考题

1. 试分析在一项赛事中，参赛人数、比赛方式受哪些因素影响。
2. 按照媒体传播的分析方法，赛事社会影响力的两项最重要指标是什么？
3. 独立完成一项赛事方案，要求有明确的赛事主题以及详细的细节安排。

第3章

电子竞技赛事的场馆管理

概述

　　本章首先讲述电子竞技赛事场馆管理方面的知识。电子竞技场馆管理是电子竞技赛事能够正常开展的基础，良好的场馆运营管理是相关系列赛事顺利开展的保证。其次，对电子竞技场馆功能分区建设标准做了翔实的描述，同时对比了各种级别的电子竞技场馆，详细阐述了为承办不同级别的电子竞技赛事，电子竞技场馆需要对相应的设备、场地等方面做出哪些统筹与规划。最后，对不同级别的电子竞技赛事所需的相应资源配置进行了大致描述，通过对比不同级别赛事在软、硬件设施、场地等方面所需的条件，让读者了解在参与不同级别的电子竞技赛事需要重点关注、管理哪些方面，以及如何分配赛事所需资源。

3.1　电子竞技场馆的建设标准

根据中国体育场馆协会 2017 年发布的《电子竞技场馆建设标准》，电子竞技场馆在场馆分级、选址和场馆设计、功能分区、用房配置、附属设施设备配置、软件系统和智能化系统等方面都应符合标准，才可正式用于举办电子竞技赛事。

电子竞技赛事在确定赛事级别和赛程规则后，首先应考虑如何选择举办地与比赛场馆，赛事选址在一定程度上决定了电子竞技赛事的举办规模和质量。

1）在选择举办地方面，既要考虑备选城市的电子竞技氛围，也要考虑城市本身的文化代表性。电子竞技场馆的选址，应符合当地总体规划和体育设施的布局；应位于城市社会活动中心地区或近郊，具备齐全的市政配套设施；应考虑车流和人流的疏散，至少有一面或两面临接城市道路，满足交通、疏散等要求；应有室外场地，满足展出、观众活动、临时存放易燃展品、停车及绿化的需要。

2）在选择场馆方面，则需要考虑具体的赛事需求：

① 租赁借用已有的传统竞技体育比赛场馆。传统竞技体育比赛场馆具有基础设施齐全、占地面积大等优势，但由于场馆管理方可能不具备承办电子竞技赛事的经验，因此需要赛事策划、运营方考虑赛场内是否有空间搭建对战舞台、如何调整场馆内扩声系统、网络和电力设施的条件、场馆能容纳多少观众、各功能用房能否满足举办电子竞技比赛的需要等问题，以确保现场观众能获得良好的观赛体验。

② 选择专为电子竞技运动设计的比赛场馆。在场馆建筑设计方面，电子竞技场馆应布局合理，功能分区明确，管理维护方便；建筑造型、平面功能和结构选型，应根据选址位置、电子竞技比赛的特点和使用要求，注意其合理性、经济性和先进性；应统筹考虑环境、设备、管理、安全、使用和应急避险等问题；应设置儿童、年长者、残障人士和女性活动的便利条件与空间；应符合无障碍设计的规范；周边应配有住宿、餐饮等设施；应解决好各分区的联系和分隔要求；场馆内部用房应有灵活性和适应性，考虑设备、附属设施的综合利用；应满足电子竞技运动的安全和防护等要求，设置消防设施与通道；出入口和内部道路设计应符合建筑设计规范；应考虑到除电子竞技运动外的多功能使用和远期发展，为多功能使用留有余地和灵活性，顶棚结构宜预留出悬吊设备空间；应满足相关使用功能的安全要求，在利用自然采光时，配备必要的遮光和防眩光措施。

此外，应充分满足相对应级别的赛事要求，看台布置应满足观众观看比赛所需要的视觉及声学环境要求，使多数席位处于视距短、方位好的位置。建筑结构形式应满足大空间、大跨度的体育建筑设计要求，同时兼顾经济性和实用性。空间形式、设备选型、材料选用应充分考虑节能、环保等可持续发展要求。

场馆内部常见的结构类型有平面梁式、框架式、拱式结构，空间悬索、网架、网壳结构。

3.1.1　电子竞技场馆各功能分区的建设标准

根据功能的差异性，电子竞技场馆内的区域可划分为比赛用区、观赛用区、商业娱乐区、幕后工作区。电子竞技场馆的中心区域是比赛用区和观赛用区，场地的面积与布置受电子竞技比赛的类型、规模和观众数量的影响。商业娱乐区、幕后工作区可分布在比赛、观赛用区周围。

1. 比赛用区

（1）比赛区

1）主舞台。主舞台的设施（如图 3-1 所示）应包括：

① 对战台（比赛专用桌椅、计算机，以及话筒、摄像头等其他设备）。

② 观赛大屏（主屏幕、副屏幕）。

③ 隔音设施（全封闭、半封闭隔音房，或仅配备隔音耳机）。

④ 运动员登台通道和幕后出入通道（不少于两条）。

⑤ 舞美（包括灯光、音响、特效烟花、烟雾等）。

根据场馆内布置，应设置相应数量和尺寸的主屏幕和副屏幕，确保所有现场的观众都可以正常观看比赛。观赛大屏应实时显示电子竞技比赛的图像、比赛信息和对局战绩，并对比赛当天的重要信息进行滚动报道。根据场馆规模，可配置大尺寸屏幕或高清投影设备，供观众观看比赛直播、转播。

比赛区与观众区之间应有分隔和防护。对外出入口应不少于两处，其大小应满足人员出入方便、疏散安全和器材运输的要求。同时，整体的舞台格局设计应考虑比赛设备、摄像摄影设备的安装、固定、更换和搬运等全方位的场地需求；应进行分隔划区，比赛双方需相距 5 m 以上，或安装比赛房。

图 3-1　LPL 赛场主舞台

空间设计时，应预留裁判员的站位空间和相关设备的放置空间。根据《电子竞技场馆建设标准》，单人项目比赛用房面积应不低于 $3 \ m^2$，多人项目比赛用房面积应不低于 $15 \ m^2$，比赛期间比赛用房内应屏蔽外界的干扰，房内噪声低于 30 dB。根据比赛项目，配置相应数量的比赛设备。比赛房应至少配备单面可视化结构（如最为常见的单面透视玻璃），方便观众观看运动员的比赛情况。

2）设备区。根据比赛需求和场馆实际条件，配置灯光、音响、摄像等设备。

① 照明设计。应按照《建筑照明设计标准》《民用建筑电气设计规范》《体育建筑设计规范》进行建设，符合照度标准和照明质量要求，满足电子竞技选手、裁判员、观众及其他人员的使用要求。

影响照明效果的因素包括灯具的安装位置、投射角度、灯具数量、灯具效率、灯具配光、照度均匀度、维护系数等。不同的文体娱乐活动场地对照明的需求不同，电子竞技赛事对照明有其自身的标准，这也是电子竞技场馆独立成体系的一个重要原因。

灯具的布置，应与电子竞技场馆的建筑形式和空间结构形式相协调，同时做到节能环保，充分考虑到赛时和赛后的综合利用。

② 声学设计。扩声系统应结合建筑结构、场地布置等方面进行设置，扩声范围覆盖到观众席内所有位置，确保可以清晰地接收到音响传出的声音。

场馆内各功能区应做好相应的声学处理。对已有或在建场馆的各区域进行音响测试与规划，既可以保证电子竞技选手、裁判员以及其他工作人员在赛时不受干扰，也可以提升转播效果。

③ 摄影要求。摄像机位应设置在比赛区、观众席、运动员登台通道等区域，并预留相应的电源和信号接口。数量应不低于 4 组，应至少有一台摇臂或可移动摄像设备。

大型场馆内应配置"飞猫"索道摄像系统、摇臂等设备，小型场馆内可配置固定或肩扛式摄像机（如图 3-2 所示）。

图 3-2　专业摄像机

（2）准备区

准备区主要包括训练室和化妆间。

1）训练室。训练室供选手在赛前进行训练准备，由多人项目训练包房和单人项目训练包房组成。与比赛区之间应联系方便，能够满足电子竞技选手热身或进行练习的要求。

根据《电子竞技场馆建设标准》，多人项目训练用房面积应不低于 $15\,m^2$，训练用机数量不低于 5 台；单人项目训练用房面积应不低于 $3\,m^2$，训练用机数量不低于 1 台。训练室应配备简单的休息设施，保证用电和网络设施齐全，采取降低噪音的设计，根据需要设置计时计分设备、观赛用屏幕、桌椅、战术板。

2）化妆间。由于选手、教练员的面容会出现在直播或转播的画面中，因此需要进行化妆（如图 3-3 所示）。

此外，其他需要出镜的人员（如主持人、裁判员、解说等）也需要在赛前进行化妆。

化妆间的设施应包括桌椅、化妆镜、照明、盥洗设施、衣架等。

（3）其他比赛用房

其他比赛用房包括休息室、兴奋剂检查室、检录处、医务室等，主要作为电子竞技选手登记、休息、赛前准备和赛前检录的场所。除了电子竞技比赛时使用外，也可供选手训练和

图 3-3　某电子竞技选手在赛前进行化妆

普通用户日常使用。

休息室供比赛人员进行更衣、放松、社交和观看比赛（如图 3-4 所示），应配置更衣室、卫生间以及相关设施。

图 3-4　休息室

兴奋剂检查室，是实施兴奋剂检查样本采集过程的场所，检测电子竞技运动员是否违规摄入药物以提升专注能力和反应速度。一般在进行全国性、国际性赛事时会设置兴奋剂检查室，并配备桌椅、坐便器、检测所需的相关器材和设备等。检查室的布局应包括候检室、工作室、卫生间等。根据赛事规模，对电子竞技运动员进行唾液检查、血液检查或尿液检查。

医务室和检录室应靠近比赛区出入口，为赛事相关人员展开工作提供便利。

2. 观赛用区

观赛用区作为观众、贵宾等观赛和休息的场所，建设原则如下：

① 合理确定比赛场地大小，满足电子竞技比赛的场地要求。

② 观众看台应确保良好的视觉体验。

③ 观众的进出应符合安全要求，便于安全疏散。

当电子竞技场馆内需要设置临时座椅时，应考虑到座椅的存放、搬运方式，预留足够的储存空间。

（1）观众区

规模较小的比赛场馆多采用单层坡式看台，规模较大的比赛场馆一般采用楼式看台，分为两层或多层。

观众区（如图 3-5 所示）建设包括内场、看台、VIP 观赛室（区）、休息区和卫生间的建设。观众区用于供观众在现场观看比赛，电子竞技场馆建设者应根据场馆面积和比赛规模的大小，设置一定数量的座位（固定或可移动），且安排多个出入口、隔离护栏及安保和引导人员。

图 3-5 观众区及对战主舞台

看台的布置形式应根据电子竞技运动比赛特点、疏散方式、视觉质量和电子竞技馆造型等多方面因素综合选定。视线设计应至少能使观众能看到比赛区的 90%，且能看到场上的电子竞技选手。

VIP 观赛室（区）应设在电子竞技场馆内观赛用区的最佳视角位置，观赛空间相对私密舒适，提供比看台区更好的观赛体验，并提供餐饮等附属服务，以满足 VIP 观众的需求，面积不得低于 5 m^2。

休息区可划分为贵宾休息区和观众休息区，主要起入场过渡、社交消费和场间休息的作用，应配置相应的休息和服务设施。贵宾休息区应与观众休息区分开，并设单独出入口。观众休息区应根据场馆规模和周边环境，选择室内、室外或室内外相结合的形式。

（2）评论解说席

评论解说席是网络媒体用于解说评论赛事的区域。评论解说席通常位于电子竞技场馆内比赛区与观众区之间（如图 3-6 所示，TI8 赛事中位于观众席前方的现场中文解说席），能够方便、全面地观察比赛选手和观众的情况，负责向现场以及观看网络直播的观众解说比赛局势。

图 3-6 TI8 现场中文解说席（解说：BurNIng，rOtk）

每个评论解说席只供一家媒体使用，场馆应根据举办电子竞技赛事的级别和转播的需要，设置相应数量的评论解说席。若有转播至外国的需要，则应设置若干个隔离的评论解说席，以避免不同语言解说之间的相互干扰。

评论解说席的设施应包括桌椅、显示屏、耳麦、照明、摄像机等，并且应设置相应的电源和信号接口。

解说席的面积至少应达到 $3\sim4\,m^2$，保证至少可容纳两名解说员。

3. 商业娱乐区

（1）展示交易区

展示交易区，作为供赞助商、商业合作伙伴进行招商展示、衍生品交易的场所，包括产品展示用房、商铺展位、合影区等，宜配有观众休闲及综合服务设施。

根据《电子竞技场馆建设标准》，展示交易区宜设置在电子竞技馆底层，满足展品运输及大量人流集散的要求。每 $1500\,m^2$（不足按照 $1500\,m^2$ 来设置）应设一个进货门，货流和人流两用，使用尺寸为 $5\,m\times5\,m$，为展商提供充足的水电气供应接口。场地装修设计应符合 GB 50222—2017《建筑内部装修设计防火规范》的要求，布置应符合 SB/T 10852—2012《展览场馆运营服务规范》的要求。

1）产品展示用房。用于展示相关硬件、游戏厂商的产品，也可陈列著名选手使用过的鼠标键盘、电子竞技俱乐部获奖历史、游戏角色、道具模型等，以展现电子竞技的独特魅力。展示道具材料和设施应满足无毒无公害的条件。

2）商铺展位。向观众销售应援物（手环、徽章、文身贴、应援灯牌等）、手办、玩偶、服装等电子竞技周边产品，以及饮料、零食等。每个展位的面积应不低于 $9\,m^2$。展位分为永久性和临时性两种，临时性展位的空间符合电子竞技赛事中广泛涉及的临时性场馆、室外场地的安排，是一种电子竞技中极为常见的展位形式（如图 3-7 所示）。

图 3-7　入口处商铺展位

3）合影区。设置合影所用的背景板（墙）和道具（如图 3-8 所示），通常位于视野宽阔的公共区域内，周围背景多以宣传海报、主题景点衬托出电子竞技氛围，是主办方力求用心服务的标志。

图 3-8　观众在合影区拍照

（2）互动体验区

互动体验区应作为主机电子竞技、体感竞技游戏、VR 电子竞技和移动电子竞技等活动的体验场所，具体包括现场活动区、游戏游艺体验区和 VR 体验区，并且不宜设置在场馆出入口处，以保证人流畅通。

1）现场活动区。用于举办商业性质的活动，可宣传和展示电子竞技厂商的新产品（包括硬件设备、游戏作品等），并配置一定数量的设备供玩家付费进行体验，以打造行业影响力，也可以用于举办小规模的娱乐商演，活跃场馆内的氛围。

2）游戏游艺体验区。可提供游戏机（如图 3-9 所示）、抓娃娃机、攀岩、蹦床等常规娱乐设备，主要为满足除资深电子竞技用户外的普通游览者的娱乐需求。

图 3-9　娱乐区配置的游戏机

3）VR 体验区。提供 VR、体感游戏体验（如图 3-10 所示），所需设备成本较高，需配备较大的室内空间。

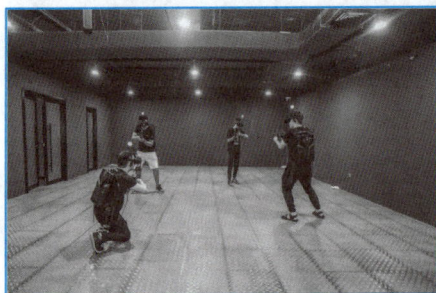

图 3-10　VR 游戏体验

（3）休闲娱乐区

休闲娱乐区作为供观众在观看电子竞技比赛之余上网、娱乐、餐饮消费的场所，具体包括公共上网区、休息区和餐饮区等。

1）公共上网区。向玩家提供优质的上网服务体验，可按小时收费，这是电子竞技场馆的重要收入来源之一。公共上网区应在休闲娱乐区内独立分区设置，配备的设备硬件应可流畅运行市面上主流电子竞技游戏。在观众购买观赛门票或成为注册会员的基础上，场馆管理方可适当设置上网区的折扣，并提供小食、饮料等服务。

2）休息区。设有咖啡厅、茶座、桌游吧等休息区，提供沙发、茶几，供观众进行休闲娱乐（如图 3-11 所示）。休息区宜配置观赛大屏，并配备无线网络。同时休息区应紧邻餐饮区，并根据休闲娱乐区面积，设置相应数量的桌椅、沙发等休息设施。

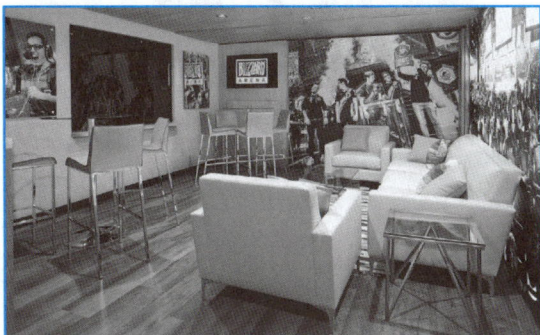

图 3-11　洛杉矶暴雪电子竞技馆休息区

3）餐饮区。应设置供比赛人员和工作人员使用，以及面向观众的餐厅，配置操作台、水池、收银机和吧台等相关设施。

4. 幕后工作区

（1）媒体用区

媒体用区作为新闻收集、网络宣传、媒体专访的场所，供新闻媒体记者、直播人员等使用，具体包括演播室、新闻发布厅，以及其他媒体用区，承载新闻收集、直播、网络宣传和媒体采访等功能。

1）演播室。负责对比赛情况进行评论，在比赛中场休息时维持直播节目的进行，以及在赛后对比赛的相关人员进行采访，一般配置 2~4 名主持人（如图 3-12 和图 3-13 所示）。标准配置包括背景墙（板）、照明、摄像机、话筒、桌椅等。

图 3-12　TI8 演播室

2）新闻发布厅。负责举办新闻发布会，以方便媒体对运动员、教练员和随行官员进行赛后采访（如图 3-14 所示）。标准配置包括背景墙（板）、主席台、桌椅、扩声设备（话筒、音响）、摄录设备等。场地规模和座位布置由预计的参与记者人数决定。

图 3-13　LPL 演播室

图 3-14　某新闻发布厅

3）其他媒体用区。

① 媒体工作间：记者可以编辑整理稿件并从比赛场馆内直接发送报道。

② 媒体休息区：配备桌椅等休息设施，可提供食品、饮料，并配备电视屏幕，以方便媒体记者获取赛事信息，了解比赛进程。

③ 剪辑间：负责影片剪辑工作（如比赛期间的宣传视频、选手个人访谈等）。

由于不同的电子竞技赛事在规模、比赛周期以及受关注度等方面均不相同，其对媒体的重视程度也不尽相同，因此其他媒体用区会存在"一区多用"的情况。

（2）场馆运营区

场馆运营区承载电子竞技场馆的运营、设备存储和维护、安保后勤服务等功能，应配备电子竞技场馆运营相关的配套设施。

1）场馆入口处。电子竞技场馆入口处包括售票处、安检等（如图 3-15 所示），应设置隔离护栏，以维持排队的秩序，避免出现踩踏事故。入口处可以安排：

① X 光机用于检查观众的包内物品。

② 安全门。

图 3-15　电子竞技场馆入口处进行安检

2）服务区。服务区应设置安排工作人员、相关物资和设备，为观众提供服务和帮助（如物品发放、信息咨询、失物招领等）。

3）设备间。电子竞技场馆的设备间负责对设备的信号和数据进行储存、处理，提供技术支持，以及临时存放电子设备（如图 3-16 所示）。

图 3-16　设备间

设备间内的弱电系统维持网络系统的正常运行，实现赛事直播。网络带宽应保障电子竞技场馆内各功能及服务的流畅运行。强电系统负责维持电力，包括照明、空调等电气设备。必要时，可设置若干条强弱电备用线路。

4）其他用房。包括储藏区、医疗卫生区、垃圾处理区等。

① 储藏区可用于存放各项物力资源，如办公耗材、技术设备、安保设备、纪念品、清洁设施/器材、媒体新闻器材、观众服务专用物资等。

② 医疗卫生区负责处理观众的突发病情，提供医疗救护服务。

对场馆内各区域清洁后的废弃物垃圾，应安排清洁人员进行分类收集。在场馆内设置垃圾暂时存放区，在场馆外围设置清废综合区，进行垃圾转运和处理。

（3）赛事管理区

赛事管理区的面积应满足电子竞技运动赛事管理的需要，承载电子竞技赛事管理、合作洽谈、场地服务等功能。

1）导播间。导播间（如图 3-17 所示）主要负责影像方面的工作，包括摄影、直转播等工作，工作内容包括现场导演、导播、OB（Observer，即观察者）、字幕制作、特写镜头慢动作回放、视频特效制作、直播信号处理等（如图 3-18 所示）。

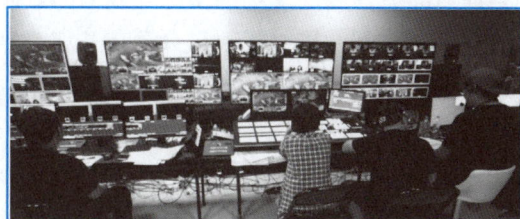

图 3-17　导播间

导演负责把握直播节目的节奏和衔接。导播负责指挥摄像师在直播现场中移动机位进行拍摄，并适时切换直播节目的视频信号，要创造性地通过切换画面来制作完成精彩的直播节目。OB 负责在直播中移动比赛视角。综合考虑场地环境与比赛需要，导播间的地位相对较

图 3-18　高清导播台

高，即使是一些中小型赛事也会优先满足其需求，以保证观众的观赛体检。

导播间的建设标准：配备专业的硬件导播设备或导播软件，由专业的导播人员进行操作，并且需要配备信号稳定且高保真的对讲系统，方便导播调度摄像、灯光、舞美等工作人员。

2）推流间。推流间的主要工作是采集现场的比赛画面信号，与解说信号进行合成，通过推流服务器，将制作好的视频内容传到网络，实现比赛的直播（如图 3-19 所示）。

图 3-19　推流间

由于在合成的过程中存在时间差，因此现场的情况与线上的直播情况并不完全同步，且现场观众与观看线上直播的观众所看到的舞美特效也会存在一定差异（如图 3-20 所示）。

图 3-20　通过 AR 技术在 S7 总决赛开幕式直播中呈现远古巨龙

　　电子竞技比赛的直播，对上下行带宽和网络稳定性的要求较高。如果网络条件不佳，直播效果会很差，产生画面模糊、直播卡顿、断开连接等状况，影响网络观众的观看体验。此外，在场馆外的开阔处，应安排转播车，以保证推流信号的质量。

　　3）音控间（音控台，如图 3-21 所示）。负责控制音效与声音，使观众拥有良好的音乐与音效感受。

图 3-21　音控台

　　4）QC 室。负责衔接导播间与其他工作单位。具体的工作内容是负责调控舞台上的进行流程、管控裁判、选手行为等，与制作人的工作相类似。

　　5）总控台。总控台（如图 3-22 所示）负责调控场地内的灯光、音响、舞台等其他常规设施的工作，配合导播间的指令。总控台一般设置在看台后部，以获得最大的视野，便于操控。

图 3-22　总控台

　　6）其他管理用房。包括组委会、管理人员办公用房、会议室、休息室、复印室和设备存储室等。休息室是供裁判、赛事执行人员、表演人员和主持人等现场工作人员休息的场所，可根据不同现场工作人员的种类分区设置。

3.1.2　各级别电子竞技场馆标准的差异

　　电子竞技场馆建筑整体要求包括：可容纳一定数量的观众，符合安全标准，有完备的冷暖气系统；建筑面积、层高应根据未来可承办的赛事规模进行设计规划。

承办不同级别的电子竞技比赛，对场馆规模和各功能分区的要求存在差异。因此，现阶段可将电子竞技场馆的建设标准分为4个级别：国际级别赛事用、国家级别赛事用、地区级别赛事用、选拔性赛事用。

1. 承办国际级别电子竞技比赛所用场馆

承办国际级别电子竞技比赛的场馆，一般是规模较大的体育场馆（如"鸟巢"）或国际顶尖的电子竞技专用场馆（如重庆忠县三峡港湾电子竞技馆）。该级别电子竞技场馆的各功能分区建设都达到了最高标准，场馆内一般建设有完整的功能分区以及基础设施，以支持国际级别电子竞技比赛的正常进行。

根据《电子竞技场馆建设标准》，承办国际级别电子竞技比赛的电子竞技场馆，建筑面积应大于 $5000\,m^2$，内场座位数应大于 500 个，外场座位数应大于 1500 个。比赛区净高应大于 8 m，比赛区面积应不低于场馆使用面积的 15%。

该级别电子竞技场馆的比赛用区内，舞台面积不低于 $60\,m^2$。在运动员休息室中，更衣室应至少有两套（每套不低于 $30\,m^2$），卫生间不少于 2 间，淋浴室不少于 2 个淋位。在兴奋剂检查室中，工作室不低于 $18\,m^2$，候检室不低于 $10\,m^2$，卫生间应有男女各一间（每间 $4.5\,m^2$）。医务室面积应不低于 $15\,m^2$。检录处应不低于 $50\,m^2$。

观赛用区内，配备有背硬椅。观众用房中，VIP 包厢应满足每席不低于 $2\,m^2$。贵宾休息区人均面积应达到 $1\,m^2$，配备饮水设施和卫生间。观众休息区人均面积应达到 $0.22\,m^2$。此外，应设置观众医务室、残疾观众卫生间等。

幕后工作区内，用于媒体采访的演播室面积应达到 $80\,m^2$，新闻发布厅面积应达到 $100\,m^2$，媒体休息室面积应达到 $50\,m^2$，媒体工作间面积应达到 $30\,m^2$。

灯光控制用房面积应达到 $40\,m^2$，消防控制用房面积应达到 $40\,m^2$，器材储藏区面积应达到 $100\,m^2$，变配电室面积由用电负荷决定。

该级别的电子竞技场馆，在举办电子竞技赛事时，应设置双带宽，防止断网情况的发生。比赛区的局域网带宽应独立设置，不与馆内其他网络功能共享，且至少达到 30 Mbit/s。供直播推流的带宽应独立设置且至少达到 100 Mbit/s。

《英雄联盟》S7 全球总决赛的承办场馆——位于北京的国家体育场"鸟巢"，工程总占地面积 21 公顷，场内观众座席约为 91000 个。

2018 年，《英雄联盟》洲际赛的承办场馆——上海梅赛德斯—奔驰文化中心，总建筑面积为 $80000\,m^2$，可容纳 18000 名观众。主办方创新性地设计搭建了"三足鼎立"的对战台，并且定做了特殊材质的地屏。

2. 承办国家级别电子竞技比赛所用场馆

根据《电子竞技场馆建设标准》，承办国家级别电子竞技比赛的电子竞技场馆，建筑面积应为 $3000\sim5000\,m^2$，内场座位数应达到 $300\sim500$ 个，外场座位数应达到 $1000\sim1500$ 个。比赛区净高应大于 6 m，比赛区面积应不低于场馆使用面积的 15%，舞台面积不低于 $60\,m^2$。

该级别的电子竞技场馆，在举办电子竞技赛事时应设置双带宽，防止断网情况的发生。比赛区的局域网带宽应独立设置，不与馆内其他网络功能共享，且至少达到 30 Mbit/s，供直播推流的带宽应独立设置且至少达到 100 Mbit/s。训练室的带宽应高于 50 Mbit/s，公共上网区的带宽应高于 30 Mbit/s。在举办电子竞技赛事期间，网络布线应做好防拔插、踢碰、碾轧等保护措施。

该级别电子竞技场馆的比赛用区内，舞台面积不低于 $60\,\text{m}^2$。在运动员休息室中，更衣室应至少有两套（每套不低于 $30\,\text{m}^2$），卫生间不少于 2 间，淋浴室不少于 2 个淋位。在兴奋剂检查室中，工作室不低于 $18\,\text{m}^2$，候检室不低于 $10\,\text{m}^2$，卫生间应有男女各一间（每间 $4.5\,\text{m}^2$）。医务室面积应不低于 $15\,\text{m}^2$。检录处应不低于 $30\,\text{m}^2$。

观赛用区内，配备有背硬椅。观众用房中，VIP 包厢应满足每席 $2\,\text{m}^2$。贵宾休息区人均面积应达到 $1\,\text{m}^2$，配备饮水设施和卫生间。观众休息区人均面积应达到 $0.22\,\text{m}^2$。此外，应设置观众医务室、残疾观众卫生间等。

幕后工作区内，用于媒体采访的演播室面积应达到 $50\,\text{m}^2$，新闻发布厅面积应达到 $80\,\text{m}^2$，媒体休息室面积应达到 $30\,\text{m}^2$，媒体工作间面积应达到 $20\,\text{m}^2$。

灯光控制用房面积应达到 $40\,\text{m}^2$，消防控制用房面积应达到 $40\,\text{m}^2$，器材储藏区面积应达到 $100\,\text{m}^2$，变配电室面积由用电负荷决定。

2018 年，LPL 夏季赛总决赛承办的承办场馆——南京青奥体育公园体育馆，面积约 12.8 万 m^2，可容纳观众 20000 人，是目前亚洲规模最大、观众席数最多的综合性体育馆，也是国家级的比赛场馆。

3. 承办地区级别电子竞技比赛所用场馆

根据《电子竞技场馆建设标准》，承办地区级别电子竞技比赛的电子竞技场馆，建筑面积应有 $1000\sim3000\,\text{m}^2$，座位数应达到 $300\sim500$ 个。比赛区净高应大于 $4\,\text{m}$，比赛区面积应不低于场馆使用面积的 15%。该级别电子竞技场馆的比赛用区内，舞台面积不低于 $60\,\text{m}^2$。

观赛用区内，可不设置 VIP 包厢和休息区，观众休息区人均面积应达到 $0.22\,\text{m}^2$。在卫生间内应设置残疾人专用厕位。此外，应配置医疗急救设施。

幕后工作区内，用于媒体采访的演播室面积应达到 $30\,\text{m}^2$，并根据赛事需要，设置新闻发布区、媒体工作间和媒体休息室。

灯光控制用房面积应达到 $20\,\text{m}^2$，消防控制用房面积应根据场馆规模设置，器材储藏区面积应达到 $50\,\text{m}^2$，变配电室面积由用电负荷决定。

一些省市级的体育场馆的占地面积、馆内空间已经完全达到要求，只需要进行一定的设备改造就可以作为电子竞技场馆使用。此外，部分商业性场馆依托于优越的地理位置、良好的网络保障以及"一馆多用"的设计理念，同样成为地区级别电子竞技比赛场馆的候选对象。

4. 承办选拔性电子竞技比赛所用场馆

由于比赛关注度一般不高，选拔性电子竞技比赛一般选择在网吧、网咖（如图 3-23 所示）、电子竞技馆等场馆举办（如网鱼网咖、B5 电子竞技馆等）。根据《电子竞技场馆建设标准》，该级别的电子竞技场馆主要承载训练功能及赛事选拔功能，建筑面积应有 $500\sim1000\,\text{m}^2$，座位数在 300 个以内。比赛区净高根据实际需要进行设置。该级别电子竞技场馆可不设置比赛专用区。

该级别电子竞技场馆的比赛用区内，舞台面积不低于 $60\,\text{m}^2$。观赛用区内，可不设置 VIP 包厢和休息区，观众休息区人均面积应达到 $0.22\,\text{m}^2$。在卫生间内应设置残疾人专用厕

图 3-23　网咖场景

位。此外，应配置医疗急救设施。

幕后工作区内，可不设置新闻发布区，并根据赛事需要，设置媒体工作间、媒体休息室、演播室等。

灯光控制用房、消防控制用房面积、器材储藏区面积根据场馆规模进行设置，变配电室面积由用电负荷决定。

3.2　场地的设施需求

电子竞技赛事场地的设施需求是举办电子竞技赛事需要考虑的重要一项内容，完善的场地设施或一处条件较好的场地会极大提高电子竞技赛事的质量。同时，对一场电子竞技赛事的顺利进行也有较大的影响作用。虽然举办一场成功的电子竞技比赛需要考虑到各个方面，但其中电子竞技比赛的场地选择和场地设施的布置尤为重要。

3.2.1　普通赛事的基础需求

电子竞技赛事根据参加人员和规模等因素衡量可以分为普通赛事和顶级赛事。例如，业余比赛和一些半职业比赛都可以大致归类到普通赛事。这种普通赛事规模根据主办方的资金实力决定，参加人员可能是举办地点周围的玩家或者由玩家自发组建的战队，所以区别于顶级赛事，普通赛事的一些细节会根据主办方的资金实力、举办规模等因素而取舍。

1. 赛事选址

赛事选址受多方面因素影响，考虑成本、宣传效果、参赛规模等问题，主办方会考虑多种选址方案。

（1）自营场址

一些主办方会选择在自营网咖或者商家举办比赛，这类比赛的目的大多是主办方用于宣传自营网咖或商家。选择在自营网咖进行比赛，既可以节省置办比赛用机的资金，还能够为自营网咖带来一定的客流量，吸引一部分目光，达到宣传自身网咖的目的，不必投入太多资金就可以收获较高的回报。当然，这类比赛的规模也会因为主办方选择的网咖而受到影响（如图 3-24 所示）。还有一些商家会利用自身较大的场地设施举办电子竞技比赛，来达到宣传商家自身的目的，这类比赛的规模由商家的场地规模、用户数量、宣传方式等因素决定。虽然赛事选址的问题不需要商家过多考虑，但赛事所需设施、设备需要商家仔细筹划。

图 3-24　某普通网咖电子竞技赛事现场

（2）租赁场址

一种情况是，有些主办方为了更好的宣传效果，会选择租赁规模较大的场馆或者大型商场、广场等地段开阔的地方，自行搭建比赛舞台用以举办赛事。这类比赛的规模较大，需要投入的资金较多，但由于赛事场地较大，客流量也会较高，宣传效果更好（如图 3-25 所示）。其中，租赁场馆进行比赛优点在于这类场馆会自带一些赛事所需的灯光、音响等设施，并且不受时间、天气等因素的影响，但场馆的环境相对较为封闭，观众也是通过宣传手段吸引而来，客流量较为固定。同时，主办方的一些改建、搭建等行为需要遵守场馆的相关规定，遵守商议决定的租赁时间，租赁时间结束后需要按照场馆的规定标准归还场馆。

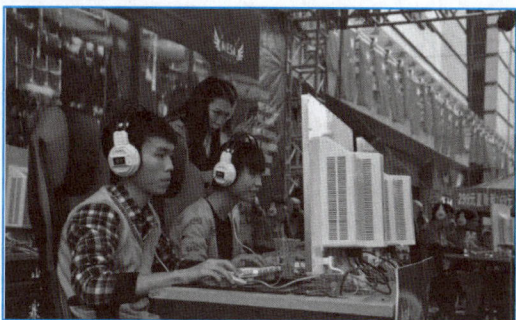

图 3-25　某户外电子竞技赛事现场

选择在大型商场、广场搭建舞台进行电子竞技比赛的优点在于地段开阔，利于主办方建设赛事所需设施、设备，并且客流量较大，赛后只须保证环境卫生等问题就可以。但这类比赛受时间、天气影响较大，赛事所需的灯光、音响等设施也需要主办方投入一定的资金去置备和建设。另一种情况是，主办方借着便利的场地租赁条件，不必投入较多的资金举办比赛。例如，在校大学生团体举办电子竞技赛事，只须花费较少的资金就可以租赁到较好的校园场地进行电子竞技赛事。这类比赛面向的观众、选手较为单一，优点在于投入资金较少，便于举办，但同时宣传范围也较小。

2. 比赛设备

（1）赛时所需设备

作为主办方，在承办一场电子竞技比赛时，需要为参赛人员提供一定的比赛设施，以供参赛人员选择使用。

1）移动端赛事。移动端赛事多数需要在手机或掌上游戏机等移动设备上进行，考虑到这类移动设备的使用熟练度和使用舒适感，所以移动端赛事多数参赛人员会选择自备移动设备。主办方可以提供的设备根据实际比赛需求而定。例如，在《王者荣耀》赛事中，在参赛人员自备手机后，主办方需要根据比赛场地问题，为参赛人员提供隔音耳机，同时需要为参赛人员提供 WiFi 使用。考虑到赛时问题，主办方也会提供充电电源或者移动电源给参赛人员。如果需要在官方指定的用于比赛的服务器中进行比赛，那么主办方也应提供足量的游戏账号。再如，在《精灵宝可梦》世界锦标赛中的掌机游戏赛事项目，参赛人员自带掌机后，主办方会为参赛人员准备后备的数据线，以方便参赛人员联机对战。考虑到参赛人员的战术规划等，主办方也会为参赛人员准备纸笔等基本需求物品。

2）PC 端赛事。出于减轻参赛选手负担以及保证比赛公平的客观需求，无论规模大小，PC 端的赛事都需要主办方提供一定的比赛设施。一般情况下，需要主办方提供的设备包括以供比赛的整套计算机设备、耳机以及麦克风、桌椅，这些设备根据主办方的资金实力，由主办方自行决定其使用标准。

3）体育竞技类赛事。体育竞技类赛事的特殊之处在于竞技游戏的操作方式上，无论是《NBA 2K》系列的篮球竞技游戏还是《FIFA》系列的足球竞技游戏，很多玩家习惯使用手柄来进行操作，同时这类竞技游戏的游戏端也有很多，包括了 PC 端、主机端等多个平台。所以主办方需要准备好以供比赛的 PC 端或主机端、显示器、桌椅、游戏手柄等设备（如图 3-26 所示）。

图 3-26　有些玩家选择使用手柄操作游戏

考虑到比赛设施的使用熟练度和舒适度，主办方允许并且很多参赛人员会选择自备一些比赛设施，方便比赛时更好地发挥。

1）移动端赛事。移动端赛事中，参赛人员自带移动设备后，会根据自身喜好选择自备一些电子设备，在主办方检查允许后，以供比赛使用。例如，在《王者荣耀》比赛中，参赛人员担心网络问题而选择自带移动 WiFi，或提前准备舒适的耳机。

2）PC 端赛事。考虑到比赛时的个人发挥问题，很多参赛人员会自备计算机键盘、鼠标、鼠标垫、耳机以及麦克风参加比赛。主办方需要检查这些设备是否符合比赛要求，同时检查这些设备是否内置了禁止软件。

3）体育竞技类赛事。上文提及，因为体育竞技类赛事的操作设备不同，参赛人员考虑到操作的游戏手柄的触感、磨合度、按键感觉等问题，多数会自备游戏手柄参加比赛，其中格斗类竞技游戏更是会用"街机摇杆"来操作游戏角色（如图 3-27 所示），所以参赛人员考虑自身"手感"问题，多数会自备这类游戏设备。

图 3-27　有些玩家选择使用摇杆操作游戏

（2）比赛辅助设施

比赛辅助设施需要根据赛事的选址而决定。主办方如果选择在自营网咖举办电子竞技比赛，那么辅助设施几乎不需要另外准备；主办方如果选择租赁场馆举办电子竞技赛事，则需要准备比赛所用的网络。同时还需要准备赛用桌椅，根据实际情况决定是否搭建隔音设施或配备隔音效果良好的耳机；主办方如果选择在自营商家或大型商场、广场举办电子竞技赛事，就需要考虑赛用桌椅、网络等辅助设施置办。因为一般商场的所用电压是 220 V，所以还要考虑举办比赛的地点是否能支撑赛时不同功能区的用电需求。

3. 非比赛用区

（1）休息区

一场电子竞技赛事往往时间跨度较大，即便不考虑时间，比赛场地能否容纳所有参赛人员同时比赛也是一个需要考虑的问题。所以主办方需要规划好休息区，以供参赛选手、观众或游客休息（如图 3-28 所示）。休息区的规划需要根据赛事选址来灵活规划，同时休息区的规划也会为电子竞技赛事带来不错的推动作用。

主办方如果选择在自营网咖举办比赛，那么需要划分出独立的区域，准备好以供休息的桌椅，然后由自营网咖提供餐饮服务，保证休息区的人可以舒适的休息；主办方如果选择租赁场馆举办电子竞技比赛，则需要与场馆负责人协调是否可以单独规划休息区，不过一般场馆是不会允许的，所以主办方更应该注意场馆周围的服务行业是否能提供给参赛人员、观众想要的服务；主办方如果选择在自营商家或大型商场、广场进行电子竞技赛事，可以选择利用周边自带的服务区充当休息区，或者单独另外建设休息区。如果单独建设休息区，那么需要保证休息区有较好的餐饮服务、娱乐服务等满足休息区的顾客，这样做的好处在于可以提供给参赛人员或观众满意的服务，同时可以吸引其他游客来休息区休息，而其他游客在休息

图 3-28 某普通赛事休息区

区休息的同时又可以关注到电子竞技赛事，对电子竞技赛事的宣传起到推动作用。

（2）观看区

电子竞技赛事是一种较为高效的宣传手段，主办方举办电子竞技赛事的目的之一也是可以吸引一定的关注度。所以无论电子竞技赛事规模如何，主办方都应该准备好观看区以供观众观看比赛（如图 3-29 所示），满足观众可以观看比赛的需求。观看区的配置由主办方根据赛事实际情况决定。

图 3-29 某普通赛事观众区

3.2.2 顶级赛事的专业化需求

1. 赛事导播

赛事靠直播、转播吸引关注度，同时为了满足现场观众或通过电视、网络观看比赛的观众，赛事的导播至关重要。

（1）导播

在节目制作中，对于采用固定场地、固定灯光类的节目，如电视栏目、情景剧等节目，一般用多台摄像机拍摄。这种情况下，多台摄像机同时拍摄，各个摄像机的视频信号通过信号传输到一个由专业人员操作的称为"视频切换台"的设备上，从多路型号中选择一路输出。从事这种信号选择工作的就是"导播"。结合到电子竞技赛事中，一般在比赛开始时，工作人员以"观看者"的身份进入游戏。随着电子竞技赛事发展愈发完善，一场比赛中往往会有多个"观看者"观看参赛人员的游戏操作，他们每个人都有独立的画面传输到"视频切换台"，导播则选取某一个特定的视角并将其输出到现场大屏幕或传输到直播画面中，从而给观众带来身临其境的竞技体验（如图 3-30 所示）。

图 3-30　专业赛事导播间

导播对于电子竞技赛事的传播有着至关重要的作用。观众在观看比赛时，希望看到的是参赛人员之间激烈的对抗或精彩的操作，导播需要利用专业设备对已播出的比赛画面进行回放，从而展现出最精彩的赛事时刻。

（2）回放

导播需要抓住时机播放最精彩的赛事时刻，但有时在多人对抗的竞技游戏中会出现多处精彩时刻，单凭导播无法将这些精彩时刻同时展现给观众，或者是精彩时刻过程太快，观众没有看清其中的精彩之处，这时就需要通过回放来满足观众的观看需求。回放功能的实现需要多人来完成，首先需要负责将所有"观看者"的观看画面录制成功，之后截取其中的精彩时刻，剪辑后再通过导播画面放送给观众。

（3）直播、转播

广播电视词典对直播界定为"广播电视节目的后期合成、播出同时进行播出方式"。结合电子竞技赛事直播，即在赛事现场随着赛事的进行、发展进程同步制作和发布赛事信息，具有双向流通过程的信息网络发布方式。参考网络直播，赛事直播的工作一般如下。

1）采集编码管理：对赛事现场视频信号（如摄像机）、电视信号（如导播传输的电视信号）等进行实时采集编码成标准流式数据（如 WMV/FLV），支持直播或录像应用。

2）直播录播管理：实现对赛事直播信号源的自动化采集、上传、存储和发布功能，支持赛事直播画面的直播录播以及赛事画面的分段存储等。赛事直播时的画面可以自动录制、上传、发布、发布后的内容直接上传到 VOD 服务，供点播应用。

3）广告插播：需要实现广告与赛事直播无缝衔接，提供多样化的广告插播功能，包括定时插播广告、文字广告、动画广告等多种方式。

4）直播流加密：对赛事直播进行数字版权加密认证（DRM），即使知道真实的直播 IP 地址，非法用户也无法收看直播节目。

5）用户认证管理：只有合法的用户才能看到赛事直播节目。系统验证可以做到赛事直播服务器和 Web 服务器的两次认证。

6）统计、日志管理：记录日志，对赛事直播收视率、访问用户情况进行独立或组合统计。

（4）录像

赛事录像对于后期的视频制作、赛事重播、电子竞技俱乐部战术需要都有很重要的意义。

1）视频制作。随着视频制作技术的发展，电子竞技产业中涌现出大量的优秀自媒体视频团队，通过对赛事视频的后期制作和发布，吸引到大量的关注和支持。虽然这些视频制作团队也会有独立的赛事录制方式，但主办方的录制视频无论是画面清晰度和视频质量往往是较好的。

2）赛事重播。国内赛事往往会选择在多数群众休闲的时间段举办，这样会让更多人有时间和余力选择观看赛事直播，但这样仍然无法保证所有电子竞技关注者能有时间收看赛事直播。所以对赛事进行录像之后再重播这一方法，能在最大限度上满足因各种因素无法收看直播的一批人观看赛事的需求。

3）电子竞技俱乐部战术需求。对于参加电子竞技赛事的电子竞技俱乐部来说，在赛前和赛后的日常训练中需要大量的其他俱乐部以及俱乐部自身的竞技视频来进行战术分析、战术制定以及参赛选手不良竞技习惯的改变等。所以，一场电子竞技赛事录像对于电子竞技俱乐部的训练有着极为重要的作用。

2. 赛事设施

工欲善其事，必先利其器。能充分发挥发挥职业电子竞技选手的竞技水平的外设是获得比赛胜利的重要工具，但出于公平竞赛的原则，主办方需要在一些方面上做出统一的规定。

主办方允许参赛人员在不违反赛事规则的情况下自带设备，但出于公平竞争的原则，主办方会统一提供一些比赛所需设施。

（1）个人计算机

1）中央处理器（简称 CPU）与计算机机箱主板（简称主板）匹配。

2）电子竞技赛事用机内存最低要求 2 GB~4 GB，独立显卡。当然，这些配置越高越好。

3）电子竞技赛事用机最低应满足：Core i5 处理器、B85 主板、4 GB 内存、2 GB 显卡内存的独立显卡。

注意：

1）参赛人员因为个人竞技习惯或合约合作等原因，大多数会自备一些外设产品，所以需要保障主办方提供的赛事用机与参赛人员自备的外设产品的兼容性。

2）赛事用机来源大部分是通过品牌合作的资源置换或租用，所以根据主办方合作的不同品牌，赛事用机的配置也有很多不同。

3）硬件参考品牌（2017 年版）：中央处理器（英特尔）；主板（技嘉、华硕）；内存（金士顿、三星）；显卡（NVDIA、三星、华硕）；硬盘（西数、三星）；声卡（瑞昱、华硕）。

4）较高配置搭配如下（2017 年版）。

① 核心配置一：满足竞技游戏效果全开。

● 中央处理器：Core i7。

● 主板：完美匹配 Core i7 处理器运行。

● 内存：8 GB ~ 16 GB。

● 显卡：4 GB ~ 8 GB。

② 核心配置二：满足赛事最低要求。

● 中央处理器：Core i5。

● 内存：2 GB ~ 4 GB。

● 显卡：2 GB。

③ 其他配置如下。

● 操作系统：Windows 7（成熟系统，风险低）。

● 主硬盘：500 GB。

● 声卡、网卡、电源功率：初始机器配置即可（若无特殊要求调整）。

同时，考虑到参赛人员的需求，主办方还应该准备外设配置（备用鼠标、键盘、耳机）：选择行业领先品牌或合作方提供的主流机械产品（参考品牌有达尔优、狼蛛、赛睿、罗技等）（如图 3-31 所示）。

图 3-31　赛事主办方提供的一般用机

在条件允许的情况下，主办方的赛事用机配置也会不定期更换，一方面为满足游戏的需要，另一方面是考虑硬件与软件的兼容（如图 3-32 所示）。

（2）计算机显示器

计算机显示器是计算机非常重要的组成部分，在电子竞技赛事领域，不同的显示器会给赛事参赛人员带来不同的影响。例如，在《CS：GO》的赛事中，不同显示器的不同刷新率，在职业电子竞技选手眼中会是不同的竞技游戏，因为显示器刷新率较高的人会先看到对手，但显示器刷新率较低则会相较而言"慢一步"才能看到对手；在《英雄联盟》赛事中，显示器的尺寸和分辨率也会略微影响游戏中所能看到的游戏视野范围。所以为了保证公平竞争，主办方需要提供统一的显示器，以供参赛人员使用。截至 2017 年，多数电子竞技赛事主办方会统一提供 24 英寸、分辨率支持 1920 像素×1080 像素的显示器，以供参赛人员使用。

图 3-32　某《守望先锋》赛事用机参数

（3）隔音

电子竞技赛事多数会出现双方参赛人员在同一场地竞技的情况，同时也会有现场的观众为所支持的选手或队伍加油助威等情况，这些都会发出影响参赛人员发挥的声音或噪声，也容易被对手通过声音察觉到己方的行动计划。所以，为了保持公平竞争的原则，主办方需要做到让参赛人员所受到的外界声音干扰降到最低。绝大多数赛事主办方会安排让每名参赛人员在比赛中带上隔音耳机，或者主办方会提前搭建隔音房；也有主办方会选择将竞技场地远离观众区，或者让竞技双方远离彼此。

做好隔音工作，一方面可以防止参赛人员受到外界声音的干扰，另一方面也保证参赛人员不会通过外界声音来提前知晓对方的行动计划，保证赛事竞技的公平性。

（4）桌椅

电子竞技赛事用桌应根据赛事需求来制定，最低要求不小于 110 cm×70 cm（据中国体育场馆协会编制《电子竞技场馆建设标准》2017 年版）。例如，《CS：GO》赛事因为其游戏特性，需要较大的空间来让参赛选手充分操作鼠标，所以赛事用桌一般较大。

赛事所需的电子竞技座椅设计需要符合人体工程学，便于参赛人员操作以及加强游戏体验。由于部分竞技游戏要求参赛人员精力高度投入，极长时间保持坐姿，所以赛事所需的电子竞技座椅需要可以保证参赛人员的舒适度。考虑到参赛选手的身高比例不同，电子竞技座椅应支持调节座椅高度。

（5）比赛网络

1）比赛用网。为了最大化减少网络延迟对比赛的影响，主办方多数选择自行建立游戏服务器，以供参赛人员竞技。当然这种情况是在游戏运营商允许的情况下。例如，《CS：GO》的运营商 Valve 公司对于该项游戏的赛事开放度较高，而且公布了搭建游戏服务器的方法，使得该项游戏赛事几乎都是使用第三方平台进行竞技。而部分游戏运营商对于这方面的把控比较严格，如果主办方对自行搭建游戏服务器的需求较高，游戏运营商会派遣工作人员帮助主办方搭建赛事所需的游戏服务器，以防止重要的游戏数据泄露。

事实上，即便是自行搭建了游戏服务器，仍然需要通过外部网络的链接才能实现竞技的效果，而且游戏运营商"官方"的一些监管数据也需要通过外部网络来接连。总体来说，这是一种建立游戏服务器与外部网络同时链接来实现低延迟的竞技环境。

2）场馆用网。电子竞技赛事举办时，不仅仅是竞技游戏需要网络，游戏的直转播等工作也需要链接网络才能实现。为了分担网络所需的压力，多数情况下主办方会将赛事用网和工作用网分开，甚至工作用网也会根据工作内容不同，各自单独配置所需网络。而主办方也需要在赛前筹备阶段计划好网络所需的宽带速率，以供比赛和工作使用。

3. 备用设备

电子竞技赛事的前期准备工作只能将突发事件发生的可能性尽可能降低，为了预防突发事件，主办方需要提前安排在出现紧急状况时，能立即投入使用的备用设备。

（1）备用网络

为了防止出现意外情况而导致赛事延误，主办方应在赛前准备多条网络使用渠道，一旦出现赛时所用的网络出现波动或断开连接等情况，另一个网络能以最快的速度投入使用，顶替之前所用的网络，保证比赛和其他工作顺利进行。

（2）备用设备

随着电子竞技产业的发展，专业化的电子竞技赛事在设备配置上的要求也越来越高，但仍无法确定在高强度的竞技对抗中，这些赛事所用的设备是否会出现故障。为了预防因赛事所用的设备故障而影响比赛的进程，赛事主办方需要提前安排有处理设备故障经验的工作人员和符合赛事规则的备用设备，一旦在比赛过程中任何设备出现故障，工作人员可以在最短的时间内排除设备故障或让备用设备可以立即投入使用，恢复比赛。鉴于赛事设备可能由赛事合作方提供，这类处理设备故障的工作人员也可能由提供设备的合作方派遣，这样一方面保证在设备出现故障后能最快地排除故障，另一方面也便于合作方收集相关设备的运行信息。

3.2.3　场地的其他基础需求

选择电子竞技赛事举办的地点同样十分重要，无论是租借场地还是自建场地，都应该考虑好外部与内部各个方面因素。外部因素指电子竞技赛事主办方需要事前考虑周边环境、周边游戏玩家群体是否密集、交通环境等。内部则需要电子竞技赛事主办方规划好比赛区、选手休息区、观众区等，赛事规模越大，内部规划越详细。

1. 场地规划

（1）比赛区

1）舞台设计。为了将精彩的电子竞技赛事更好地展现给观众，舞台的设计规划应满足并视野可覆盖赛事现场所有观众座位区，满足所有观众可视化条件。同时，为了更好地方便参赛选手、工作人员的出入，以及考虑安全疏散等问题，舞台的前台、登台、幕后的出入通道应不少于两条。

下面以某电子竞技舞台实例说明。在设计舞台之初，设计者就应该构思出舞台建成之后的效果图，通常会采用建立 3D 模型或绘画来预览舞台效果，也会根据选址来预计建成的舞台效果（如图 3-33 所示）。

图 3-33　建成舞台效果图

设计好舞台框架后，便可以开始搭建所需舞台（如图 3-34 所示）。

图 3-34　搭建舞台

这样的舞台设计，需要有足够现场任意角度的观众都能看到实时赛况的转播屏幕（如图 3-35 所示）。

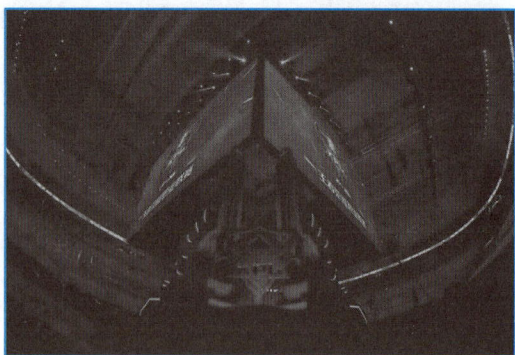

图 3-35　舞台上的转播屏幕

屏幕的分辨率等要求也需要根据主办方的实力而决定，最低标准也要满足观众能观看到清晰的对战画面（如图 3-36 所示）。

图 3-36　赛时的实时转播

同时，为了能够满足观众的视听要求，声音播放器材也是舞台设计的必需品（如图 3-37 所示）。

图 3-37　舞台上的音响

舞台设计时也会考虑到配合现场观众的情绪变化，所以会配有专门的调音台（如图 3-38 所示）。

图 3-38　独立的调音台

电子竞技赛事具有很强的对抗性，所以设计舞台时，可以考虑根据比赛需求，设计富有对抗性的"阵营"划分（如图 3-39 所示）。

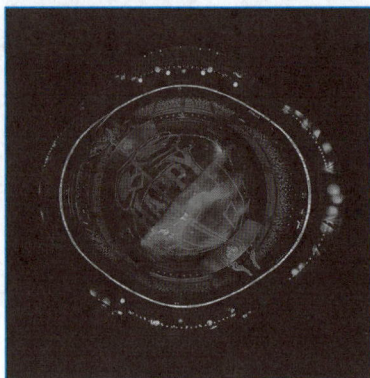

图 3-39　对抗阵营形式的舞台设计

电子竞技赛事所用的舞台，在设计方面会融合游戏元素、时事热点等多方面因素，华丽又实用的舞台可以将电子竞技赛事最好的一面呈献给观众（如图 3-40 所示）。

图 3-40　《英雄联盟》S7 世界总决赛舞台

或者是考虑电子竞技游戏的特殊性而特殊打造的竞技舞台（如图 3-41 所示）。

图 3-41　《H1Z1》可提供百人同时竞技的舞台

2）赛事观赛屏幕。为了方便观众观看赛事，主办方应至少设置一块主屏幕。根据主办方实力，宜设置多块辅助屏幕，保证全方位所有角度的观众可以在正常情况下观看赛事实况。

（2）休息区

1）赛事工作人员休息室。主办方考虑到赛事工作人员到场和退场时间与观众和参赛人员不同，所以应设立单独的休息室，供裁判员、工作人员休息、集合、候场。

2）参赛人员休息室。主办方应满足参赛人员的休息、调整状态、训练热身等需求，所以在参赛人员休息室应配有更衣室、休息室、选手独立卫生间、盥洗室、淋浴室等设施。同时，可以在休息室配备相关设施，让参赛选手可以在非比赛期间训练、热身（如图3-42所示）。

图 3-42　某电子竞技赛事场馆参赛人员休息室

（3）观众区

看台是电子竞技赛事选址不可或缺的重要考虑因素。主办方应将看台的布置形式，根据赛事的特点、总体建筑、空间效果、疏散方式、观众基本观赛效果和场地规划等多方面因素综合选定。

下面以看台设计方案实例说明。

1）看台设计概述及视线设计。电子竞技赛事的看台座席规模及其数量，应根据相关数据分析，由主办方估算后确定。

电子竞技赛事的看台设计采用作图法，在确定视点（绘制建筑透视图或设计建筑时重点考虑的因素，是设计者在绘制时参考人物眼睛所在的位置）轨迹线时，将其设计为最少可覆盖一块赛事转播屏幕，即满足观众视线范围内可以观看到至少一块赛事转播屏幕。某次电子竞技赛事看台设计时数值要求为视线升高差（C值，指后排的人的设计视线与前排的人的头顶相切或超过时，与前排人眼睛之间的垂直距离）为0.06 m，观众眼位距本排看台后沿向前150 mm，眼位高度为1200 mm（略高于《建筑设计资料集》中国人坐视眼高值1150 mm）。

为了保证观众有良好的视野范围和合理的疏散计划，看台设计为三层，各层看台与视点轨迹线的视距、视高、俯视角度、看台前后排高差、看台角度统一。这样虽然三层看台之间会有重叠，但这种平面上的重叠，优化了观众的视觉质量，观众至场地中心的最远视距为129.9 m左右，最大俯视角为19°左右。即便无法看清舞台上的比赛情况，也可以观看赛事转播屏幕来了解比赛进行实况。

在保证电子竞技赛事要求的前提下，尽量缩短看台与比赛舞台的距离，并在看台与比赛舞台之间设置摄影沟（参考数值：宽度201 m，深度1.05 m）或预留出摄影机移动的空间，保证摄影师或媒体工作人员可以有针对性的拍摄比赛时的精彩瞬间。

看台分可分为贵宾席、包厢区、一般观众席、无障碍席（专门为残疾人观众准备的观看席位，残疾人观众可以直接从场外通过轮椅到达无障碍席。无障碍席无座席安置，也没有任何其他障碍，并可以俯瞰整个场地）、媒体席，根据场地规划考虑是否划分出解说席。其中，贵宾席按照赛后运营考虑，设置于方位角和俯视角比较好的中层看台的东、西两个方向。包厢区位于中层看台最上部的 3~4 排，与前部看台有实体栏板分隔，具有较大高差，目的在于优化包厢内的视线。无障碍席布置在下层看台的东、西两侧和上层看台的东、西两侧，以供残疾人观众按照自身喜好选择。

2）疏散设计。疏散设计可以参考英国《运动场所安全通则》来制定，结合看台设计、赛事选址场地规划方案，将每个安全出口的控制疏散时间定位不超过 8 分钟，这样同时也满足《体育建筑设计规范》条文说明中"容量大于 60000 人的体育场，看台疏散时间应控制 8 分钟之内"的规定，而且，在观众对赛事场地比较熟悉的情况下，或确认出口位置时，以正常速度通过安全出口的时间小于 8 分钟，那么一般观众不会出现激动、焦虑、紧张等负面情绪（疏散时间指的是看台观众全部离开看台进入安全地段或休息厅的时间）。

关于观众的疏散问题，主办方应灵活运用看台的"标识（编号）系统"。例如，可采用纵走道、看台入口、看台区同一编号的标识系统，这样，观众进入了纵走道就相当于进入了自己的看台区。国内通常的看台标识系统是将两条纵走道间的区域当作一个看台区，同一看台的观众通过不同的看台出入口（也就是两条纵走道）按凭证进入自己的看台区。相比之下，统一的看台标识系统会更方便观众找到自己的看台区，离开时也会更容易确定离开路线。

这样的看台设计可以将看台走道都设置为纵走道，取消横走道。考虑分层设计以及看台较好的疏散方式，各层看台的走道、出入口设置不宜相同。其中，疏散方式主要有以下 5 种。

① 上行式疏散：指看台出口位于看台上方，疏散时观众向上走，进入休息厅或安全走廊。上行式疏散的优点是经济且方便，适用于中小型场馆。

② 下行式疏散：指看台出口位于看台底部，疏散时观众向下走，进入休息厅或安全走廊。下行式疏散的优点在于观众比较习惯向前走出场馆，并可省去疏散楼梯，便于观众安全便捷的疏散。但下行式疏散也有缺点，一是疏散出口占用视野较好的观众席位，损失了观众席面积；二是观众从一层疏散，会造成场地空间被分割，容易与一层的场内人流形成交叉干扰。下行式疏散一般适合小型场馆。

③ 侧边式疏散：下行式疏散的一种特殊形式，即结合座席起坡，将疏散通道布置在座席外围，利用坡道将观众由高到低疏散。相较于下行式疏散，侧边式疏散坡道设在座席外围，通道不会过多占用较好的座席位置，坡道的坡度设计较为平缓，所以侧边式疏散既是一种疏散方式，又可以兼做无障碍设施，行走方便。但侧边式疏散的坡道对空间要求较高，所以侧边式疏散一般适用中小型场馆。

④ 中间式疏散：指将看台出口设置在看台偏下部分，观众疏散时从上下两个方向想疏散出口汇集，疏散相对便捷且疏散路线较短。中间式疏散集中了上行和下行两者的优点，优点在于人流路线短捷、顺畅，广泛应用于大中型场馆。

⑤ 复合式疏散：为了适应不同使用要求的场馆而创造出灵活的疏散方式，结合多样的建筑形式，其疏散方式可以由上、中、下、侧 4 种方式灵活组成，适用于大中型或超大型场馆。

例如，复合式疏散较为普遍的一种是"中间式"与"上行式"结合的疏散方式。这种疏散方式首先通过场馆外的台阶将观众引导至二层平台（或二层休息厅），在二层平台（或休息厅）将观众分为向上、向下两个平台的层面分流，向上的观众通过楼梯或坡道进入上层看台，上层看台设立单独出口，位于上层看台偏下的部位，属于"中间式疏散"；向下的观众通过楼梯或坡道进入下层看台，这样疏散时下层看台就属于"上行式疏散"（如图 3-43 所示）。

图 3-43　北京工业大学体育馆复合式疏散设计

（4）消防安全等问题

场馆的一切建设和规划都要符合《中华人民共和国消防条例》的相关规定与要求。一些大型赛事活动需要在开赛前向当地公安部门报备，并根据相关的审核标准解决消防、安全等问题。

（5）技术工作

1）现场视听设施。

① 灯光。赛事场地灯光的设计应该能为场内人员创造良好的光环境，确保观众、工作人员等群体视觉辨别的快速、准确、舒适，不会因灯光问题对参赛人员产生干扰，满足直播或转播的要求。灯光的设计主要包括比赛区照明、观众区照明、应急照明和特效灯光。

② 扩音设计。扩音设备的设计应结合场地结构安排、观众席和比赛区的位置配置，满足防火、耐潮等基础要求。为了提供更好的声音效果，扩音设计需要做到在比赛区、观众区不产生明显回声、颤音和声聚焦等缺陷。同时，需要做好噪声控制，在比赛区、活动维护、玻璃和功能性用房内结合其装饰配置进行吸声处理。

2）摄影。主办方应考虑直播、转播的需求，配置数量不低于 4 组并至少有一台摇臂或可移动摄像设备，具体安排可参考一些电子竞技赛事（如摄影机分布在比赛区、观众席、参赛人员入场区域）。其中，为了拍摄观众区域的画面，在观众区域附近应设立略有高度的摄影平台，条件允许的情况下宜在比赛区、观众区结合场地规划架设摄像机快速移动轨道、索道或吊缆摄像机。

3）舞台特效。

① 灯光特效。使用较多的灯光特效大致有以下几种类型。

● 聚光灯：最广泛使用的一种主要舞台灯光设备，现在市场有 1 kW 和 2 kW 两种类型，最广泛使用的是 2 kW。聚光灯主要使用于脸部光线、耳朵打光、侧面扫光等位置，具有照射光集中，光斑边缘的轮廓更清晰，可以突出显示部分，更可以扩大光斑，从而照亮一个区域。

● 回光灯：反照式灯具，光线强度高、距离大，是一种实惠、效果好的强光灯，有

0.5 kW、1 kW、2 kW 等主要常见的光源，最常用的是 2 kW 类型。

- 造型灯：源自于追光灯与聚光灯的原理，是特殊的舞台灯光的一种，经常用来投影人物和场景。

- 柔光灯：光柔和，均匀，可以突出局部，没有显得不自然，可以配合其他灯光进行自然过渡，主要的型号有 0.3 kW、1 kW、2 kW 等。柔光灯经常用于近光范围，如流动光或柱光等。

- 散光灯：光漫射、对称、投影面积比较大，有地排、天排散光两种，主要有 0.5 kW、1 kW、1.25 kW、2 kW 等类型，可用于普通照明剧场平台，也可以用于天空探射。

- 光柱灯：使用较为广泛的一种特效灯光，如 PAR46、PAR64，可用于照亮不同方向的人物和风景，也可直接布置在舞台上，并置于观众面前形成一盏灯阵，具有舞台布景和打光的双重功能。

- 投影幻灯及天幕效果灯：在舞台上形成浑然一体的场景以及各种特效，如风雨雷电、水火云烟等。

- 脚光灯：脚光灯经常是为中景、网景照明、布色，但也在舞台上辅助人脸部的补光。

- 追光灯：舞台照明灯具，具有高亮度、成像清晰的特点，可通过调节焦距，显示出虚实的斑点。同时，通过可移动的光栏方便地更换颜色，也可以自由操作灯体的活动。目前市场种类繁多，标准的有 1 kW 卤钨光源、1 kW 镝光源、1 kW 金属卤化物光源、2 kW 金属卤化物光源等。另外，也有远距离的追光灯，如 8~10 m 追光灯、15~30 m 追光灯、30~50 m 追光灯、50~80 m 追光灯。

② 烟火特效。舞台上的烟火特效是使用较为频繁的一种特效手段，多数烟火特效会使用喷花机等设备来打造烟火特效。考虑到环境、安全等问题，烟火特效多采用冷焰火来打造烟火特效。冷焰火采用燃点较低的金属粉末，经过一定比例加工而成的冷光无烟焰火，冷焰火燃点低，燃点在 60~80℃，外部温度 30~50℃，对人体无伤害，适用于舞台表演和各种造型设计。而普通焰火燃点在 500~800℃ 之间，燃烧时容易对人体造成伤害。冷焰火科技含量高，以环保无污染而倍受人们青睐。冷焰火是近年来烟花发展新趋势，曾在上海 APEC 会议等国际大型会议活动中崭露头角。

③ 烟雾特效。舞台上的烟雾特效多数会利用造雾机来打造。有些造雾机是用水来制造烟雾效果，这种方法原理是将普通的水经过过滤系统的处理，确保整个系统在最佳的条件下顺利运转，经过高压机组加压后，完成系统传输，经过高压管线由精钻喷头喷出，使水形成 1~15 μm 左右的自然颗粒，雾化至整个空间。也有些造雾机是利用干冰制造烟雾效果，干冰制造烟雾原理是干冰升华的瞬间产生白雾，溢满整个演出舞台，塑造出宛如仙境一般烟雾缭绕的奇妙效果，这就是舞台干冰烟雾效果魅力所在。好的干冰舞台烟雾效果，恰如其分地烘托舞台气氛，不仅能带给观众如临其境的梦幻般感受，还能留给观众无限的遐想。

④ 升降台特效。有时为了让参赛人员以不同的方式登场，会采用升降舞台的方式来达到这一效果。升降舞台是舞台最常用的产品，主要功能是用于场面转换时，上下移动布景和人物。

⑤ 彩纸特效。彩纸特效的作用多数是为了强调某一重要时刻，采用彩虹机等设施来打造彩纸特效。舞台彩虹机是利用风力以及空气学原理，瞬间将彩纸喷射向高空，以达到渲染场景的目的（如图 3-44 所示）。

图 3-44　参赛选手夺冠时刻的彩纸特效

2. 场地周边环境

（1）场地交通

1）交通承载能力。随着电子竞技产业发展，专业化电子竞技赛事的举办频率越来越高，赛事期间产生突增的交通使用量，对周边交通承载能力要求很高。其中，电子竞技赛事主要涉及以下 3 类出行：

① 与电子竞技赛事无关的城市居民日常出行。

② 电子竞技赛事观众出行。

③ 电子竞技赛事参赛人员和相关工作人员出行。

为了保障电子竞技赛事顺利进行，保证周边交通顺畅，避免出现突发交通事件与交通拥堵，电子竞技赛事主办方需要在赛前，考虑好赛事举办地点周边的交通承载能力。综合以上 3 类主要出行类型，赛事主办方对交通承载能力大致的考虑需求如下：

① 确保交通安全，参赛人员与观众等都可以安全抵达赛事举办地点。

② 尽量降低赛事对交通的影响，避免出现因为赛事的举办而导致周边交通拥堵。

③ 交通承载能力可以满足参加、观看赛事人员的交通需求，同时也可以满足交通各条道路沿线居民的正常出行。

2）交通便利。赛事主办方应选择交通便利的地点来举办电子竞技赛事，赛事举办地点的周边应有公交、人行道、机动车道，发达一些的交通还会有无轨电车、地铁等便利的交通条件。如果赛事举办地点的周围交通手段过于单一且不便，那么将会影响观众观看比赛的热情。

（2）周边服务业

电子竞技赛事主办方需要投入全部精力筹办赛事，以满足观众的观看需求，而在赛前和赛后，观众们的其他需求则需要由赛事举办地点周边的服务业来满足。

"食、衣、住、行"是人类生活的基本内容，其中"行"的要求在上文中已做过叙述。

1）"食"。人们对"食"的要求越来越高，所以赛事举办地点的选择首先考虑周边餐饮业的发达程度（如图 3-45 所示）。

2）"住"。考虑到"远道而来"的观众，或者是观看赛事后选择继续游玩的观众，这就对赛事举办地点周边的旅店业有一定的要求。

3）"衣"。电子竞技赛事的观众几乎都是电子竞技的爱好者，所以在举办电子竞技赛事的同时，推销电子竞技周边服装（如图 3-46 所示）是很好的运营手段。

图 3-45　用餐高峰期排队用餐

图 3-46　比赛现场利于贩卖队服等周边产品

（3）可接纳的旅游容量

旅客容量，也称为旅游承载力，是指源于生态学中的环境容量。1963 年，拉贝奇（Lapage）首次提出这一概念，指在可持续发展的前提下，一定时间段、一定地域范围内，旅游地自然人文环境、旅游设施设备、社会经济环境、旅游地居民所能承受旅游者以及其相关活动在规模和强度上的最大值。结合电子竞技赛事举办地点周围，一定地域范围内的观众、旅客容量是有限的，资源较为珍贵，一旦观众、旅客的流量超出了赛事举办地点地域范围的容量限度，不仅对该赛事周围的环境造成影响，"人满为患"也会损害观众、旅客的观赏舒适度，甚至可能造成严重的后果。例如，造成交通拥堵、食宿供不应求、安全事故等。因此，赛事主办方需要提前估计赛事观众、旅客的数量，选择有能力接纳这些观众、旅客的地域来举办电子竞技赛事。同时还要对每天的接纳观众、旅客容量进行估计和规划，这是对赛事举办地点周围环境的保护，更是对赛事观众、旅客的负责。

📁 思考题

1. 简述电子竞技场馆各功能区及其用途。
2. 简述不同级别场馆的差异。
3. 电子竞技专业赛事选址会从哪些方面考虑？这些因素都会对赛事有哪些影响？

第4章

电子竞技赛事营销

概述

　　电子竞技赛事的营销是指赛事的运作者通过广告宣传、市场推广等手段，将赛事产品进行合理包装后推销给有意向投资赛事的政府机构、企业及个人，向他们寻求赛事资金或物资支持。电子竞技赛事的营销包括电子竞技赛事的宣传和盈利，赛事宣传主要介绍赛事信息对外传播的内容、渠道和影响力，赛事盈利主要以传统体育赛事盈利模式为基础，分析和探索电子竞技赛事的运营模式和特色的盈利方式。

宣传指运用各种符号，依托于媒介，传播一定的观念以影响人们的思想和行动的社会行为。宣传是人类社会最悠久、最普遍的行为之一，如今已经深刻融入社会生活的各个方面。电子竞技赛事的成功举办同样离不开宣传，电子竞技赛事宣传就是以电子竞技赛事为内容和手段，从而影响社会大众的电子竞技观念和行为的传播活动。随着经济的发展及媒体技术的革新，越来越多的人愿意接受并参与到有关电子竞技的活动当中，人们在体验电子竞技的同时，对于电子竞技赛事信息及新闻报道的要求也会更高。数字化的互联网背景为电子竞技赛事的宣传提供了良好的平台，越来越多的自媒体开始逐渐成为赛事传播的中坚力量，以微博、微信、贴吧、自媒体 App 等社交、社区性质的自媒体为主的形式，承载着电子竞技赛事宣传的重要媒介。数字移动技术的更新换代更是为电子竞技赛事的宣传提供了最核心的传播载体。电子竞技赛事宣传较之于传统体育赛事宣传而言，在其内容、形式等方面，都具有电子竞技特色的宣传特点。本节将着重介绍电子竞技赛事宣传在内容、形式方面的特点，并总结归纳电子竞技赛事的宣传价值。

4.1.1 电子竞技赛事宣传的内容

电子竞技赛事宣传的内容是电子竞技赛事宣传的中心，是电子竞技赛事宣传决策者和组织者经过加工和处理后的各种电子竞技赛事信息。电子竞技赛事宣传的内容不仅仅是传统意义上的"一场比赛的过程"或者具有电子竞技元素类型的比赛宣传，还包括生产者、传播者、赛场实况、广告、赛事周边等多个子元素组成的具有系统性的内容。电子竞技赛事通过媒介进行实况直转播只是电子竞技赛事宣传内容的一个方面，其他与电子竞技赛事相关的宣传、文化活动、周边营销等"二次加工"的内容，同样也属于电子竞技赛事宣传内容的重要组成部分。

1. 赛事形象宣传

电子竞技赛事形象宣传是指通过静态或动态形象表现赛事主旨的宣传。形象是社会大众对于电子竞技产业和电子竞技赛事的整体感觉、印象和认知，是电子竞技赛事状况的综合反应，赛事形象的宣传也是贯穿于电子竞技赛事宣传的主要内容，其中包括电子竞技赛事的生产者和传播者。

（1）赛事生产者

电子竞技赛事生产者是赛事宣传内容的第一环节，其决定了赛事传播的数量和质量，是决定赛事宣传过程能否顺利的第一步。对于电子竞技赛事而言，其生产者主要包括电子竞技产品开发商和运营商，以及电子竞技赛事主办方。电子竞技赛事是伴随着电子竞技项目不断发展、电子竞技产业不断壮大之后的产物，因此只有能够经得起市场考验、用户人群达到一定数量规模的电子竞技产品，以其良好的社会形象作为保证，才会生产出相对应的电子竞技赛事。所以，电子竞技产品的开发商直接影响到电子竞技赛事宣传源头上的授权和许可。而运营商则是电子竞技产品在世界不同地区的代理运营机构，和开发商共同决定了以该款电子竞技产品为主的电子竞技赛事的内容授权。

（2）赛事传播者

电子竞技赛事的生产者同样也是赛事的传播者，在对于电子竞技赛事宣传内容的产生和传播中具有决定性作用。就《英雄联盟》这款电子竞技项目来看，中国的《英雄联盟》LPL 职业联赛是由美国拳头公司许可，腾讯游戏进行主办，而《英雄联盟》世界总决赛则是由拳头公司亲自授权主办。《英雄联盟》赛事的举办模式大致可以分为拳头公司主办、地区代理商主办、第三方组织主办的三种模式，作为电子竞技赛事的生产者，拳头公司、地区代理商、第三方组织在生产赛事的同时，也拥有以它们自身为主体的官方媒介传播平台，进行赛事宣传等工作。自 2011 年开始，拳头公司一年一度举办的《英雄联盟》世界总决赛是《英雄联盟》项目最高级别的电子竞技赛事。2014 年，全球有超过 2700 万人收看《英雄联盟》S4 世界总决赛，在三星白（SSW）战队与 SH 皇族战队的决战时刻更有 1120 万观众在线收看，这个数字突破了 2013 年《英雄联盟》S3 赛事的 870 万观众的纪录。此外，由地区代理商主办、第三方组织的电子竞技赛事也出现百花齐放的特征，赛事的种类繁多、赛事规模各具大小、受众人群各具特色。2015 年 6 月，某知名企业家创立了上海香蕉计划文化发展有限公司，同年 7 月成立"香蕉游戏传媒"（如图 4-1 所示），立足于电子竞技赛事的举办和宣传，期间顺利举办了 2015 年《英雄联盟》"德玛西亚杯"总决赛及颁奖典礼，并与暴雪娱乐合作推出《守望先锋》职业系列赛事，与 360 游戏合作举办《皇室战争》邀请赛等。"香蕉游戏传媒"在生产打造国内外精品赛事的同时，也利用自身的媒介力量传播了具有高观赏性、高质量、正能量的各类电子竞技赛事的相关节目（如图 4-2 所示）。

图 4-1　"香蕉游戏传媒"标志

图 4-2　"香蕉游戏传媒"制作的赛事纪录片

另一批电子竞技赛事的传播者是具有"个人"色彩的群体。例如，职业电子竞技选手、电子竞技从业者、直播平台的电子竞技主播，甚至一些没有从事电子竞技职业的圈外人（如影视明星等），他们不是直接进行赛况赛程内容的传播，而是利用各种方式或平台传递含有电子竞技赛事精神的活动，并且呈现多元化的特征。早期出现的"国服第一系列""小苍第一视角""Miss 排位日记"等系列视频，都是由电子竞技爱好者或者退役的职业电子竞技选手所创作，用来宣传电子竞技项目的操作性和观赏性。2015 年出现的网络视频作者"抽风的飞机"制作了《英雄联盟》赛事的系列视频，通过诙谐幽默的视频风格，分享了《英雄联盟》职业联赛（LPL）里职业电子竞技选手操作失误的集锦和趣事（如图 4-3 所示）。

【瞎β操作】教练，我想打比赛！
观看24.3万·弹幕560
2018/08/03

【瞎β操作】吹响吧唢呐 ！！LPL
观看27.9万·弹幕526
2018/07/26

【瞎β操作】学习先进比赛经验
观看19.5万·弹幕419
2018/05/11

【瞎β操作】后生可畏JKL
观看20.3万·弹幕434
2018/05/07

图 4-3　LPL 职业电子竞技选手比赛操作失误视频

2018 年的《英雄联盟》职业联赛夏季赛总决赛的现场，腾讯官方邀请了国内某女子偶像团体到场与职业电子竞技选手和电子竞技主播进行对抗表演赛，并在赛前结合其成员名字，宣传了《英雄联盟》项目的比赛竞技精神：英雄，一起去超越！（如图 4-4 所示）。

图 4-4　《英雄联盟》项目竞技精神标语

2. 赛事广告宣传

电子竞技赛事与传统体育赛事一样，都需要进行各类广告的传播。在电子竞技赛事宣传内容里，广告所占的比重也非常可观。这里的广告不仅仅是赛事赞助商或广告商的宣传，也有对自身赛事的预热宣传、赛中广告宣传和赛后的记录宣传。

（1）赛前预热

电子竞技赛事的赛前预热宣传内容主要包括各参赛队伍的信息、赛前准备的情况以及与赛事相关的新闻资讯等。在电子竞技赛事开赛之前，会有大量的宣传内容通过不同的媒介渠道展现在大众视野里，赛事组织者提前对赛事相关内容做预热的议程设置不仅有助于为赛事本身博取更多的关注度，也能将关注赛事的受众转向所设置的赛事节点中去。就《英雄联盟》国内的 LPL 联赛来看，主办方腾讯游戏会在大赛前在各种媒体渠道向大众展示参赛选手的近况、俱乐部里的花絮、明星选手的访谈等内容，为赛事进行之中的主持解说话题讨论，和赛事结束之后的最佳选手采访做良好的铺垫（如图 4-5 所示）。

图 4-5 《英雄联盟》MSI 季中赛赛前预热宣传

（2）赛中宣传

1）赞助商广告。赛中宣传的赞助广告一般采用主持人、解说员口头表述，或者在赛场舞台醒目位置以及比赛选手外设、座椅、队服处展示赞助商商标，再通过屏幕直接呈现给观众。早期的电子竞技赛事的广告宣传更多的是与电子竞技本身相关的品牌，如计算机软硬件品牌、计算机外设品牌。近年来，随着电子竞技赛事的影响力逐渐扩大，越来越多的其他行业的品牌赞助商投入到电子竞技赛事之中（见表 4-1）。

表 4-1　商业品牌赞助的电子竞技赛事

商业品牌	赞助赛事
雪碧	LPL 职业联赛
"统一"冰红茶	IGL 职业联赛
红牛	德玛西亚杯
华为	KPL 职业联赛
飞利浦	LPL 职业联赛
阿卡丁	LCK 职业联赛
迪瑞克斯	LPL 职业联赛、TOP 国家杯

2）电子竞技项目角色扮演。在电子竞技赛事中途休息或是比赛项目准备的期间，往往会邀请专业的 Cosplay（角色扮演）人员进行项目角色人物展示表演。他们会通过服装、化妆、道具、动作等扮演比赛项目的一个或几个角色，达到带动现场气氛和宣传赛事项目的作用（如图 4-6 所示）。

（3）赛后宣传

赛后宣传一般表现为对比赛中获胜的战队或俱乐部的祝贺、颁奖、回顾和主要人物的专访。在大型的电子竞技赛事中，赛后宣传不仅体现在比赛现场的采访，也会在赛事结束后的一段时间里，通过选手专访、纪录片拍摄、综艺节目制作等方式，持续扩大电子竞技赛事的影响力，将赛事热潮进一步延续，同时也为打造电子竞技明星选手造势。电子竞技赛事的赛后宣传通常依据职业电子竞技俱乐部或选手的成绩好坏决定宣传力度。例如，2018 年的《英雄联盟》MSI 季中赛决赛，来自 LPL 的 RNG 战队战胜 KZ 战队获得冠军之后，国内的各大传播平台、门户网站都会宣传 RNG 电子竞技俱乐部和 MSI 季中赛的内容（如图 4-7 所示），无形之中越来越多人会了解到什么是 MSI 季中赛、MSI 季中赛的参赛队伍有哪些、影响力如何等与之相关的大量资讯。

图 4-6　电子竞技赛事中的 Cosplay

图 4-7　微博平台的赛后宣传

同时，明星选手如 Uzi、Ming、LetMe 作为 2018 年《英雄联盟》MSI 季中赛冠军的 RNG 队伍成员，因为季中赛的赛后宣传，雅加达亚运会的电子竞技项目赛前宣传，参加了国内综艺节目《天天向上》的录制等活动（如图 4-8 所示），让电子竞技赛事的知名度和影响力不断提升。

图 4-8　电子竞技选手参加综艺节目录制

3. 赛事现场实况

赛事现场实况是电子竞技赛事宣传内容最重要、最核心的内容，与传统体育赛事有所不同的是，电子竞技赛事的实况画面主要分为三个部分。

（1）游戏画面实况

由计算机映射出来的游戏画面实况，也是电子竞技赛事实况的主体。传统体育赛事的实况画面通常是参赛选手和竞技过程的结合，二者基本处于相对平均的放映份额比重，而电子竞技赛事更多的放映份额比重是电子竞技项目的实况画面（如图 4-9 所示）。

图 4-9　电子竞技比赛实况画面

电子竞技赛事实况画面具有制作精美、观赏性强等特点，由于比赛实况画面与电子竞技爱好者日常游戏操作的画面相差无几，所以这种实况画面的代入感非常强烈，能够给现场和线上的观众带来非常强的共鸣。此外，赛场上的电子竞技选手在对抗过程中的表情、交流、临场状态（包括手指在键盘、鼠标上的操作运用），都会展现在屏幕当中，带给观众紧张刺激的感官享受。

（2）主持人与解说

电子竞技赛事主持人与解说和传统体育赛事比较类似，主持人主要的职责是介绍参赛选手、组织现场赛事准备、把控赛事流程和赛后对表现最佳的选手进行采访。解说员则是在专门的演播间内负责对赛事的整个进程进行解说。解说员对电子竞技赛事过程的判断、分析与解读，为比赛画面的实况增添了听觉的享受，声音与画面的结合可以更好地营造赛事实况直播的效果，同时也为比赛增添了一定的悬念（如图 4-10 所示）。有相当一部分观众选择观看电子竞技比赛是想要学习职业电子竞技选手的操作技巧和职业比赛的战略战术，优秀的解说员和主持人必须要对电子竞技项目全面透彻地了解，解说电子竞技赛事的过程，也是为了使观众更好地理解电子竞技项目。

图 4-10　国内知名解说员对赛事进行解说

（3）观众与现场环境的实况

电子竞技赛事和其他各类赛事相同，观众需要以购买门票的方式进入比赛会场，为自己支持的队伍加油助威。作为电子竞技赛事现场的见证人，观众成为了衡量一项赛事的受关注程度和影响力的评判标准之一。从数量角度分析，2016年《英雄联盟》世界总决赛上，赛事场馆几乎座无虚席，最终总决赛更是出现了一票难求的情况。从制造氛围角度分析，2017年世界赛总决赛开幕式在中国北京的国家体育场（鸟巢）举行，现场邀请了著名歌星及流行摇滚乐队作为开场表演嘉宾，并首次运用了AR技术（增强现实技术），将《英雄联盟》中的"远古巨龙"投射到场馆中，以营造现场气氛的高潮。从观众行为角度来看，在赛事进行当中，现场的观众有些会举起事先制作好的应援牌，支持自己喜爱的战队、选手，进行现场助威。在一场比赛的开始之前，两支比赛队伍的不同支持者会分别为支持的队伍声援。根据比赛进程的起伏，观众也会做出一些肢体或神态上的反应，比如看见自己支持的战队取得了优势会欢呼，劣势时会紧张担心，看见自己支持的战队在关键性的团战中取得了胜利会兴奋大喊等行为。除了观众，赛事现场还会有很多专业的电子设备、绚丽的舞台灯光、高清晰度的液晶大屏幕等，这些元素的补充使得电子竞技赛事充满了高科技感、高专业性，更加吸引大众眼球（如图4-11所示）。

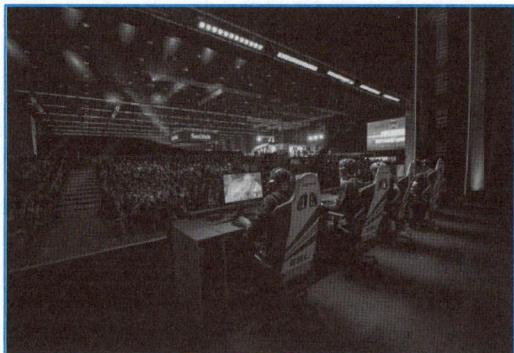

图4-11　专业化的电子竞技赛事现场

4. 赛事文化输出

电子竞技赛事的举办给大众提供了一个多样化的生活形态，可以激发观众浓厚的兴趣与强烈的参与感，并从中分享共同的体验，营造出积极、阳光、健康的电子竞技文化氛围。电子竞技赛事除了提供精彩激烈、扣人心弦的竞技对抗之外，还带来了一种全新的文化和艺术感受。电子竞技赛事文化是电子竞技的灵魂，电子竞技是电子竞技赛事文化的载体，电子竞技赛事的拼搏和激情，兼具文化的无限张力。为了切实提升赛事的辐射影响和可持续发展能力，赛事文化输出的宣传内容必不可少。

（1）赛事文化周边

赛事文化周边指由电子竞技赛事文化衍生出的实物产品，这类产品被统称为Hobby（爱好、嗜好）。赛事文化周边通常会参考实际的电子竞技赛事项目衍生周边产品，分为硬周边和软周边。硬周边指没有多少实用价值，纯观赏收藏价值的周边产品，如手办（收藏性人物模型）、扭蛋、玩偶、挂卡、模型等；软周边指具有一定的实用价值的，如钥匙扣、服饰、文具、手机链等。电子竞技赛事既是电子竞技产业不可或缺的一部分，又作为娱乐文化产业中的重要组成，其所要传递的，不仅仅是电子竞技拼搏的体育精神，还有电子竞技的文化。例如，《守望先锋》世界杯赛事的主办方依据游戏中的人物形象设计制作了各类周边产品，并在 2018 年科隆游戏展会上展出（如图 4-12 所示）。

图 4-12　科隆游戏展中的《守望先锋》元素周边

（2）赛事文化活动

赛事文化活动是由电子竞技赛事为主，各类电子竞技文化元素为辅的创新性活动，常见的有电子竞技文化节、电子竞技嘉年华等。电子竞技文化节是结合电子竞技赛事、电子竞技女神评选、电子竞技达人评选、Cosplay 表演评选、原创写手评选等，围绕电子竞技产业链多元化的电子竞技赛事文化活动。通常电子竞技文化节会以电子竞技文化与城市文化相结合的主题，努力打造具有地域性的电子竞技赛事文化氛围，如在江苏盐城举行的"盐城市第一届电子竞技文化节"（如图 4-13 所示）。

电子竞技嘉年华主要指以电子竞技赛事为主题的各种艺术表演，通常会在指定的室内或室外搭建舞台，邀请歌舞表演者进行现场表演、互动。常见的电子竞技嘉年华会以高校联赛为背景，所以场地大多会选择在大学校园内（如图 4-14 所示）。

图 4-13　电子竞技文化节

图 4-14　某高校的电子竞技嘉年华布置现场

4.1.2　电子竞技赛事宣传的方式

电子竞技赛事是伴随着互联网发展而迅速崛起的，其宣传和传播主要依赖于网络媒介。其他渠道作为辅助宣传的方式，在大型的电子竞技赛事中也会出现，但其覆盖范围、受众人群、宣传效果较之于网络媒介相差甚远。

1.　网络宣传

网络宣传是基于计算机的普及运用，从根本上突破报纸、广播、电视等传统媒介的局限，将各种大众媒体通信技术整合的传播方式。在网络宣传中，传递的不再是单独作用于某种感官的信息，如单纯的文字、语音、图像信息，而是将文本、语音、图像、数据等融为一体的多媒体信息。网络宣传有着双向、多项的互动循环模式，推翻了传统媒体的单向传播模式，从而实现了宣传者和接收者的良性互动，为人们提供了一个无限广阔的平台。

网络宣传是电子竞技赛事宣传的主要方式，其原因不仅因为网络宣传拥有传播速度快、范围广、内容多、形式丰富等多方面优势，更是源于电子竞技本身的发展始终离不开网络。

（1）微媒体

微媒体是以微博、微信、微视为主的一种便捷高效的信息发布渠道与传播平台。"微媒体"一词最早在《从"微媒体"到"自媒体"》一文中提及，作者认为"微媒体"是在微博这种联系广大网民关系的微观运动背景下催生。在当今"微"文化盛行的形势下，人们对于信息的接受速度、接收形式都有新的要求，微媒体应运而生，并极速引导着人类传播模式革新的浪潮。电子竞技赛事在以微博、微信等为媒介的微媒体渠道宣传时，充分发挥了微媒体传播的主观能动性，让赛事传播者较为多元化，他们可以对赛事信息、赛事广告精挑细选，择优发布，重点发布。其次，微媒体拥有非常广泛的用户人群，据2017年新浪微博数据中心调查报告显示：截至2017年9月，微博月活跃用户共3.76亿，与2016年同期相比增长27%，其中移动端占比达92%；日活跃用户达到1.65亿，较去年增长25%。微媒体庞大的用户群体使得信息的传播效果更加明显，赛事宣传的目的可以得到更多的回馈。最后，微媒体具有很强的时效性和便捷性，用户可以随时随地发布信息，及时跟进赛事赛程（如图4-15所示）。

图4-15　微博用户发布的《英雄联盟》S8赛程

（2）网站

网站是指在网络上根据一定的规则，使用标准通用语言等工具制作的，用于展示特定内容的相关网页的集合。电子竞技赛事宣传所需要的网站一般分为两种：一种是该赛事或该赛事主要项目的官方网站，另一种是与电子竞技相关的娱乐网站。电子竞技赛事中需要公开、传播、宣传的信息，最早会通过该赛事的官方网站发布，如 WESG（世界电子竞技运动会）的赛制赛程赛事，会最先发布于 WESC 的官方网站上（如图 4-16 所示）。

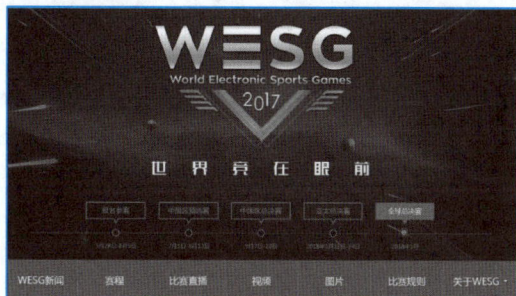

图 4-16　WESC 官方网站

如果该电子竞技赛事没有自己的官方网站或已经成为某个电子竞技比赛项目的专属赛事，那么该赛事的相关宣传信息会第一时间在该比赛项目的官方网站上发布，如《英雄联盟》的全国总决赛的宣传信息会在《英雄联盟》的官方网站发布（如图 4-17 所示）。

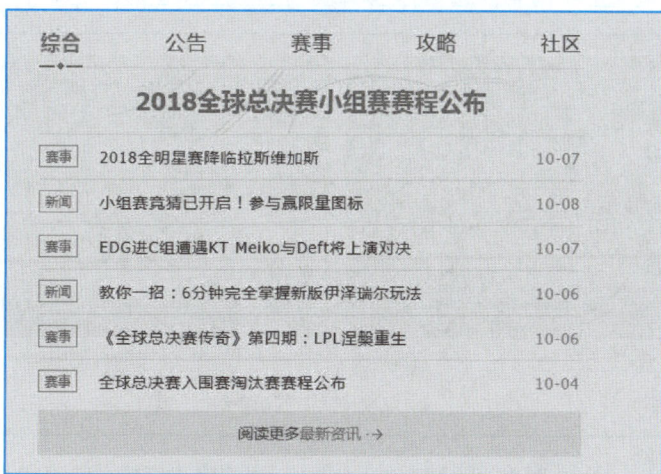

图 4-17　《英雄联盟》官方网站的赛事宣传信息

另外，一些与电子竞技相关的娱乐网站，如 17173、兔玩、特玩网、多玩游戏等娱乐性质的媒体网站，会与电子竞技赛事或某些电子竞技比赛项目达成合作或赞助关系，在这些媒体网站上会宣传电子竞技赛事，同时在电子竞技赛事的现场或其他的一些宣传材料上也会出现这些媒体网站的名称和标志（如图 4-18 所示）。

（3）直播平台

直播平台是以视频直播为主的视频网站。严格意义上来说，直播平台也属于娱乐网站的一类，但是直播平台与传统娱乐网站不同的是，它开创了通过直播视频弹幕进行实时互动的信息交流方式。传统的视频直播是一种单向输出，即视频生产者对接收者的单向信息传播，而直播平台通过实时弹幕，将信息输出方式变为双向甚至多向传播，即信息接收者可以向信

图 4-18 某大型电子竞技赛事的宣传合作媒体

息生产者表达自己的态度和意见，这些态度和意见是完全公开的，其他的接受者同样也可以看见。可以说，直播平台为广大的电子竞技赛事观众提供了一个可以相互交流体验赛事的平台。2016 年被称为中国网络直播元年，在直播成为潮流的趋势下，各大电子竞技项目专区迅速占领了直播平台的主要板块。由于电子竞技受众基数较大，部分电子竞技游戏厂商或运营商相继利用直播平台进行官方专区的开发，用于实时传递最新的电子竞技赛事资讯。电子竞技赛事的频道在大多数直播平台上处于首页推荐位，就某直播平台的数据分析，即使是赛事休战期，电子竞技赛事重播在该平台的观看人次也长期处于百万以上（如图 4-19 所示）。

图 4-19 某直播平台上电子竞技赛事直播

2. 线下宣传

电子竞技赛事线下宣传侧重于传统模式而非网络渠道的宣传方式，线下宣传更注重的是实际的生活沟通交流，较为常见的赛事线下宣传方式有线下网咖活动宣传、跨界明星宣传、线下赛事礼品推广、其他平面宣传等，这些线下宣传的方式通常会与网络宣传相结合，两者相辅相成。线下的宣传活动可以让网络真正成为发布信息的平台和方便快捷沟通情感的工具。成功的线下宣传可以在短期内聚集用户群，让电子竞技爱好者们之间实现零距离的接触，进行实际的交流活动，并且随着线下活动的扩大，还可以利用大众媒体跟踪报道扩大舆论的注意力，形成电子竞技赛事的深度传播。线下宣传不仅能够提升赛事的直接流量，更是电子竞技赛事品牌的一种有效的宣传方式。考虑到线下宣传的成本较高，宣传的次数往往较少，因此只有开展网络宣传与线下宣传相结合的宣传模式，才能发挥电子竞技赛事宣传的最大优势。

（1）网咖活动宣传

网咖活动宣传是指大型的电子竞技赛事与一些中大型网咖合作，利用网咖社交的便利性宣传赛事信息的线下宣传方式。电子竞技爱好者是网咖的目标消费人群，网咖因其地域性和社交便利性聚集了大量的电子竞技受众人群，如何让这类人群了解并接受电子竞技赛事的信息，成为了赛事宣传首要考虑的问题。与赛事方合作的大型网咖，通常会在所在场所的各个显眼处放置有关赛事信息的宣传物料，并组织关于赛事项目的相关线下活动来吸引关注。2017年 NEST（全国电子竞技大赛）大众总决赛海选赛与网鱼网咖达成合作，选取了全国 300 家网鱼网咖作为承办场地和宣传渠道，为电子竞技爱好者们展示高水平的职业电子竞技比赛，为职业电子竞技选手们提供各项赛事服务（如图 4-20 所示）。电子竞技赛事的线下网咖活动宣传搭建起了大众竞技的新桥梁，为非职业和职业玩家们提供了优秀的交流与逐梦的舞台。

图 4-20　NEST 赛事通过网咖宣传

（2）跨界明星宣传

跨界明星宣传通常指赛事主办方邀请非电子竞技行业的明星代言授权品牌，实现文体明星形象与电子竞技赛事品牌形象挂钩，从而提升参赛队伍和赛事的关注度。被邀请的体育、娱乐明星通常也是电子竞技游戏玩家，在受到品牌、资金、影响力等多方面驱动下，他们也更愿意通过这种方式和普通玩家建立联系，用自身的大流量带动电子竞技产业发展，增加赛事宣传力度；对于普通玩家来说，通过这种形式他们可以与喜爱的明星零距离接触，更能刺激他们的热情。从长期来看，明星往往拥有更充足的资金和人脉，他们对于电子竞技产业系统化、规范化将带来一定影响，让电子竞技摆脱过去负面的印象口碑。在《英雄联盟》S7世界赛上，国内转播方就邀请了体育明星、著名演员出席，以明星的视角解说和分享他们的赛事体验（如图 4-21 所示）。

图 4-21　体育明星出席 S7 总决赛解说席

（3）线下赛事礼品

线下赛事礼品推广一般有两种形式，一种是出现在电子竞技比赛中断或休息期间，赛事主办方为了活跃现场气氛而对现场观众发放一定数量的有关于赛事项目的实物礼品（如鼠标、键盘、耳机、手办等）；另一种则是虚拟礼品的推广。为了增加赛事项目的玩家，赛事主办方通常会给前来观看比赛的观众发放限定的虚拟礼品，如《英雄联盟》的周年限定皮肤通常是由主办方发放给来到现场的观赛观众（如图4-22所示）。

（4）其他平面宣传

平面宣传通常指报纸、杂志、画面设计等书面的媒体宣传形式，在各类商业活动中运用比较普遍。电子竞技赛事的线下宣传同样也需要大量的平面宣传，如宣传海报、外墙宣传画、交通宣传画等。平面宣传的优势在于区域性的覆盖率广，广告面积大，容易吸引人们的关注，宣传效果更直观。其他平面性质的宣传（如书籍、报纸、杂志等），电子竞技赛事的信息通过书面的形式进行宣传，其中比较有名的杂志为《电子竞技》（如图4-23所示）。

图4-22 《英雄联盟》两周年限定皮肤

图4-23 《电子竞技》杂志封面

3. 社会宣传

电子竞技赛事宣传不仅仅包括网络、线下的宣传，还包括社会宣传。社会宣传包括但不仅限于赛事推广活动、媒体宣传、选手公关活动、现场Cosplay、赛事吉祥物等。社会宣传要善于借势、顺势、造势、导势。赛后总结的宣传工作也非常重要，既要进行数量上的统计分析，又要理性化地总结升华，数据最具有直观说服力。赛事宣传需要有全面客观、数据翔实的统计报告，才能有头有尾、有始有终，之后举办赛事的影响力和办赛质量将会更上一个台阶。电子竞技赛事的社会宣传是由感性上升到理性认识的质变方式，通过理性化的总结升华，得出思路、思想和经验，掌握赛事宣传和运作的规律，从而更好地指导和推动赛事的举办。

4.1.3　电子竞技赛事宣传的价值

电子竞技赛事作为电子竞技产业发展的重要组成部分，其宣传的目的主要在于通过专业化、规范化的电子竞技赛事来传递电子竞技品牌文化，为电子竞技项目、赛事品牌等积累更广泛的受众人群，创造更大的市场价值，从而获得更多的经济收益。电子竞技赛事宣传为电子竞技赛事本身打造了广泛的认知度和知名度，提升了电子竞技赛事的精神价值、社会价值和经济价值，具体表现为赛事宣传有助于提升赛事品牌，弘扬赛事精神，打造电子竞技品牌赛事形象；有利于提升受众人群对电子竞技赛事的认知；有利于电子竞技产业的各项活动顺利开展。

1. 打造电子竞技品牌赛事

"品牌"一词最早来源于牲畜的主人用来识别自己的牲畜而留下的烙印。随着商品经济的发展，"品牌"被用来指代商品的牌子，成为商品的识别符号。品牌是产品的内在质量和外在特征的综合反应，通过营销和宣传在市场中建立起的产品形象与性格。电子竞技赛事是电子竞技娱乐性和观赏性的集中表现，是电子竞技体育追求更高、更快、更强的表现形式和精神寄托。电子竞技品牌赛事的打造区别于一般赛事的特点，它享有较高的知名度、美誉度和忠诚度，如 2000 年创立的 WCG，持久举办多年且影响力巨大，公众参与度广且辐射带动性强；而《英雄联盟》的 S 系列赛事因其宣传力度大、参与人数多，已逐渐成为《英雄联盟》项目的品牌赛事。电子竞技品牌赛事的打造是赛事宣传带来的必然结果，同时电子竞技品牌赛事质量的提高、数量的增多也促进了赛事宣传的渠道增加、范围增广。电子竞技品牌赛事在电子竞技产业发展，以至于社会发展中都有着不可替代的功能与价值。

（1）精神价值

电子竞技品牌赛事最具魅力之处在于它能点燃职业电子竞技选手、电子竞技团体组织和广大电子竞技爱好者的参与激情，并且将这种激情与赛事所在城市相结合，营造出充满电子竞技气息的城市氛围，引起强劲的城市活力，形成一种无可取代的发展推动力。电子竞技品牌赛事宣扬了一种团结协作、拼搏向上的电子竞技精神，为热爱电子竞技或刚接触电子竞技的年轻人建立了重要的精神寄托，传递了积极、奋斗、向上的社会正能量。

（2）宣传价值

电子竞技品牌赛事的赛前、赛中、赛后都会吸引全球范围内的媒体对赛事进行宣传报道，有助于提升赛事举办城市的全球能见度和知名度。电子竞技品牌赛事对于国家形象、城市形象的构建，突破了地域、民族、语言、意识形态的障碍，具有广泛、直观、感性的特点。

（3）经济价值

经济全球化、市场全球化，使得地方品牌化的国际竞争日益激烈，大型的电子竞技品牌赛事作为地方品牌化推进中的重要组成部分，不仅是城市发展的辅助工具，也是一项商业投资，甚至已经成为一个城市经济发展不可或缺的重要平台。电子竞技品牌赛事是社会效益与经济效益的统一体，主要的价值体现在其溢出效应、辐射功能和拉动作用。电子竞技品牌赛事能为地区和城市带来有形和无形的收益，促使企业投资者、国内外电子竞技爱好者以及其他人员的涌入，带动相关产业的繁荣发展。

2. 受众人群认知的提升

由于传统社会文化大环境的存在，社会人群对于电子竞技的认可程度虽有进步，但仍有待提高。除了经常接触、与电子竞技的发展共同成长起来的年轻群体之外，仍有一部分人的认知仍停留在"不务正业""电子海洛因"等负面的观念。电子竞技赛事作为电子竞技运动专业化、职业化的一个正面展示舞台，在很大程度上正通过更多方面、更多维度的宣传，不断提升受众人群对于电子竞技的正确认知。

（1）内容的多样性

电子竞技赛事内容的多样性体现在其宣传内容不仅包括了赛事实况，还包含了与电子竞技赛事相关的文化周边与娱乐活动。赛事宣传内容的系统化体现在所有的宣传内容虽是呈现多元化的形态，但都紧紧围绕同一个电子竞技项目进行，共同构成了该项目赛事的整体氛围。另一方面，受众人群的个人主观能动性对于赛事的认知影响很大，每一个受众都有自主选择是否接触电子竞技赛事的权利。愿意主动接触电子竞技赛事相关内容的受众都有各自强烈的目的性，为了满足自身（包括学习、欣赏等方面）的某种需求，而且因性别划分，男性更容易为了满足自己了解职业电子竞技选手的最新资讯、游戏操作或最新的战术技巧而选择接触，女性则更容易因为形象较好的明星选手、充满乐趣的八卦新闻等原因选择接触。由于电子竞技赛事内容具有多样性，对这些不同的赛事元素进行宣传，才会有越来越多不同年龄层、不同性别的受众群体开始关注电子竞技赛事，抛开过去的负面观念，提升对于电子竞技的认知，让电子竞技产业在社会正确认知的大环境下蓬勃发展。

（2）情感的互通性

电子竞技赛事通过宣传营造了一个拥有共同游戏文化归属情感的状态，多样化的宣传方式为电子竞技受众群体打造"脑力竞技体育"的荣耀角逐地，同时渲染了一种竞技精神与爱国情怀，受众可以在电子竞技赛事的激烈角逐中深切体会到职业电子竞技选手的艰辛，感悟到他们为国争光的努力。2018 年雅加达亚运会《英雄联盟》项目总决赛中，中国代表队击败韩国代表队荣获冠军的时刻，成千上万的中国观众在为他们欢呼的同时，也收获了国家实力得到展示的荣耀感，这种情感上的满足不亚于奥利匹克体育赛事所带来的国家归属感和向世界人民展示的自豪感。电子竞技赛事宣传的讯息带来了受众人群对于竞技体育、国家荣誉情感上的互通，促进了竞技体育的现代化发展，电子竞技赛事的受众会憧憬未来电子竞技向着最高体育赛事进发。

（3）心理的渗透性

电子竞技赛事宣传是一个对宣传受众个体心理态度逐渐产生影响，并且最终达到预期个体心理态度改变的渐进循环过程，其中包括了心理渗透的若干个阶段，宣传效果的取得也不是一蹴而就，必须经过对电子竞技赛事宣传内容的不断循环反复和再加工，慢慢渗透到宣传受众的思想意识之中，最终达到预期的宣传目的。随着科学技术的飞速发展和大众媒体的广泛普及，大众媒体通过对电子竞技内容的循环渗透，促使电子竞技赛事宣传受众的认知和态度结构发生调整，那些毫不关心电子竞技的受众或多或少的会接受一些电子竞技的相关思想、观念、态度。《宣传心理学》一书中提到：在很多情况下，人们会自觉不自觉地以大众传播媒介中曾经出现过的某种态度或行为方式，去看待和处理各种问题。电子竞技赛事正是利用了大众传媒的强势影响力，将电子竞技赛事通过宣传反复渗透，使得受众人群的心理态度逐渐形成或趋于改变，经过对宣传内容的顺从、同化而最终内化为受众人群的心理定式，达到影响和改变受众对于电子竞技负面认知的宣传目的。

<table>
<tr><td>4.2</td><td>电子竞技赛事的盈利</td></tr>
</table>

电子竞技赛事的盈利是电子竞技产业商业价值的体现。电子竞技拥有以竞技赛事为核心的电子竞技产业价值链，从文化角度来说，电子竞技是一项体育运动、一项体育竞技、一项体育比赛；从经济角度来说，电子竞技产业模式是一种可以实现资源功效最大化的商业模式，电子竞技赛事盈利的模式便是这种商业模式的具体表现。盈利模式指赛事主办方、执行方获取利益的方式和渠道，它是一场赛事能否在激烈的市场竞争中立于不败之地的关键因素。电子竞技赛事在成立和运作的过程中，要根据当前资源环境和经济状况等影响因素及时调整局部的业务结构。据官方公布的数据显示，2016 年中国电子竞技市场实际销售收入达到 504.6 亿元，相较于 2010 年 44.1 亿元的市场规模，在 6 年时间内增长了 10 余倍。良好的电子竞技产业发展背景之下，电子竞技赛事却面临着盈利模式过于单一的状况，大多数赛事主要依靠资本的输入和直播平台的版权收入。赛事发展初期时，由于赛事主办企业对于赛事运作经验不足和市场环境不熟悉的原因，导致盈利模式相对模糊。随着赛事品牌和知名度的提升，赛事主办方和执行方对于赛事运营的调整和战略布局的把控提升，电子竞技赛事的盈利模式相对清晰起来，并具备了一定的灵活性。

4.2.1　体育产业盈利模式介绍与借鉴

体育产业就是指与体育活动密切相关的以经营为目的的社会组织、部门的总和。体育产业的盈利多围绕于体育赛事展开，这也是体育产业市场经济发展的必然结果。体育赛事的盈利模式是体育赛事机构运作机构通过自身优势，在赛事活动中获得商业利润的运营方式。赛事运作的直接目的就是获得利润，实现商业价值的最大化。在探寻电子竞技赛事盈利模式的道路上，体育赛事的盈利模式具有很大的借鉴价值，两者的核心竞争力都是以竞技赛事为主，电子竞技赛事偏向娱乐化的运作与消费，体育赛事偏向以市场为导向，满足客户需求为中心。在赛事运作上，传统体育赛事不仅关注投入产出比，更加关注赛事资源产出的效率，所以在应对市场变动的时候，体育赛事运作机构可以及时调整运营方式，更新盈利模式。电子竞技赛事的盈利模式需要在思维和方式上借鉴传统体育赛事，力求更快更好地发展。

1. 盈利模式的思维取向

体育赛事在制定其盈利模式的时候，会优先考虑赛事盈利的思维取向，即哲学理论中的"世界观"，当盈利模式可以成为体系的时候，可以称盈利模式为体育赛事盈利的"方法论"。世界观与方法论是一个统一的整体，世界观指导方法论，方法论贯彻世界观，二者之间相辅相成。思维取向是通过分析综合、判断推理形成的，能够更全面、更本质反映现实的一种思维观念，在分析体育赛事盈利模式之前，了解其思维取向可以对体育赛事的运营有初步的认知。

（1）定位思维

定位思维指体育赛事运作机构在确定盈利模式时，首先应该确定的就应该是企业自身的市场定位在何处。市场地位的确定要从五个方面去考虑：第一是要从业务领域出发，体育赛事运作机构需要思考确定企业本身要涉及的经营范围；第二是要从企业生产的产品或体育服务出发，确定企业为大众提供什么样的产品，企业产品自身的优势在哪里；第三是从企业产品的消费群体出发，企业根据自身提供的产品特性，确定哪些群体是企业的顾客群体；第四是从企业的发展目标出发，确定企业各个阶段的发展目标，为企业发展描绘蓝图；第五是企业的盈利原点的确定，即思考体育赛事运作机构现实的出发点在什么地方。

（2）路径思维

路径思维就是通过多种设想的方式和方法实现起点和终点的连接，具体指企业定位思维中确定企业的发展方向，在这个方向的指引下统筹资源，将资源转化为公司源源不断的发展动力。在发展路径系统中加强上下渠道的联系，减小交易成本，获取客户资源，为本企业拓宽市场和加宽联系网络等。

（3）持恒思维

体育赛事运作机构作为一个企业，必须着眼于持续发展，一次性或短期内的企业盈利对企业而言不是追求的正确目标。体育赛事运作机构要不断突出发展自身特色和优势，为社会提供同类企业无法提供或无法复制的产品，不断增加企业产品特色和内涵。这样才能锁定消费人群，保证企业持续性盈利，并且在与同类企业的竞争中始终保持领先地位，始终掌握本地区本行业的话语权和统治力，让潜在的竞争对手无法进入企业的营业领域，从而保证了企业盈利路径的畅通，保证了企业的可持续发展。

（4）协调思维

路径连接后，对中间环节的各部分协调控制是体育赛事运作机构需要重视的一个工作。社会的发展，随时改变着经济环境，企业既定的发展模式和盈利模式在这样的现实环境下不可能保持一成不变，根据外界环境主动求变永远比被市场逼迫着改变效果更好。企业的产品也要根据资源环境的变化及时作出产品设计、产品营销、产品跟踪服务等方面的计划调整，保持企业市场地位与发展路径相互匹配，企业内部盈利机制的运行通畅是企业长期可持续发展的根本保证。

2. 赛事营销的内容和策略

体育赛事营销是指体育赛事运作者通过广告宣传、市场推广等手段，将赛事产品进行合理包装后推销给有意向投资赛事的政府机构、企业及个人，向他们寻求赛事资金或物资支持，以这些资金收入冲抵因为赛事运作产生的各项成本支出，其他的盈余则直接转化为赛事盈利。赛事营销对于体育赛事盈利来说，其生产的无形产品的价值体现为品牌资产，而体育赛事产业的营销是需要以运动员为主要的生产要素，在整个体育赛事产品生产过程中不断进行。体育赛事产业的营销活动从产品生产的开始就已经出现并启动，不同于一般意义上的实物产品，只需要在生产完成之后再进行推广。体育赛事营销的成功与否直接影响到赛事品牌的价值高低，成功的赛事营销既可以筹得充足的赛事资金，又可以建立良好的赛事品牌，为赛事的盈利打下夯实的基础。

（1）营销对象

1）运动员。运动员的营销实质是运用现代营销理论和方法打造体育明星，尤其是国际体育明星，意在充分利用体育明星的效应进行多层次的公关宣传，树立体育赛事产品在该项目领域的品牌。体育竞赛产业想要扩大自我影响力，吸引观众和媒体是主要手段和必经之路。福布斯于 2012 年 11 月发布的世界十大最具价值运动员榜中，多名体育明星在列（见表 4-2），榜上有名的体育明星都来自于高度商业化运作甚至具有全球认同感的运动项目和职业体育组织。培养高水平的运动员，制造明星运动员才是体育竞赛产业的核心所在，是赛事产品生产过程中品质的保障。只有赛事品质得到保障，才能吸引资金、人才不断注入到体育竞赛产业，并在循环往复的过程中流通和增值。

表 4-2　2012 年福布斯十大最有价值运动员

运动员	排名	身价/万美元	运动项目
泰格·伍兹	1	3800	高尔夫
罗杰·费德勒	2	2900	网球
菲尔·迈克尔森	3	2600	高尔夫
勒布朗·詹姆斯	3	2600	篮球
大卫·贝克汉姆	3	2600	足球
科比·布莱恩特	6	1800	篮球
尤赛恩·博尔特	7	1700	短跑
多尼	7	1700	板球
克里斯蒂亚诺·罗纳尔多	9	1100	足球
萨钦·泰度尔卡	10	1000	板球

2）赛事产品。赛事产品的营销实质上是一种资源营销，是传播载体的营销，从商业角度上来说，是广告载体的营销。赛事产品的营销是赛事生产经营活动的核心价值之一，伴随着赛事整个生命周期，虽然在赛事的不同阶段会采取不同的营销手段，但对于提高赛事的市场竞争力来说具有非常重大的作用和意义。赛事产品的营销必须是以多层次、高密度的推广行为为前提，其目的主要在于提升产品的无形资产的价值，打造优质的传播载体，吸引观众消费赛事产品，吸引赞助商和社会资本。

在体育竞赛产业的下游环节，赛事产品的营销最终决定了其经济价值。例如，2008 年第十三届欧洲杯，欧足联组建了一支多达 1300 人的转播团队，提供电视信号，负责向全世界传输欧洲杯的电视画面，抵达全球 200 多个国家和地区的电视台，使该次电视转播权飙升至近 80 亿欧元的高价。作为产品的体育赛事而非公共享有的资源，其销售过程就显得尤为重要，销售是为了获取更多的收入和回报，在营销过程中，赛事产品、运动员的价值都能得到提升。

（2）营销内容

体育赛事营销活动内容通常包括两方面内容，一是体育赛事本身的营销，如比赛门票的销售、纪念品的销售等；二是作为广告载体的体育赛事营销，如企业赞助、场内外企业广告宣传、赛事无形资产销售等。

1）赞助和广告经营。体育赛事赞助与广告经营在体育赛事组织者的收入来源中逐渐占据重要的地位，这也是体育赛事运作的一个发展方向。赞助和广告经营实际就是体育赛事组织者寻找赛事资金或物力支持，销售赛事场地及相关广告的过程。

2）门票。门票是赛事关注者观看体育赛事的凭证，这一凭证是需要付费购买的，这些费用就构成了赛事运作者的收入，门票收入在不同规模赛事中占的比重不同，但都能在一定程度上反映赛事经营绩效。一般大型赛事或者有影响力的赛事都会进行门票经营，但一些非商业性的或者非纯粹商业性比赛有时不需要经营门票。

3）媒体转播权。体育赛事媒体转播权的经营是体育赛事组织者另一个主要的收入来源。体育赛事媒体转播权包括电视转播权、广播电视转播权和互联网转播权。有些新兴赛事或者影响力较小的赛事非但无法出售媒体转播权，有时为了满足赞助企业的宣传需要和提升体育组织本身影响力，还需要出资购买电视转播时段。自 1960 年冬季奥运会以 5 万美元出售了电视转播权，66 万美元出售了夏季奥运会电视转播权以来，媒体转播给体育赛事带来了巨大的经济收入。例如，2014 年巴西世界杯足球赛的电视转播收入达到了 24.28 亿美元，2016 年里约奥运会的电视转播权收入更是超过 41 亿美元。

4）赛事衍生产品和特许经营。赛事衍生产品和特许经营是由体育赛事项目或体育赛事本身品牌而衍生的，允许被经营的其他产品，如各类纪念服饰、彩票、邮票、纪念货币等。一些大型体育赛事会通过特许经营计划合同的形式，与商家建立合作关系，从而允许其经营自身赛事品牌的标志、徽记、吉祥物等。从第一届现代奥运会起，纪念邮票就成为奥运会的稳定收入来源，为了提高效益，有的国家会发行带有附加面值的"捐资邮票"，进一步增加收入。20 世纪 80 年代前发行的奥运会纪念币曾是奥运会三大主要收入之一，莫斯科奥运会曾发行 5 套纪念币，获利近 2.6 亿美元。

（3）营销策略

1）精准营销。精准营销是营销思维的改变，是不同于传统营销的一种新趋势，是从现代 IT 技术和数据分析技术基础上发展起来的一种新型营销方式。精准营销是营销活动的精准化、深入化、细致化，利用有限的资源获取最大的收益。精准营销重在营销手段的改变，是将传统的狂轰滥炸改为精准打击，这对于日益竞争激烈的体育赛事市场是一个比较有效的营销方式。

2）寻求政府支持。体育赛事的举办对于净化社会风气，维护社会稳定具有特殊作用，能够为社会成员提供正常的富余精力和负面情绪的发泄渠道，对实现全民健身，满足群众业余生活需求都有良好的促进作用。这与政府的政策和目标具有广泛的共同点，体育赛事运作机构可以借此向政府寻求支持和帮助，更好地为赛事营销寻找各种渠道和机会。

3）做好媒体沟通。大众传播媒体对于体育赛事的宣传作用是显而易见的，体育赛事无法离开媒体而独立完成。为了提高赛事的影响力，满足赞助企业宣传自身的目的，大众媒体的宣传工作是必不可少的。这就需要赛事组织者处理好和媒体的沟通工作，尽一切可能争取到更多形式的传播媒体对赛事的宣传报道。

3. 竞技赛事核心产业链

（1）赛前设计

体育竞技赛事的赛前设计主要指赛事举办前的一系列筹划与运作，这其中包括运动员的培养、赛前的策划与宣传等。竞技赛事的赛前设计通常由负责不同类别的机构或公司完成。例如，运动员的培养是由体育培训机构和教育部门负责；策划宣传是由体育策划公司、赛事设计公司、体育节目设计单位和体育赛事项目公司负责。

1）运动员培养。一场赛事的成功举办必须要有参赛的成员，体育赛事的参赛成员可以是个人也可能是团体，由于团体也是由个人组成的，所以一场比赛的最基本的参赛单位是每一个运动员。和普通人不一样，职业体育运动员是需要经过专业培训的，优秀的运动员可以为赛事增添不少看点和光彩，因为良好的竞技成绩和竞技状态，在相关团队的包装之后，运动员可以成为品牌运动或赛事的明星代言人，进而带来巨大的商业和经济价值。所以，在赛前涉及的运动员培养与赛事宣传的关系十分密切。

2）赛事宣传设计。赛事宣传设计是体育竞技赛事的基础工作。对于一场比赛来说，优秀的赛事宣传设计首先会吸引赞助商和媒体的关注点，其次是会吸引观众的卖点。随着现今服务经济专业化和个性化的大趋势，体育领域也经历着从卖方市场过渡到买方市场的转变。我国每年举办的体育竞技赛事数以万计，而真正可以获得流量关注的赛事，尤其是新兴赛事少之又少，这就使优秀的赛事宣传设计成为稀缺品。成功的赛事宣传设计公司需要有策划优秀比赛的能力，才能得到客户的认可，获得行业内的地位。

赛事宣传设计的方案需要有一定明确的比赛卖点，这个卖点可以是激烈的对抗，可以是特殊的竞技规则，还可以是项目情怀、明星运动员、比赛时机、地点等。此外，赛事宣传设计还要考虑电视和互联网传播元素，要以电视以及网上观众为主要对象进行策划、设计体育赛事，进而更多地满足媒体传播的诉求。

3）赞助计划。赞助计划指赛前吸引赞助商的计划。对于商业而言，体育赛事是易于沟通的途径，赞助商会青睐拥有大众目标市场的体育赛事，把赞助当作一种新颖的品牌推销形式。代理赛事赞助并收取服务费也是体育赛事代理公司的一种盈利方式。体育赛事的赛前赞助设计必须要摸清赞助商的赞助动机，并充分了解赞助商对受赞助体育赛事的期望，然后制定出恰当、可实施的赞助计划方案。

（2）赛中组织销售

体育竞技赛事的赛中组织和销售是赛事进行当中的有序安排和规划。一般的体育赛事中，赛事组织公司要组织一场完美的比赛，需要对人力、资源、场地、时间等有一个全局的规划和安排。赛事组织公司需要对接洽谈各运动员或运动团队的经纪人、赛事的赞助商、广告赞助商、体育比赛场地、媒体工作人员、竞赛组委会和裁判公司等。只有与这些单位和个人联系洽谈完毕，一场赛事才能够顺利进行。

体育竞技赛事的赛中销售从传统的比赛门票、场地出租，到如今的赛事纪念品、媒体的直转播权，已经建立起一套以竞技赛事为核心的商业化产业链。赛中销售中，以媒体的直转播权的销售为主来看，体育媒体公司通过直转播体育竞技节目，可以吸引大量的观众群体，其广告时段大大升值。NBA（美国职业篮球联赛）一个赛季的境内转播权的售价高达近 7 亿美元，而总决赛插播广告的费用可以达到每分钟近百万美元。因此，竞技赛事的媒体直转播权的转让和销售可以大大提高赛事的盈利，实现赛事组织者和媒体的双赢。

（3）赛后包装

体育竞技赛事的成功举办不仅可以带来巨大的商业投资，也带来了体育场馆旅游业的发展和后续的体育经济。通过专门的体育赛事宣传和运动员的包装，在比赛中取得较好成绩的体育运动员或运动团体不仅获得了比赛荣誉和奖金，更获得了名声和一定的社会地位。大多数的明星运动员和运动团队产生于各类比赛，在成名之后的名人效应又为他们带来了更多的广告代理和赞助，这些资金再次被用于体育生产、教育、培养中，形成良好的循环过程。对于商业运作来说，明星运动员和明星运动团队的明星效应带来了不可限量的品牌效应，利用这个品牌效应再进行商业运作，注册相关的体育用品公司，如体育培训企业、体育策划企业等相关的体育单位，形成无形的资产积累，从而快速将品牌打入市场，有效盈利。竞技赛事的赛后包装营造了一种"马太效应"，即运动员越有名气、身价越高，其广告也就越多，市场的号召力和影响力也就越强，从而创造出的商业价值就会成倍扩大。

4. 体育产业的盈利模式

（1）体育经纪公司

体育经纪公司是为体育产业的运动员、俱乐部、协会、赞助商、广告商之间牵线搭桥的运作机构（如图 4-24 所示），其提供的服务主要有安排赛事活动；谈判工作活动；为委托人签订商业推广、肖像权、商业广告合同；为运动员策划安排退役之后的活动和事业；解决争议；为运动员提供法律顾问；管理运动员经济活动，提供一些生活服务等。体育经纪公司通常以体育经纪人的形式服务于体育赛事和运动员个人，除了大型经纪公司能够提供全方位的服务外，一般小型经纪公司及经纪人只能对委托人进行单项或多项服务。体育经纪公司在运动员工资、奖金、出场费

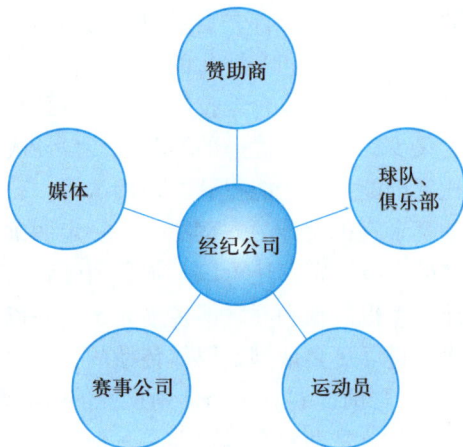

图 4-24　体育经纪公司的定位

以及其他商业利润中获取佣金的同时，为竞技体育的普及化、规范化、国际化以及体育人才的培养和成长做出了大量贡献，成为活跃体育市场，促进现代化体育事业发展不可或缺的因素。

体育经纪公司的盈利模式，简单来说就是为运动员和体育赛事提供包装等一系列的服务，然后收取相应的费用。实际上运动员和赛事的包装需要大量的信息渠道和关系枢纽，这需要经纪公司或经纪人长期的打造和积累。运动明星所能带来的价值是惊人的，不仅限于与其相关的体育赛事、纪念品炙手可热，明星代言的广告、报道明星事件的媒体、拥有明星的球队都会拥有大量的社会曝光度。体育经纪公司就是要善于挖掘运动员的宣传价值，制造轰动新闻，炒高运动员身价，找到各种双赢的途径。

（2）体育赛事公司

体育赛事公司通常扮演着体育比赛组织者的角色，赛事的主办方委托赛事公司来执行与比赛相关的事项，包括寻找合适的体育赛事策划公司来策划推广；为赛事主办方或参赛成员

寻找赞助商并进行赞助代理，代表俱乐部及赛事主办者经营电视转播权、门票、赞助及特许权等权益；为客户开发市场，进行公共关系、宣传、接待、策划等一些工作和服务的运作。体育赛事公司的商业模式可以看作是一个媒介服务，通过与赛事主办方和其他赛事代理公司的联系，体育赛事公司作为一个委托代理的中间人，为双方寻找合适的合作伙伴，组织安排好一场赛事的所有参与机构，并收取一定的费用。

体育赛事公司以大型赛事为基础平台，以大型体育、娱乐项目的专业运作、经营、开发、管理为核心竞争力。体育赛事公司的成长伴随着职业体育产业的迅猛发展而兴起，其主要服务是从概念策划、赛事活动策划、赞助商招募到赛事执行的一整套服务内容：

① 大型体育赛事的全面组织和管理，赛事活动策划和管理。

② 项目策划和管理，公关项目策划和执行。

③ 为大型体育赛事吸引赞助商资金。

④ 赛事媒体和公共关系的维系。

⑤ 项目概念策划，包括创意和设计。

⑥ 赛事活动场地设计和制作。

⑦ 为电视台提供大型体育赛事转播经济服务。

以此构建的赛事公司的盈利模式如图 4-25 所示。

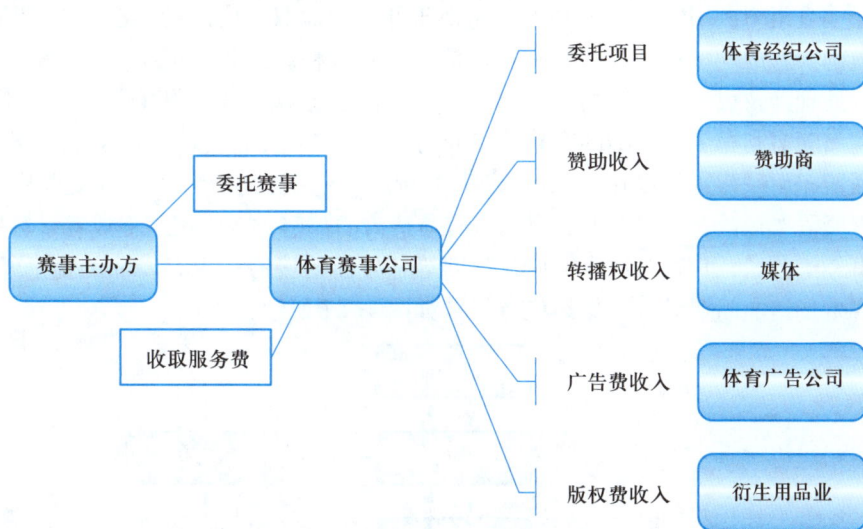

图 4-25　体育赛事公司的盈利模式结构图

（3）体育健身俱乐部

体育健身俱乐部一般是经营者把健身场地或俱乐部当作一个经营实体，以健身设备设施、场地、健身课程为承载方式，向大众提供健身服务和咨询以及休闲娱乐服务的形式。它是一种以盈利为目的，按市场运作规律和利益机制运转，自主经营、自负盈亏的一种体育企业的形式。体育健身俱乐部以顾客为核心，以提供有偿健身服务为主要经营项目。体育健身俱乐部的盈利模式主要以俱乐部会员的健身消费为主，无论国内国外，以会员制为基础的俱乐部都是健身体育产业最常见的盈利模式（如图 4-26 所示）。俱乐部通过会员制，采取客户会员卡的方式记录客户的基本资料及消费的具体情况，从而对会员的各项资料数据进行统一管理。在会员卡消费方式上采用灵活计费方式，依据不同的客户群体、不同时段、新老客户等，可以灵活设置，最大限度地吸引顾客。

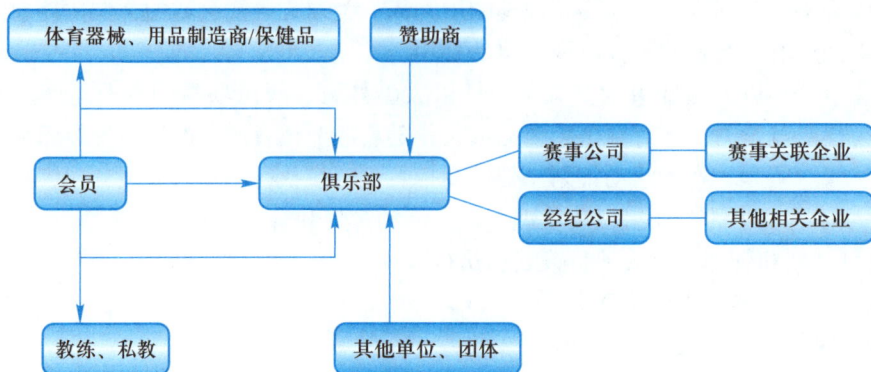

图 4-26　体育健身俱乐部盈利模式

（4）美国职业篮球联赛

美国职业篮球联赛（NBA），作为职业篮球的一个联赛机构，已然成为目前世界上最为成功的职业体育组织。NBA 的经营体制是由俱乐部和联盟双重构成的，在 NBA 里各个俱乐部都是以盈利为目的的独立法人，而联盟则是一个非营利性的商业组织，负责组织、推广、经营赛事，处理涉及俱乐部之间的公共事务。从价值链上看，各个俱乐部相当于 NBA 赛事的主办方，而联盟则扮演着大型的赛事公司的角色，各个俱乐部把自己的队伍和赛事的举办权委托给联盟，由联盟进行操作。NBA 联盟由多个分支机构组成，每个分支机构代表着一个赛事组织所需要接洽合作的企业，有负责媒体接洽的部门，专门用来促成赛事转播权的交易；有赛事经纪公司，负责对赛事的广告赞助等各方面的接洽；更有专业的赛事经营公司，主要负责赛事场馆的门票设置、场地租赁等（如图 4-27 所示）。

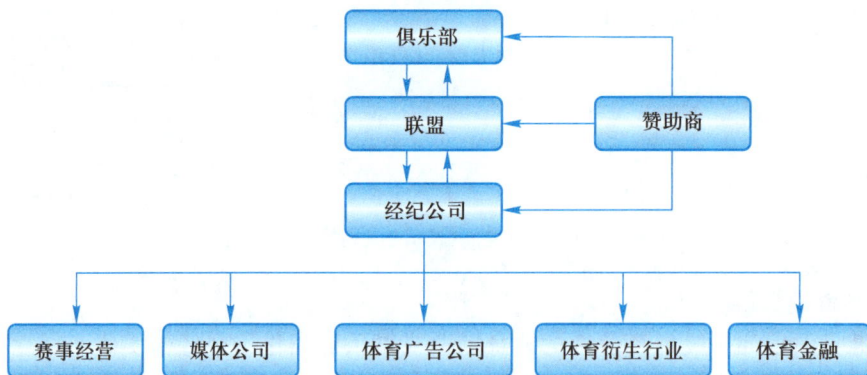

图 4-27　NBA 的盈利模式图

NBA 主要的盈利收入来自于电视转播权、门票、特许的纪念品销售、联盟衍生产品开发（网络游戏、服装、体育用品、玩具等）、广告赞助以及全球的推广性活动（日本、中国的赛事等）。

4.2.2 电子竞技赛事的特色盈利模式探索

电子竞技赛事的盈利模式与传统体育赛事基本类似，但相较传统体育赛事商业模式而言，电子竞技赛事运营产业显得更为复杂，不仅是在营销上有特色的方式，更主要的是其价值创造方式与传统体育赛事大相径庭。我国早期的电子竞技赛事发展较慢，主要是因为电子竞技游戏的销售盈利模式单一，容易受到盗版游戏的影响，无法对电子竞技赛事提供有效帮助，而电子竞技赛事本身的观众还不具备一定的消费能力，无法有效地体现电子竞技赛事对电子竞技游戏的营销作用。截至2014年，电子竞技游戏逐渐拥有多种消费模式，也挣脱了盗版的桎梏，电子竞技赛事也随着网络科技时代所带来的移动直播等技术革新和社会对其认识的逐步升级，在其受众消费能力的不断提升中渐渐形成了一个百亿级的市场，同时政府也开始加大对该产业的扶持力度。

电子竞技赛事目前更像是建立在年轻一代受众身上的产业，这是其高速发展的核心，但也是制约其未来发展的最大阻碍。电子竞技赛事运营产业中电子竞技游戏的创作与革新、电子竞技赛事制作水准的不断提升，政府政策的积极引导都是电子竞技赛事愈发成熟的关键，缺一不可。其中没有电子竞技游戏的盈利与发展，电子竞技赛事就没有其立足的物质基础。而没有电子竞技赛事的保驾护航，电子竞技游戏则不可能维持其市场地位。

1. 电子竞技赛事的运营

电子竞技赛事运营形成了从上游的电子竞技游戏产品研发或代理运营，到中游的电子竞技赛事开办，以及以竞技赛事为核心链接的电子竞技俱乐部及战队、赛事节目制作、电子竞技媒体、赞助商和依靠上述产业的职业电子竞技选手、比赛解说、电子竞技主播，再到下游包括电视频道在内的各大直播平台，最后到以国家文化部和旅游部以及国家体育总局为代表的政府管理机构和与赛事相一致的各大电子竞技行业自治协会的自治机构的完整产业关系网。

（1）上游产业

电子竞技赛事运营的上游产业是电子竞技游戏产品研发和代理运营方。据工信部数据公布，2017年1~8月，网络游戏业务收入925亿元人民币，同比增长28.7%。Digi-Capital（国际投资银行服务公司）的《2017年游戏报告》显示，2016年游戏行业交易额达到303亿美元，其中游戏并购交易额284亿美元，游戏行业投资额19亿美元。2016年移动应用收入增长40%，中国成为其最大的增长动力，到2021年移动游戏收入将超过800亿美元。在Newzoo更新的2017年上半年的全球游戏收入前20的企业排名情况中，中国企业有3家入围前20。其中，腾讯第1，网易第7，完美世界第20。上游产业的蓬勃发展为电子竞技赛事打下了坚实的基础，同时像《绝地求生》《堡垒之夜》这类战术竞技射击类沙盒游戏的出现并迅速占领市场，为电子竞技赛事内容的更新换代、可持续发展注入了新鲜的血液。

（2）运营主体

国内的电子竞技赛事通常有两种运营主体，第一类是官方赛事，即赛事游戏项目的游戏研发商或运营商所举办的电子竞技赛事，其中绝大部分都为单项赛事，其目的是通过运营电子竞技赛事来完成以自身产品为核心的文化品牌的构建，以延长该电子竞技游戏项目的生命力和扩大该项目的社会影响力，国内的腾讯游戏与网易游戏是该类电子竞技赛事的代表。第二类是第三方赛事，该类电子竞技相关赛事的主办方并非该电子竞技游戏的产权所有方，这类赛事以综合性赛事为主，以塑造该项电子竞技赛事品牌为主要目的，主办方一般为政府部门与专业的赛事运营商（如 ImbaTV）等。赛事运营商的赛事运营业务又可分为自营赛事和代理赛事。如果赛事品牌归运营商所有，则称该业务为自营赛事，可以自主招商；如果赛事品牌不归运营方所有，那么该业务被称为代理赛事。

（3）盈利方式

1）官方赛事。官方赛事运营的核心是通过电子竞技赛事的举办，从而更好地建立起该电子竞技产品的品牌和扩大该电子竞技产品的影响力，以获取更好的用户黏性。所以说，能否满足电子竞技赛事观众的观感是其成败关键，而赛事内容的品质会直接影响观众的观感，进而影响该项电子竞技游戏的持续盈利。因此，在赛事运营上运营商会更加偏重赛事的制作水准，甚至投入远大于赛事本身收入的成本。

2）第三方赛事。第三方电子竞技赛事运营更需要考量成本投入与盈利模式的多样化。同时，由于文化产业的特性，第三方电子竞技赛事又必须尽可能满足消费者的观赛需求。相较官方赛事而言，第三方赛事目前的盈利能力有限，在赛事品牌尚未完成，往往入不敷出。第三方赛事直接盈利点包括观赛门票收入、赛事准入费用、赛事衍生产品以及赛事直播付费（去广告、付费观看高清直播等）。但是，近年来新兴的第三方电子竞技赛事运营与传统第三方电子竞技赛事运营不同，除外部性优势与官方电子竞技赛事运营一致外，第三方电子竞技赛事也有其内部性优势。一方面是供给的多样性，大部分第三方电子竞技赛事运营商以综合性项目举办比赛，可以同时满足不同电子竞技项目爱好者的观赛需求；另一方面是盈利的多样性，第三方赛事形成了"赞助+门票+赛事衍生品+报名费"的复合型盈利模式，并且在收获大量在线观看流量的同时，通过弹窗广告、定向销售、增值服务等方式实现变现，而且第三方电子竞技赛事运营往往还能获得政府专项支持资金、赛事门票等收入。相较官方而言，第三方赛事在经营上有更强的抗风险能力。

2. 体验经济的实践

体验经济是以商品为道具、以服务为舞台、以提供体验作为主要经济提供品的经济形态，是继农业经济、工业经济和服务经济之后出现的第四个人类的经济生活发展阶段，或可以称之为服务经济的延伸。体验经济从生活与情感出发，塑造感官体验和思维认同，以此抓住消费者的注意力，改变消费行为，并为商品找到新的生存价值与空间。电子竞技产业在漫长的发展过程中，电子竞技的体验已不再是由发行商独立创造并直接传递给消费者的产品，而是借由赛事的竞技拼搏和娱乐传递，带给消费者视觉上的感官享受。同时，观众和消费者可以通过借助电子竞技平台和媒介，与各个电子竞技产业中的主体共同设计出消费者所需的独特体验，创造各自所需的价值。电子竞技产业在体验经济的实践中，逐渐创造了共同的价值，发展成为人人都是生产者、人人都是消费者、人人都是传播者的产业意识形态，并且随着电子竞技产业机制的不断成熟以及消费者水平的不断提升，这种共同的价值创造还会在电子竞技产业中不断深化和升级。

（1）发行商

电子竞技发行商是电子竞技产业的生产者，也是电子竞技赛事的生产者。自 WCG 停赛以来，发行商开始成为各大电子竞技赛事的主导者，如 Riot Games（拳头游戏公司）主办的

《英雄联盟》S 系列赛一直以来都是该项目规模最大、影响力最广的赛事。近年来，电子竞技发行商正逐步让出创造产品和体验的权利，通过建立开放式的平台，邀请消费者参与产品和体验设计，并以合作的形式创造新的体验和价值。

1）Riot Games 的免费畅玩模式。免费畅玩模式是指消费者可以不用支付一分钱就能享受到相关电子竞技产品的服务和体验。这种模式的盈利主要来自于消费者对于不同内容角色外形（皮肤）的付费上，皮肤可以体现使用者的个性，但并不会影响实际的操作。Riot Games 依靠这种完全免费模式下的《英雄联盟》项目，平均每年盈利 2 亿美元，2014 年最高在线人数达到 750 万人，一跃成为全球最热门的电子竞技项目。在体验经济的实践上，Riot Games 始终以消费者为本位思考，重视玩家的需求和体验，坚守着"打造人人都能轻松上手"的电子竞技大环境，注重与消费者的价值共同创造。Riot Games 在互联网建立了一个官方论坛讨论区，玩家可以在这里和 Riot Games 的设计师讨论英雄的设计、版本的更迭等问题。玩家和发行商的互动产生共鸣，当玩家的意见被采纳或运用时，他们对于发行商的产品会产生极大的认同感，从而激发他们的忠诚度。这种良性互动模式下的循环，让消费者由"免费"被吸引，到"自愿付费"并忠诚，大大超出了传统付费模式的支出，并由此创造出巨大的价值。

2）Valve 的饰品销售模式。与《英雄联盟》相同类型的《DOTA2》是由 Valve 公司开发生产的一款 MOBA 类竞技游戏，Valve 为其专门打造了 TI 国际邀请赛，以此来宣传和推广《DOTA2》的市场曝光度，与《英雄联盟》形成良性竞争关系。2013 年的第三届 TI 国际邀请赛上，Valve 推出了游戏内"互动指南"的售卖，通过众筹扩大收入，吸引玩家，再通过超高的奖金吸引眼球反向刺激收入。众筹需要吸引玩家，于是《DOTA2》强大的观赛系统和纪念饰品就成了突破口。Valve 利用玩家追求饰品、追求高等级心理，将游戏内的饰品售卖和赛事一同推出。观赛期间，Valve 推出的限时特色饰品相对于日常售卖的饰品来说，更多了纪念和珍藏意义。赛事中推出的珍藏饰品在之后将不再销售，在比赛期间售出多少，今后在市面上就流通多少。也就是说，在赛事中推出的饰品以后将只能在玩家间进行交易，没有了新的获取渠道，这些饰品在未来都是可以保值的。当然，对于玩家来说，一场比赛只能使用一个英雄的几个饰品，但是当同一名英雄的饰品被赋予了收藏保值的意义之后，多几种饰品选择或许对于玩家来说也是一种乐事。同时，多元化的饰品也丰富了游戏的娱乐性和美观程度。不同主题的游戏主界面，给人不同感受的游戏内天气效果和季节效果，差异化的地图基本元素能够全方位的改善视觉效果；风格迥异的背景音乐以及不同英雄的游戏语音提示能够在听觉上带来不同感受；游戏内不同的鼠标指针、不同道具的使用特效（如闪烁匕首、梅肯斯姆、传送等特殊效果）、不同英雄的特殊嘲讽动作能够在游戏中获得更加丰富的感受。Valve 附带的饰品对玩家来说充满了诱惑，而随着"互动指南"充值等级的提升，玩家还能获得更加丰富的感受。游戏饰品层面的价值创造和体验经济被 Valve 发掘得淋漓尽致。

（2）传播媒体

电子竞技赛事的传播主要分为传统的电视直播平台和现代的网络直播平台。2014 年是网络直播平台市场发展井喷的一年，8 月份亚马逊（Amazon）以 9.7 亿美元的价格收购了全球第一大游戏在线直播平台 Twitch。Twitch 的盈利主要依靠玩家本身将自己的直播画面上传到网络平台，根据直播类别和观众数量对直播频道进行排序，最后依据观众的订阅、打赏、虚拟商品以及相关广告获得收入。作为 Twitch 直播平台上的生力军，电子竞技赛事的直播发挥了举足轻重的作用。《英雄联盟》S3 世界大奖赛吸引了全球超过 3200 万的观众观看，远远超过美国职业棒球联盟（MLB）总决赛 1500 万的观看人数。

和 Twitch 的快速发展形式类似，国内的网络直播平台也在风生水起地发展。2014 年中国网络直播平台复制了 Twitch 的商业模式，涌现了多家类似的网络直播平台，其中包括虎牙直播、斗鱼直播、战旗 TV 等。这些网络直平台均以电子竞技直播为核心，以高薪网罗了大批高水平的前职业电子竞技选手或现役选手，吸引了大量观众入驻平台。作为网络平台的用户，他们既是消费者又是内容的生产者和宣传者，网络平台里人人都可以从中创造价值，就此造就了一个共同创造价值的电子竞技大直播时代。随着用户所掌握的电子竞技项目信息和知识的增加，直播平台的开放性和低投入使得电子竞技直播媒体的准入门槛大为降低，用户的参与感会越来越高，带来的消费也会随之增加，进而实现体验经济的初衷。

（3）消费者

《世界电子竞技报告》的调查显示，2014 年电子竞技消费者的平均消费额仅为 2 美元，对比传统体育项目的平均消费 20 美元和一般大众体育的平均消费 56 美元来看，电子竞技消费者的消费额度相对较低，这也代表其上升的空间较大。电子竞技消费者可以分为两类：第一类是电子竞技爱好者，他们自己会经常参与电子竞技的活动中，对于电子竞技的相关信息关注度最高；二是一般的电子竞技观众，他们对于电子竞技的关注度不及电子竞技爱好者，只是偶尔观看电子竞技直播和比赛，将电子竞技作为娱乐休闲的一种方式。然而随着年龄的增长和生活圈子的改变，越来越多的电子竞技爱好者正在逐步转变为一般的电子竞技观众，虽然他们没有电子竞技爱好者那么高的参与度，但是仍然对于电子竞技抱有适度的热情，很乐意去关注相关的赛事和项目的相关活动，这也表明电子竞技正在不断发展成为一项具有观赏性、互动性的竞技运动，消费者更多的是享受参与其中展示自我、放松自我的乐趣。电子竞技发行商、电子竞技赛事和直播平台顺应消费者对于电子竞技的需求，秉承体验经济的理念，邀请消费者更加充分地介入产品、服务和体验创造的各个环节，进一步挖掘电子竞技消费者的经济价值。

3. 特色盈利的探索

电子竞技赛事通过良好的运营和体验经济的实践，大大提升了消费者的参与度，增强了消费者的体验。对于未来盈利模式的探索，电子竞技赛事也将学习和参考体育赛事的运营管理，并根据自身的优势，把握电子竞技产业发展的特点，重视和利用好电子竞技赛事中的价值，以用户的参与和体验为核心，打造出具有电子竞技特色的赛事盈利模式。

（1）赛事众筹

赛事众筹是指把赛事项目中某些衍生品的销售额的一部分拿出来，作为该项目赛事的赛事奖金池的数额。赛事众筹的模式最早是由 Valve 公司试验性地投放到《DOTA2》的赛事当中，在第三届 TI 国际邀请赛中，Valve 将在游戏中售卖的"互动指南"金额的 25% 加入到该赛事的奖金池中。这个"互动指南"本质上是一张电子门票，玩家可以在游戏中通过购买这张电子门票来获得纪念款的饰品。另外，在客户端内观看直播也有一定的概率可以获得珍稀的掉落饰品。最初获得饰品包括一个信使、六个稀有度不同的嘲讽特效、一个游戏界面、一款不朽饰品，还有一个可以使玩家在 TI 赛事期间打匹配赛有经验加成的和饰品掉落率加成的远古经验包。Valve 每售出一张 10 美元的电子门票，赛事的奖金池就会累积增加 2.5 美元的奖金。

Valve 公司的赛事众筹模式虽然在 TI3 时不被看好，但在许多纪念性饰品的诱惑下，有很多玩家尝试购买。于是，TI3 的总奖金达到了 287 万美元，较原来增长了 80%。在之后的国际邀请赛中，Valve 沿用了赛事众筹模式，在提高奖金的同时，也大大增加了自身的盈利，形成了滚雪球的效应。

（2）版权打造

电子竞技赛事的版权打造是指电子竞技赛事产权及相关衍生品的设计生产，是电子竞技产业的核心产品。良好的赛事版权会衍生出许多优秀的人物版权、娱乐版权、文化版权等，如何良好地运营这些版权是当下国内电子竞技赛事方需要思考的问题。

2017 年《王者荣耀》职业联赛（KPL）举办，从 3~12 月，KPL 观看量达到了惊人的 103 亿人次，超过国内许多传统体育赛事。电子竞技产业打造热门版权内容的能力丝毫不输娱乐和传统体育产业。电子竞技是一个新兴领域，是一种新体育、新娱乐和新文化。电子竞技本质上是一个基于电子出版物的内容产业，让人既能感受到青春和热血，又能感受到个体的峥嵘与团队的默契，既丰富了当下的文化生活和娱乐领域，又推动艺术创意和高科技的发展。相比于娱乐产业，电子竞技产业极易打造出全球化的版权产品。例如，2017 年左右，"孙悟空"这一形象被移植到电子竞技平台后，这一版权概念便迅速向全球扩散开去，如此便把中国的元素融合在电子竞技产业当中，同时也向更多的年轻人展示一种文化的自信。国内的一批电子竞技公司也在不断积极开拓顶级赛事，涌现出一批热门的电子竞技赛事版权产品。除了电子竞技赛事版权本身，在电子竞技赛事版权多产业开发上，电子竞技公司做出了巨大的贡献，相关的产品包括电子竞技教学节目如《7M 教学大全》，2014 年国内第一档互动直播真人秀节目《火线兄弟》，同时还有《狼人杀》《王者荣耀》《魔兽世界》等一系列游戏周边节目，并且都拥有大规模的策划和服务团队，使得雪碧、宝马、vivo、夏普等众多知名品牌广告有效触达 95% 以上的电子竞技人群，实现了电子竞技版权打造的商业价值。

（3）OB 付费观赛

OB 系统是电子竞技赛事特有的一个观赛系统，OB 系统是指可以通过电子竞技项目的客户端或局域网加入到别人的比赛中，观看比赛实况的系统。早些年的电子竞技比赛，OB 系统通常在线上比赛中被运用，赛事裁判和其他的选手会进入到正在比赛的选手的 OB 视角中，进行赛事作弊的评判和战术的讨论，而普通观众也可以通过 OB 系统实时观看选手的操作（如图 4-28 所示）。

OB 系统在大型的电子竞技比赛中通常被用来解说比赛和观众选择观看，或是被录像经过后期处理做成视频。因为 OB 视角是一个类似于"上帝视角"观看角度，所以电子竞技比赛可以加入一个 OB 付费观赛的模式，在这种模式下观众可以自由选择想要观看的选手或战队。特别是一些 FPS 类的比赛中，经常会发生相同时间不同空间的强强对决，如果只用官方提供的赛事画面来观赛，有很多精彩的镜头，导播来不及切换。如果使用 OB 视角观看的话，可以任意切换视角，避免错过选手精彩的表现。以第一视角的方式亲自感受职业电子竞技选手的比赛战况，这对于一些电子竞技爱好者来说，也是一种非同凡响的体验。

图 4-28 《魔兽争霸 3》比赛的 OB 系统

思考题

1. 电子竞技赛事的宣传内容主要包含哪几个方面？
2. 电子竞技赛事的宣传有哪几种方式？具有哪些价值？
3. 传统体育产业的盈利模式都有哪些？
4. 电子竞技赛事有哪些特色的盈利方式？

第5章

电子竞技赛事中的多方参与

概述

　　本章主要运用生态学的知识剖析电子竞技赛事中的多方参与，分别从内容生产者、赛事的传播方以及本地资源的配置三个维度进行分析。本章的学习旨在让读者可以立体地认识整个赛事，并且对于其中三个部分的内容逐条梳理。第1节介绍的是赛事的内容生产者，电子竞技赛事主要围绕电子竞技项目展开，因此职业选手、俱乐部以及赛事解说是参与内容生产最多的个体，值得探讨和学习。第2节介绍的传播方则是从媒体角度进行描述，结合现代赛事的媒体传播渠道，尤其是直播技术的日益成熟，电子竞技赛事正式通过越来越成熟的赛事资讯快速传播。第3节通过大量的案例介绍本地资源对于电子竞技赛事发展的作用，这也是电子竞技赛事能够顺利发展的强大动力。

电子竞技赛事和其他体育赛事一样，内容是整个赛事的基础，所有关于赛事的运作都是建立在核心内容的基础上。赛事就是对内容的深加工，把电子竞技项目展示给电子竞技爱好者。首先，虽然开展电子竞技赛事需要计算机、电视、鼠标、键盘等设备，但是这些并不是消费的本身，依托这些设备运行的数字化竞技游戏内容才是人们进行文化消费体验的真实意图，电子竞技赛事正是为消费者提供这方面丰富的素材资料。其次，随着技术的发展，赛事直转播技术等相关技术在电子竞技赛事中应用得越来越广泛、越来越成熟，技术对于赛事的影响也在不断减小。因此，提供十分优秀的内容才是提高赛事质量的根本途径。拓宽内容渠道、对内容进行精耕细作都成了赛事开发的主要手段，也是推动电子竞技赛事发展的有力方式。其中，职业电子竞技选手、解说、俱乐部、联盟都是其中重要的参与者，他们对电子竞技赛事进行开发，为广大的消费者提供更加精良的赛事作品。

5.1.1　职业电子竞技选手

职业电子竞技选手（如图5-1所示）是电子竞技赛事的基石，所有关于电子竞技相关内容的开发都是建立在电子竞技选手带来的丰富素材的基础上。除此之外，电子竞技选手也带来了明星效应，知名的电子竞技选手和明星一样，有着很高的知名度和身价。韩国知名的电子竞技选手Faker有着巨大的影响力，其身价与知名明星基本相等，在全世界范围内也拥有着不计其数的拥趸。这种职业电子竞技选手往往可以给俱乐部带来十分丰厚的商业利益，其代言甚至是公司产品的销量保障。

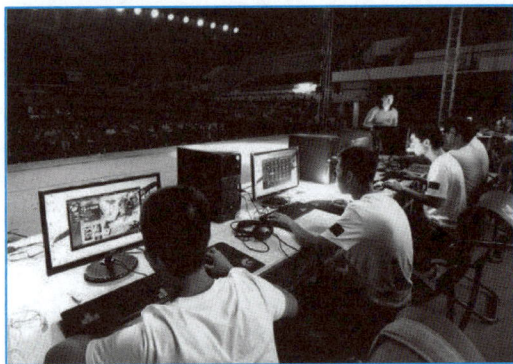

图5-1　职业电子竞技选手在现场比赛

1. 职业电子竞技选手是赛事的主要个体单位

职业电子竞技选手是电子竞技赛场的主角，观众、媒体因他们而汇聚在赛事周围。一般而言，质量较高、影响较大的赛事都会有一些重量级的职业电子竞技选手参与其中。在职业联赛影响力较小的早期，主办方往往会邀请一些优秀的职业战队前来参加比赛。随着职业赛事的不断成熟，职业联赛的影响力也越来越大，很多的战队需要获得相应的资格赛才可以进入比赛，但是一些优秀的战队也有一定的机会获得主办方的邀请。战队之所以可以得到赛事主办方的邀请，一般都是由于俱乐部在比赛中获得了十分优秀的成绩，一般能取到优秀成绩的俱乐部最重要的就是其中优秀的职业电子竞技选手。

（1）职业电子竞技选手带来了精彩的操作和战术理解

电子竞技项目都是普通的游戏项目，能够成为电子竞技项目的都是受众面广、影响力大的游戏项目。由于电子竞技游戏门槛较低，不同教育水平、生活经验的人都可以自由参与，导致对于同一款电子竞技游戏的理解出入较大。不计其数的玩家出于消遣娱乐的目的，仅仅把电子竞技项目视为一款单纯的游戏，对于游戏的战术、极限操作都缺乏思考和研究。例如，在《英雄联盟》《DOTA2》等有明显排位系统的电子竞技游戏中，一些玩家在线时间长、游戏局数多、排位比赛多，但是段位却比较低，这主要是由于这部分的玩家对于游戏的理解水平较低，电子竞技游戏对于他们而言仅仅一款娱乐项目。赛事的举办把众多的高水平的职业电子竞技选手带到观众面前，他们对于游戏的理解比一般人深刻很多，许多职业电子竞技选手在尚未走上职业道路前，就在游戏排位中取得十分不错的成绩。比赛过程中，职业电子竞技选手之间的对决是观众们关注的焦点。单杀、经济压制、攻守态势这些技巧操作或战术配合都是由职业电子竞技选手呈现给观众，同时他们能够做出一些较为极限的操作，这些对观众而言具有观赏价值和学习兴趣。同时，职业比赛中也会出现一些新颖的战术，这些战术都是职业战队的分析师和职业电子竞技选手共同在游戏中开发、研究出来的战术体系（如图 5-2 所示）。在大型赛事中，为了取得比赛的最终胜利，战队往往交替使用新颖、稳定、针锋相对的多种战术组合来与对方博弈，而职业电子竞技选手就是这些战术的执行者和其中的制定者。

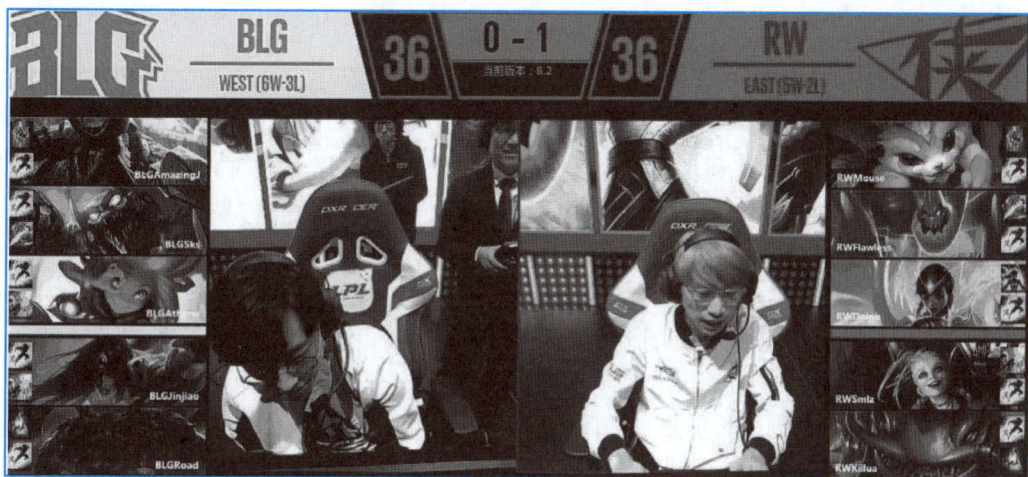

图 5-2 职业赛场中出现的"四保一"战术体系

（2）明星选手的对决成为了赛事的聚焦点

电子竞技受众广的特点使得优秀的电子竞技选手有着颇高的知名度，一些知名的电子竞技选手的影响力甚至比肩一线明星，这部分的职业选手会代言品牌、出席综艺活动，甚至成为电子竞技俱乐部的战术核心和商业代言人。由于赛事会集聚众多的职业电子竞技选手，知名的明星选手就广泛受到媒体、观众们的关注，往往在比赛的备赛期，媒体和主办单位都会对明星选手大力宣传，再由于不同电子竞技选手、战队的历史交战成绩和一些关于其中人物的"坊间传闻"，这样他们在赛事中再次对决就成为资深玩家们喜闻乐见的焦点。

　　明星选手（如图 5-3 所示）极高的影响力也为赛事的主办方洽谈赞助提供了强有力的支持。赞助方对于赛事的赞助出于自身品牌宣传的目的，赛事的影响力越大，吸引的消费群体越广，就越容易吸收赞助资金。明星选手的参与对于赛事的影响力是强有力的支撑，赛事主办方也会在赛事前期刻意去营造高手之间的对抗，让玩家对于赛事的精彩表现更加期待。明星选手和赛事之间有着互惠互利的帮扶关系。赛事主办方利用明星选手的影响力来打造自身的赛事品牌，获得更多的赞助，增加自身的媒体曝光度，提升自身的影响力。明星选手则通过赛事来进一步提升自己的知名度，在比赛中精彩的操作、表现以及赛事中取得良好的成绩能够为明星选手带来更多的利益，甚至对自己的职业生涯都产生众多影响。

图 5-3　SNG 电子竞技俱乐部宣传照

　　（3）赛事的收益与职业电子竞技选手关系密切

　　赛事的收益往往可以分为品牌收益和商业获利，这部分收益与职业电子竞技选手之间有着十分密切的关系。

　　电子竞技赛事的商业获利主要来自于企业的赞助，目前我国国内的电子竞技赛事有固定获利的比较少。主流的电子竞技赛事主要分为官方赛事和第三方赛事。官方赛事是由游戏的开发商或者运营商主办，旨在推动电子竞技游戏的影响力，推动其职业化进程。通常赛事的开发商都在游戏运营的过程中获得了比较可观的经济效益，因为他们对于赛事的举办没有明确的商业获利目的，更加重视赛事举办中对于该款电子竞技游戏的推广以及引流。

　　第三方赛事的举办则是更加重视品牌效益。由于电子竞技产业作为一个新兴项目，政府和一些大型公司出于发展新兴行业的目的，往往会涉足该领域。政府为了促进地方的产业结构升级，推动体育产业的发展，会注重电子竞技产业的健康发展，因此第三方赛事的举办也越来越频繁。赛事的兴办对于职业电子竞技选手而言就带来了比较丰厚的奖金池，职业电子竞技选手可以通过在比赛中取得良好的成绩来获得相应的奖金，这对于职业电子竞技选手而言是提升自己知名度和收入的主要渠道。

　　2. 职业电子竞技选手是赛事的素材载体

　　1）职业电子竞技选手的受邀参加，尤其是明星选手的参赛，对于赛事而言本身就有重要的品牌宣传。在全球性的国际大赛中，明星选手尤其在全世界拥有大量支持者的明星选手具有很强的号召力。对明星选手的前期大力宣传以及在比赛中的表现进行报道都增加了赛事的精彩程度。同时，职业选手在赛场外的很多讯息也成为了玩家们消费的资讯，如选手们刻苦训练、选手生活趣事都是玩家们重要的消费信息，这些素材进行适当的加工和报道，都成为了重要的新闻资讯，成为了赛事举办期间重要的报道资料。

2）职业电子竞技选手在比赛中的精彩操作引人注目。职业电子竞技选手游戏操作以及游戏理解水平都是高于常人的，他们在比赛中会严格执行相应的战术。例如，在《英雄联盟》游戏中选择不同的英雄搭配不同的阵容，英雄的选择需要考虑阵容因素，往往英雄的定位不同，能力也就存在的明显的差异。对线强势的英雄可能团队能力比较孱弱，团战强势的英雄往往对线的能力比较弱。这对职业选手的线上发育能力和抗压能力都是极大的考验。优秀的电子竞技选手的个人能力很强，甚至可以用弱势英雄压制对手的强势影响，甚至单杀。一般情况下，强势英雄由于在线上的制霸能力，会牢牢控制线权，这时选手会利用自身英雄较为强势的特点去不断地消耗对手，甚至击杀对手，来获得压制对面发育的效果。职业电子竞技选手之间的这种博弈使得比赛中的精彩操作十分频繁，丝血反杀（如图 5-4 所示）、一人 VS 多人等操作在比赛中也常有出现，其精彩操作使得整个系列的赛事更加扣人心弦、更为精彩。

图 5-4　职业赛场上的精彩反杀操作

3. 职业电子竞技选手是赛事价值开发的首要目标

职业电子竞技选手对于一项赛事的价值除了提供大量的新闻热点外，也为赛事自己价值的开发提供了保障。

官方赛事和第三方赛事的举办都希望可以通过赛事来不断增强自身的品牌的影响力，赛事的举办对于赛事本身而言是一个重要的宣传窗口，对于自身品牌宣传有重要的价值。同时，现阶段由于电子竞技赛事的盈利能力比较弱，赛事自身的品牌价值就更加重要，因此开发自身的品牌价值对于赛事运营者而言更为重要。

职业电子竞技选手对于赛事而言有助于提升赛事的水平，而高水平职业电子竞技选手的角逐使得赛事本身聚焦了很多的关注，媒体的大力宣传更使得赛事本身的曝光度不断提升。赛事主办方在打造自身品牌的同时需要对职业电子竞技选手给予足够的重视，通过其在赛事上面的高水平发挥和亮眼操作来捕获更多的眼球，在影响力不断提高的同时加强自身品牌的开发，获得大量的赞助和其他广告宣传，达到自身品牌开发的目的。

5.1.2　电子竞技俱乐部

电子竞技俱乐部对于赛事而言是另一个重要的赛事内容提供者。由于俱乐部和职业电子竞技选手之间存在劳动合同关系，使得俱乐部对于职业电子竞技选手有着很强的约束力，因此赛事主办方在利用职业电子竞技选手进行商业开发时，需要俱乐部的参与以及许可。俱乐部是赛事过程中另一个重要的主体部分，正是因为俱乐部有组织、高效率参与，引领赛事向更职业、更权威的顶级赛事进步。

1. 重视赛事，进行最优的阵容部署

俱乐部参加的赛事类型比较多，对于职业电子竞技选手和俱乐部的各方面资源而言都是巨大的消耗。因此，对待不同的层次的赛事，俱乐部的重视程度也有比较大的差异。官方举办的比赛影响力大，奖金丰厚，因此俱乐部对于该系列的赛事也十分重视。俱乐部需要进行比较周密的工作安排，需要人员、活动等各方面的工作部署，在面临即将到来的全球性的官方赛事时，俱乐部一般都会加强训练，拒绝所有形式的商务活动和其他娱乐活动，全身心投入到训练中。这个时间段也会使用全部的主力阵容进行训练，由于各世界比赛通常有替补选手名额，在积极训练的同时，替补选手也会参与到队内训练赛中，寻找最好的战术配合和竞技状态。不同风格的电子竞技选手组合，形成了灵活的队伍结构调整，成为俱乐部制定不同战术的重要依据。在备战顶级赛事的时候，制定不同的战术体系，对于战队在整个系列比赛中的发挥都起到了十分重要的作用。

首先，对于一些优先级并不是很高的比赛，俱乐部可以当作是"选手的练兵场"。俱乐部的替补选手虽然都是水平很高的职业电子竞技选手，但是心理素质等方面仍然需要在赛事中进行磨炼，才可以成为更加优秀的电子竞技选手。几乎所有的明星选手前期都是替补选手，从小型赛事磨砺而来。一些俱乐部将选手分为几支队伍，其中主力选手和替补选手参加最多、最全面的比赛，这样的队伍被玩家称为一队，此外还有实力稍欠缺的职业电子竞技选手和青训选手组成的二队，俱乐部更需要一些次级赛事培养二队这样的后续储备力量。通过赛事的磨炼，职业电子竞技选手才能提升自己各方面的素质，俱乐部也可以通过这些选手在比赛中的表现综合分析选手的实力，为选手制定新的培养计划。

其次，因为比赛优先级原因外，俱乐部出于战队规划，也会对已有申请参赛的赛事做出调整。2018年11月8日，iG电子竞技俱乐部（如图5-5所示）发布"iG NEST 2018弃权说明"，表示将退出2018年全国电子竞技大赛（NEST），主要原因就是考虑到第八届《英雄联盟》全球总决赛（简称S8）赛程太长，队员们都没有得到休息，需要给选手们充足的休息时间。iG战队在同年9月份曾确认接收2018年全国电子竞技大赛（NEST 2018），并且按时提交首发主力阵容名单，配合赛事宣传推广。10月份，iG电子竞技俱乐部开始征战S8，一路鏖战，最终捧得冠军奖杯。在韩国一个多月紧张、激烈的赛场征战，对于职业选手各方面都是较大的损耗，选手的确也需要比较充足的休息才可以参加新一季度的联赛。iG电子竞技俱乐部和NEST官方经过协商，也得到了NEST官方的认可，并且得到了谅解和支持。iG电子竞技俱乐部就根据赛事的不同类型做出了不同的应对措施。"S系列赛"是《英雄联盟》项目最重要的冠军，也是中国大陆赛区从来没有获得的冠军，同时iG电子竞技俱

乐部曾获得 NEST 2016 和 NEST 2017 年的冠军，因此 iG 电子竞技俱乐部理应更加重视"S系列赛"上的表现。

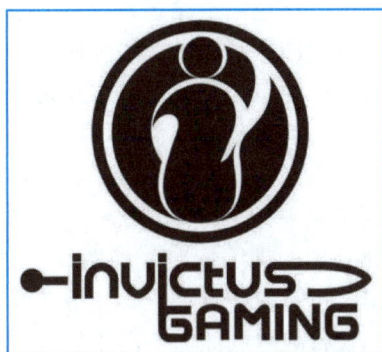

图 5-5 iG 电子竞技俱乐部标志

最后，俱乐部因为队员身体状态最终决定改变队伍配置，这主要是权衡参加比赛的收获和损失。例如，《英雄联盟》"德玛西亚杯"赛事是国内知名的电子竞技赛事，也是《英雄联盟》在国内组织的最大规模的杯赛，国内知名的电子竞技俱乐部基本都会参加这项比赛。2018 年 5 月，国内知名电子竞技俱乐部 RNG 战队在《英雄联盟》季中赛（简称 MSI）中夺冠，这个冠军对于 RNG 战队以及 LPL 赛事都具有十分重要的意义。MSI 系列赛事的征战给队员带来了极大的压力，受伤病影响的明星选手简自豪更是承担了巨大的压力。回国以后，RNG 战队面对即将到来的"德玛西亚杯"比赛，灵活地进行了人员机构的调整（替补 ADC 选手出战"德玛西亚杯"比赛，主力 ADC 选手修养伤病）。RNG 俱乐部合理的人员结构调整具有重要的指导意义。一方面，年轻的替补 ADC 选手十分优秀，但是缺乏大赛经验，赛场随机应变的能力需要提高，"德玛西亚杯"赛事可以很好地锻炼新人选手，是其积累经验、提升能力、锻炼自身综合能力的平台，也是新人展示自己才华、展现自身游戏理解的良好契机；另一方面，这种人员安排的方式可以让患有伤病的主力选手得到充足的时间治疗和修养，为后面更为紧张的系列赛事做好充足准备。

2. 为赛事提供丰富的新闻资讯等信息

职业电子竞技选手在俱乐部基地的训练一般都是半封闭的状态，由于电子竞技项目的训练涉及较多的战术方案，因此做好内部的信息保护对于选手和俱乐部都是十分重要的。赛事的举办期间，职业电子竞技选手广受关注，尤其是明星选手的影响力更为惊人，这些明星选手积累了海量的支持者，因此对于职业电子竞技选手全方位的信息报道也是重要的新闻资讯，有着广阔的消费市场。

（1）职业电子竞技选手的生活轶事等有趣信息

俱乐部为赛事提供的是职业选手各方面的信息资讯。赛事的举办期间，除了精彩的选手对决之外，更多的是营造战队之间的对决氛围。在赛事举办期间，尤其是大型赛事，俱乐部都会为赛事主办方提供选手海量的生活轶事方面的信息。俱乐部和选手之间一般都会签订比较严格的合同，建立牢靠的劳动关系，因此俱乐部对于职业电子竞技选手的约束力很强。目前国内俱乐部管理基本都是半封闭的管理模式，选手们训练和生活都由俱乐部统一管理，俱乐部会为选手选定单独的训练基地和生活基地。有的俱乐部为了方便管理，甚至将训练基地和生活基地设在同一栋楼，这样选手就可以将几乎所有的时间投入到训练中，降低路途中的时间成本。在俱乐部严格的管理中，职业电子竞技选手的众多信息是很难被外界所挖掘的，这部分的信息资讯需要主办方或者媒体得到俱乐部的授权，才可以进入选手训练以及生活基地做相应的采访和报道。观众对于职业电子竞技选手尤其是明星选手的关注度，并不低于对于明星的关注度。职业电子竞技选手的着装、饮食都可以成为报道的重要内容，也往往是玩家们广泛讨论的谈资。

（2）职业电子竞技选手在俱乐部基地的训练情况

职业电子竞技选手在俱乐部基地的训练情况（如图 5-6 所示）是每个职业电子竞技俱乐部需要保护的重要的隐私内容，也是保证自身核心竞争力的重要举措。职业电子竞技选手为了提升自己的游戏操作水平和执行战术的能力，需要进行大量的训练，每天训练时间往往都是在 10 小时左右，一些刻苦的选手训练时间可能长达 12 小时甚至更多。职业电子竞技选手的刻苦训练也会取得回报，这些选手一般都可以在比赛中展现自己良好的竞技状态以及高超的竞技水平。关于职业电子竞技选手的训练情况，玩家们也是很感兴趣，这些方面的报道可以引起很多的关注度。在赛事的后程阶段，尤其是四强赛、半决赛、总决赛等关键比赛中，关于选手在训练基地通宵达旦的训练情况都会成为报道的重要信息。这种方式可以传递选手们努力、拼搏、奋斗等竞技体育精神，也是对于职业电子竞技选手自身最好的宣传，这方面的报道对于选手本身就是一种肯定，选手们的敬业精神会受到所有人的尊重。

图 5-6　职业电子竞技选手在基地刻苦训练

5.1.3　电子竞技赛事解说

电子竞技赛事解说是电子竞技赛事重要的组成部分，一场高水平的比赛除了需要职业电子竞技选手在比赛中精彩的角逐之外，解说对于赛场上瞬息万变的信息进行精准的把握并传递给观众，也是赛事中相当重要的环节。一位优秀的解说员可以将赛场上紧张的气氛通过解说传递给观众，更能通过自己的解读让观众了解到职业赛事场上最先进的战术理解和版本信息，是普通观众认知职业比赛的一个重要渠道（如图 5-7 所示）。

1. 赛事内容的"叙事者"

电子竞技赛事解说主要是在比赛过程中对比赛背景、比赛内容、比赛过程进行完整的话语描述和信息传达。从传播学的角度分析，电子竞技赛事解说是连接观众和电子竞技赛事的中间枢纽，无论是有经验的赛事观众还是第一次接触电子竞技赛事的新观众，都可以通过解说获得关于赛事的重要信息，有助于观众对电子竞技比赛信息的理解。电子竞技赛事解说需要在赛前掌握众多的赛事信息，如所有队员的背景资料、战绩信息、英雄使用特征等；比赛过程中需要能够准确描述比赛双方的操作过程、攻防情况；比赛后可以及时准确总结比赛结果并且回顾比赛的精彩亮点。因此，扮演好赛事叙述者的角色，对电子竞技赛事解说精彩与否具有决定性的作用，直接决定着一场赛事的精彩程度。

图 5-7　解说赛事

2. 赛事内容的"评论者"

电子竞技赛事具有非常丰富的画面信息，拥有多种类型的传播媒介。如今的赛事观众甚至还能积极地参与到直播中去，这就是观众们熟知的弹幕。职业电子竞技选手在紧张的比赛中有时候会超水平发挥，打出极致的操作，有些选手由于过度紧张会出现严重的失误，这都是玩家中比较关注的焦点。往往这个时候，玩家都会积极参与到网络交流中，一般在这种关键时刻，弹幕的发送量十分惊人。由于观众的水平参差不齐，对于比赛信息的认知水平差异也比较大，对待同一个比赛视觉或者细节的信息理解和感受也不尽相同，这就需要电子竞技赛事解说对赛事内容进行及时和准确的点评或者节奏调动。一名优秀的赛事解说必须在比赛中对关键镜头进行补充分析、对内容进行即兴评述、对比赛中的精彩镜头细节进行回顾，以及将比赛中选手一些令观众难以理解的行为进行剖析。只有做到了合理和专业的赛事评论，让更多的观众认知和理解赛事的精彩程度，才是电子竞技赛事解说的核心，更为一系列的赛事提供了丰富的素材。

电子竞技赛事快节奏、高强度的特点，使得电子竞技赛事解说需要评论和阐释的信息量远远大于其他体育项目。以知名的电子竞技项目《英雄联盟》为例，比赛设置、地图机制、英雄搭配、阵容选择、装备选择、技能点法都是赛事解说需要向观众解释说明的看点。优秀的解说甚至可以通过阵容、选手水平的相关信息，分析出比赛的局势走向，准确预测赛事的节奏点，带领全场的节奏。比赛中选手的细节操作需要解说密切关注，及时分享给观众。在一场比赛中，如何合理选择话语表达的方式，有效平衡陈述性语言与评论性语言的比重，在合适的时机将多元话语流畅、变通、灵活地有机运用，是电子竞技赛事解说不容忽视的问题。

3. 赛事内容的"引导者"

如果将一场电子竞技比赛看作是一次媒介传播，电子竞技解说在此过程中正处于传播的初期环节，因此电子竞技解说员的专业性通常意味着传播的效果。首先，很多赛事的解说、顾问及嘉宾为知名的职业电子竞技选手，本身对于游戏的理解就十分专业，具有权威性；其次，电子竞技解说员的工作性质决定其是完整赛事的经历者，对于赛事前后的众多事情十分熟悉，很多解说和职业电子竞技选手都是关系十分密切的朋友，对于选手的生活轶事都了解得十分翔实；最后，电子竞技赛事解说对比赛信息的掌握优于普通观众，对比赛过程实时的直接陈述、阐释评论早于普通受众，拥有话语的优先权。因此，电子竞技赛事解说在比赛中的评论在很大程度上可以主导受众的信息接收。评论过程中，赛事解说员带有主观性的评论或多或少会左右观众对赛事的认知和判断，电子竞技赛事解说引导出来的话题也会潜移默化地引导观众欣赏比赛的思维和立场。

4. 赛事内容的"情绪主导者"

由于传播媒介的某些倾向性和观众心理的一些变化方式，电子竞技赛事解说能够对比赛的气氛烘托与情绪渲染起到重要的干预作用。在心理学中，"从众"是指个体在社会群体的无形压力下，不知不觉或不由自主地与多数人保持一致的社会心理状态，而传播学也指出个人会受到群体潜移默化的持续影响。在电子竞技比赛中，类似情况屡见不鲜。"一条弹幕带了全屏的节奏"（如图5-8所示），在电子竞技比赛中是十分常见的一种情况，电子竞技赛事解说在比赛中拥有绝对的话语权，也是整个赛事的情绪主导者。

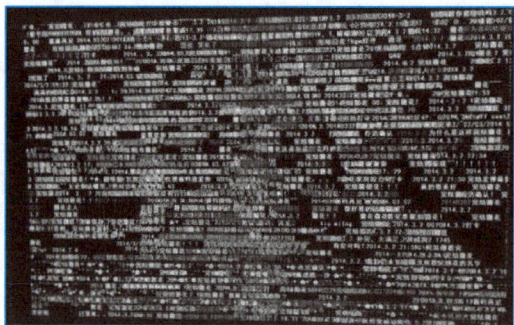

图5-8　电子竞技赛事中的弹幕

游戏比赛中，解说员的语速、语音、语调、节奏、表情、动作、姿态都会影响受众欣赏比赛的感觉。一般而言，普通观众在欣赏一场电子竞技比赛的过程中，会带有很严重的情感色彩。观众一般都会在两支对决的战队中寻找自己情感喜好归属的一方作为"主队"，而将另一方作为"客队"。电子竞技赛事解说员在情绪方面的引导，将使受众的这种具有倾向性的情感扩大化，从而不断调动观众的情绪，营造十分紧张激烈的对抗感。在国际比赛中，爱国情感也会使受众在欣赏赛事的过程中产生明显的情感倾向，所以也是解说进行爱国主义宣传的重要舞台。

电子竞技赛事解说员是整个系列赛事中重要的传播者，其会通过自身的阅历以及知识，在赛事前营造十分紧张的对抗氛围。在国际性的大型赛事前，甚至会营造十分刺激的对抗气氛，观众的爱国情绪也会被积极调动，比赛场馆内时常会有山呼海啸般的助威声。比赛过程中，解说员需要对场上的每一波团战、每一刻的局势进行清晰的分析，把比赛中千钧一发的紧张对抗局势传递给每一位观众，带动观众的情绪。对于知名的电子竞技选手，解说往往需要花费更多的精力去进行分析，为比赛带来更多的关注度，这也是赛事吸引观众注意力的重要举措。赛事后，解说需要不偏不倚，对胜利队伍需要表示祝福和赞许，而对于失利的一方，解说员需要鼓励他们再接再厉，也鼓励他们的支持者继续支持自己喜欢的队伍。国际大赛中，解说员在安抚观众情绪方面有着更加重要的职责。2017 年，第七届《英雄联盟》总决赛在中国掀开帷幕，但是事与愿违，中国赛区的两支代表队折戟四强，无数支持者纷纷落泪，现场甚至一度沉寂在悲伤的气氛中。解说在观众们悲伤的时刻需要积极安慰，同时对于失利的中国赛区代表队，还要冷静帮助他们分析问题，鼓励他们再接再厉，并且积极带动现场气氛，呼吁现场观众继续支持中国代表队。

5. 赛事突发情况的"掌舵者"

电子竞技赛事对于网络、计算机等设备的高度依赖性，导致了电子竞技赛事意外发生的概率高于其他传统体育赛事。赛前、赛中等突发情况的发生都需要电子竞技赛事解说进行积极地处理、应对。赛中网络波动、外设设备故障是电子竞技赛事中频发的情况，而且这类突发情况往往需要比较长的处理时间。网络问题需要技术工作人员进行相应的网络调试，确保网络无误后才可以重新开始比赛；外设等设备问题需要专业人员进行检查和测试，确认选手设备确实存在问题后，为其更换备用设备。技术检查以及问题排查都需要一定的时间，而且设备和网络方面在出现突发问题时，存在着一定的不可预测性。在这个检查过程中，电子竞技赛事解说需要担任起赛事突发情况"掌舵者"的角色。

突发情况的发生是对于赛事解说者能力的极致考验，解说需要在突发情况发生的这段时间内妥善安抚观众的情绪，同时积极和赛事导播进行沟通，把突发情况以及处理情况的详细进展及时反馈给观众。面对一些比较常见的突发情况，解说也可以在期间跟观众们讲解相应的应对技巧，为玩家普及相应的知识。在大型赛事的比赛期间，尤其在两支战队比赛焦灼的期间，两支战队的支持者甚至会争吵不休，解说也需要对大家进行积极地引导，向观众们传递正确科学的价值观念。某些急性突发事件的发生更需要赛事解说员的正确引导。例如，知名的电子竞技选手或者教练在比赛中出现特殊情况，导致比赛状态下滑严重甚至无法参与比赛的时候，赛事解说需要把特殊的情况以及选手的身体情况及时地反馈给观众，避免出现因为信息沟通不畅通而出现观众恶意攻击选手的行为或者现象。同时，解说也需要把赛事主办方、俱乐部等单位对于职业选手的治疗、保护等情况及时告知观众，让观众在观看比赛的同时也可以为自己喜欢的选手加油呐喊，传递积极乐观的竞技体育精神。在这些情况中，电子竞技赛事解说在突发情况的"掌舵"作用就显得十分重要，也更加具有相应的价值。

电子竞技赛事解说对于赛事内容一般都是信息处理、传递的过程，由于他们的信息加工和处理，为观众提供了十分精彩的赛事表演，他们也扮演着"生产者"的角色，是整个赛事重要的组成部分。

5.2　电子竞技赛事的传播方

电子竞技赛事的传播不仅仅是传统意义上的"一场比赛"或"某类比赛"的传播，而且还要向大众传播电子竞技整体的文化与生态体系。

赛事实况转播只是电子竞技赛事传播的一个方面，其他与电子竞技赛事紧密相关的一些"再加工"的内容，如赛事宣传、文化活动、周边营销等，同样也属于电子竞技赛事传播内容的重要组成部分。

电子竞技赛事的传播推广工作，在赛事的各个阶段都可以进行，从多个角度、方位对赛事进行传播。例如，赛前介绍比赛场馆、参赛电子竞技战队和选手、场馆周边环境等；赛中即时播报电子竞技赛事动态、分析战况、与观众进行互动等；赛后发布新闻稿和纪录片、回顾赛事过程中的精彩瞬间等。

传播电子竞技赛事的意义在于传播电子竞技运动的文化和理念，吸引更多的人参与到电子竞技赛事中，扩大赛事品牌的知名度和影响力，促进电子竞技赛事在社会中获得认可。

伴随着电子竞技的不断发展，电子竞技赛事的信息以文字、图片、视频等形式，通过报纸、杂志、电视、微博、公众号、直播平台等媒体向大众传播。电子竞技赛事传播的内容与渠道越来越多元，并且呈现出多种传播媒介互相融合的趋势。

5.2.1 媒体传播方的选择

1. 传统媒体

（1）报刊

20 世纪末到 21 世纪初，随着《星际争霸》《魔兽争霸 3》《CS》等电子竞技游戏的风靡，以这些游戏作为比赛项目的电子竞技赛事应运而生，而这些赛事最早是以文字战报的形式刊登在《大众软件》《电脑报》等报纸杂志上，使得很多当时不了解电子竞技的读者第一次接触到关于电子竞技赛事的信息（如图 5-9 所示）。

图 5-9 《大众软件》2003 年第 22 期报道 WCG 赛事

2005 年，中国第一本专业电子竞技杂志《电子竞技》（China Electronic Athletics，简称 CEA）创刊，成为了电子竞技纸媒的标志性刊物（如图 5-10 所示）。《电子竞技》杂志全方位地诠释电子竞技运动、电子竞技产业以及电子竞技相关硬件装备，报道电子竞技赛事资讯，向读者传播具有中国特色的竞技文化。同时,《电子竞技》杂志也是 PGL 联赛的合作伙伴。

图 5-10　《电子竞技》杂志宣传图

（2）电视

对于电子竞技赛事直播而言,高收视率意味着有大量的观众关注;而对于电视台而言,能吸引更多的观众,就能通过出售广告位等方式获得更多的利润。电子竞技作为一个新兴而热门的产业,自然有着规模庞大的电子竞技爱好者群体。电视媒体通过对电子竞技赛事的报道、转播,在吸引大量电子竞技观众、传播电子竞技赛事信息的同时,也促进了以电视媒体为代表的体育传播行业与电子竞技赛事相融合。

2003 年 4 月,CCTV 体育频道播出了一档名为《电子竞技世界》的栏目,该栏目播报电子竞技相关资讯,转播包括 WCG 在内的各种相关赛事（如图 5-11 所示）。这是电子竞技节目首次出现在国内观众眼中,由于是在中央电视台播出,不仅扩大了电子竞技的知名度,也意味着电子竞技开始得到主流媒体的认可。

图 5-11　《电子竞技世界》电视节目

在此之后,出现了一批电子竞技游戏类付费数字电视频道,如创办于 2003 年的 GTV 游戏竞技频道、创办于 2004 年的游戏风云频道等。这些付费频道以电子竞技游戏内容为主,制作播放电子竞技相关节目,报道各类电子竞技相关资讯,转播多项电子竞技赛事,吸引了相当多的电子竞技爱好者,并积累了大量的电子竞技观众。

2011 年,首届大型专业级落地电视联赛——《穿越火线》职业联盟电视联赛（简称CFPL）,由腾讯游戏主办、GTV 游戏竞技频道承办。2012 年,《穿越火线》职业联盟电视联赛第一赛季在北京 GTV 演播中心开战,此赛季共有 16 支职业战队参赛。截至 2018 年 10月,CFPL 已经成功举办了 13 个赛季。

2017 年 6 月 3 日，广东体育频道全程直播了 FSL 职业联赛季后赛总决赛，成为了 2004 年以来第一个直播电子竞技比赛的电视台。

2017 年 10 月，五星体育电视平台首次关注了《英雄联盟》S7 赛事。在半决赛之前，《体育新闻》多次发布相关信息。10 月 28 日半决赛第一场，五星体育电视首次直播比赛。随后的 10 月 30 日、10 月 31 日和 11 月 1 日，五星体育也多次对半决赛进行重播。首场直播赛事的目标收视率为 0.13，全人群市场份额为 0.65。

2018 年第三届《DOTA2》亚洲邀请赛在上海举办之后，央视财经频道以"电子竞技赛事推动电子竞技产业高速发展"为主题，对此次赛事进行了报道。报道重点指出，电子竞技产业的发展离不开大型电子竞技赛事的举办，赛事是电子竞技产业的主要推动力。另外，中国也成为了全球游戏收入最高、增长最快的国家。

电视媒体作为具有较大影响力的公众媒体，在传播电子竞技赛事相关信息同时，在一定程度上应向观众输出正确的价值观，这样才能为电子竞技运动带来具有积极意义的舆论引导，避免将电子竞技"妖魔化"。

2. 网络新媒体

在网络媒体发展初期，电子竞技赛事往往仅作为新闻出现在一些门户网站中。随着电子竞技的影响力不断扩大，在一些电子竞技论坛、贴吧等网络互动社区中，出现了电子竞技赛事的文字直播和比赛录像文件（Replay）的下载分享。2005 年之后，土豆、优酷、PPS 等网络视频平台纷纷崛起，此时出现了由个人或工作室制作的、更具有观赏性的赛事分析解说、精彩镜头剪辑等视频供观众点播观看，这些形式进一步促进了电子竞技赛事的传播。

随着网络技术的高速发展，网络的便利性和快捷性已经深入人心，同时新媒体成为了当前不可或缺的信息传播渠道。新媒体改变了传统媒体单向的信息传播形式，利用点赞、评论、转发等方式，使传播受众从被动的信息接收者成为了主动的信息传播者。

与传统媒体相比，网络新媒体的传播方式具有交互性、跨时空性、主动性、个性化、移动化等特征。新媒体借助互联网这一平台，通过文字、图片、视频向大众传播信息。

此外，新媒体也在逐渐与直播平台、传统媒体融合发展。观众在观看电子竞技赛事时，不仅希望能了解比赛实时的战况，还希望能作为参与者融入到电子竞技比赛中，与电子竞技选手、教练员、解说员等赛事相关人员进行互动。

在电子竞技赛事进行直播时，观众可以通过扫描屏幕中呈现的二维码关注公众号、登录网络平台等方式，向主持人、采访嘉宾发送提问或评论，进行互动参与。这样的互动形式，使观看电子竞技比赛的观众产生存在感和参与感，激发观众对电子竞技赛事的热爱，也能充分满足观众的需求，吸引更多的电子竞技赛事观众。

目前，计算机和智能手机已经广泛普及，信息传播的便利和快捷程度达到了顶峰。通过微博、微信公众号、新闻门户网站以及各种 App 等渠道，电子竞技赛事的信息可以迅速地向大众传播。

（1）微博

2009 年 8 月，新浪微博正式上线，随着大量媒体工作者和传媒公司的入驻，媒体传播进入了新时期——信息的采集、编辑、发布、传播的延迟性大大降低，在微博平台上形成了完整的采编播一体化环境；从单向传播变为交互式多向传播，通过粉丝群实现多维传播；从精英化变为平民化，公众可以通过评论、转发的方式发布自己的观点，同时实现信息的二次传播。

当某支战队在一场电子竞技赛事中取得优秀战绩时，这项赛事资讯会通过具有高时效性的微博向大众传播，自然就会引发电子竞技爱好者以及其他微博用户的大量关注。例如，2018 年 11 月 3 日，iG 战队在赢得 S8 冠军后，其创办者和 iG 战队迅速登上了新浪微博热搜榜榜首（如图 5-12 所示）。

1	王思聪	5488116
2	IG永不五杀 🐱	2996287
3	王思聪孙宝宝	1650009
4	ig冠军	1418394

图 5-12　2018 年 11 月 3 日新浪微博热搜榜

而官方媒体微博发布关于电子竞技的信息，更是能产生相当有效的传播效果。2017 年 4 月 18 日，《人民日报》官方微博发布了一条关于"电子竞技成为亚运会正式项目"的微博，得到了数千的评论、转发和点赞（如图 5-13 所示）。

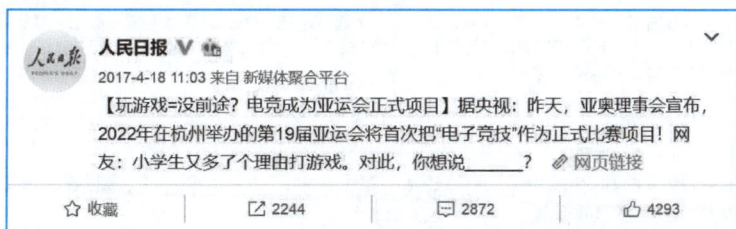

图 5-13　《人民日报》发布关于电子竞技正式加入亚运会的微博

对于电子竞技选手、战队来说，微博可以看作是与支持者互动交流的平台，从而进一步向大众传播赛事信息。2016 年 8 月 14 日，Wings 队员 Shadow 在 TI6 总决赛的赛前、赛后各发了一条微博，表达了在赛前对队友们的鼓励和夺冠后对支持者们支持与祝福的感谢，得到了数千网友的转发、评论和点赞（如图 5-14 所示）。

（2）知乎

自 2011 年创立以来，知乎已经从一个近似于"百度知道"的问答社区，逐渐成为一个相对于微博而言更为开放的互联网互动社交平台。

在知乎上经常会出现以"如何看待/评价……""……是什么体验"等问答形式。由于知乎具有深而广的内容优势，吸引了各个领域的优秀人才、业界名人回答提问。关于电子竞技赛事的提问，往往会有大量电子竞技爱好者参与其中进行回答，更有多位"潜伏其中"的退役或现役电子竞技选手。在知乎这个平台上，往往由官方媒体、自媒体、"大 V"等权威、资深用户生产高质量回答，引发网友对于电子竞技赛事的讨论，从而传播电子竞技赛事的相关信息（如图 5-15 所示）。

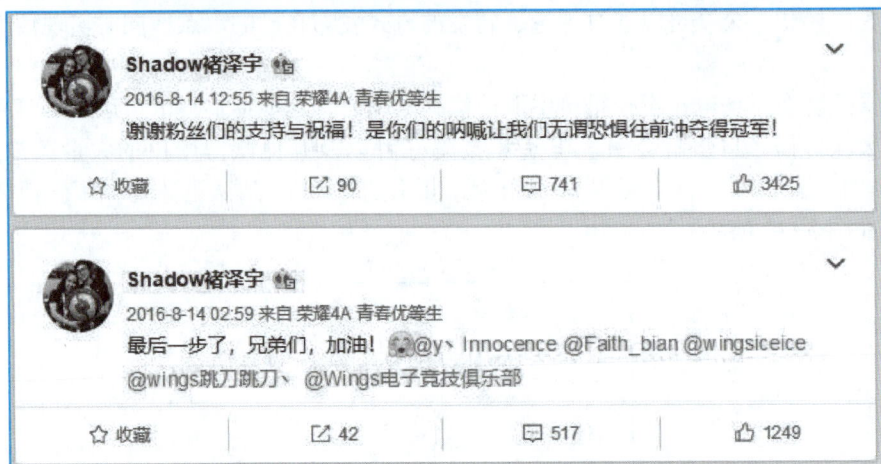

图 5-14　Wings 队员 Shadow 在 TI6 总决赛前后发微博

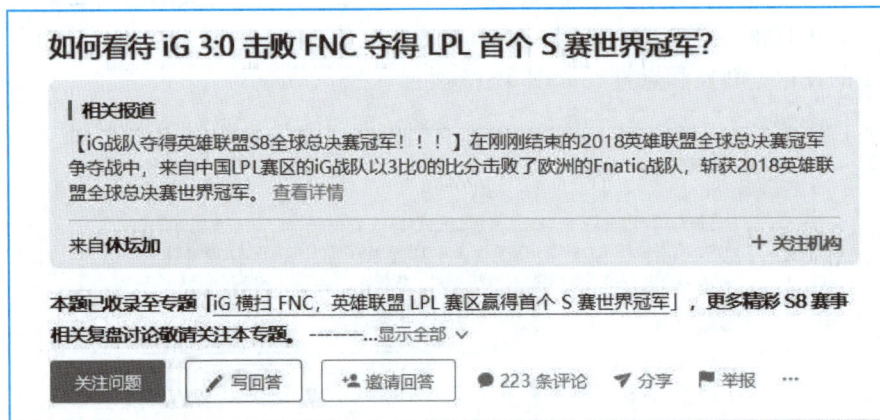

图 5-15　知乎上对于 iG 赢得 S8 总决赛冠军的提问

（3）微信公众号

2012 年 8 月，微信公众平台上线。依靠微信巨大用户量基础以及独有的朋友圈分享功能，微信公众号通过每日的推送，向已关注的用户传播信息，并通过用户个人的社交关系网，由用户主动进行二次甚至多次传播。

相对于微博和知乎，微信公众号的封闭性和商业性更高。因此，持续推送高质量的文章，在传播中就能吸引更多的关注用户。在传播电子竞技赛事时，可推送的内容包括赛事资讯、联赛动态，以及面向支持者的抽奖活动等（如图 5-16 所示）。

（4）其他网络渠道

游戏运营者也可以通过游戏客户端、官方网站、社区 App 等途径发布赛事信息（如图 5-17 所示）。

图 5-16　《守望先锋》联赛微信公众号

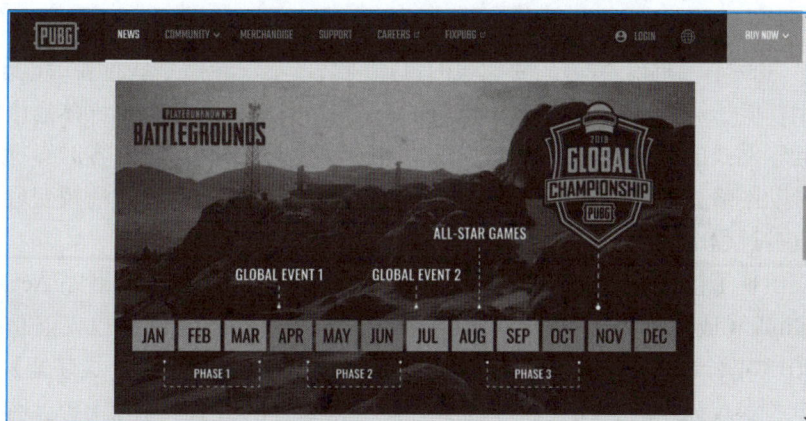

图 5-17　《绝地求生》官方网站公布 2019 年全球电子竞技赛事计划

与微博、知乎和微信公众号等渠道相比，游戏运营者以通告的形式发布赛事资讯，具有较高的权威性。同时借助其他大众传媒渠道，能够原封不动地进行转载，从而能避免在多次传播中赛事信息被曲解的情况。

3. 网络传媒直播平台

随着《DOTA2》《英雄联盟》《CS：GO》等新一代电子竞技游戏的诞生以及计算机相关设备的普及，全球的电子竞技游戏玩家数量迅速增长，电子竞技赛事规模和影响力再一次提升，奖金、参赛选手人数、比赛场次等与日俱增。根据第三方网站 E-sports Earnings 的统计，2017 年《DOTA2》《CS：GO》《英雄联盟》三款电子竞技游戏的赛事总奖金均达到了千万美元的级别（见表 5-1）。

表 5-1　E-sports Earnings 对 2017 年电子竞技赛事的统计

电子竞技游戏排名	总奖金/美元	参赛总人数/人	比赛总场次/场
《DOTA2》	38053795.20	991	159
《CS：GO》	19257954.37	4757	898
《英雄联盟》	12101985.96	1810	171
《风暴英雄》	5444449.54	441	41
《使命召唤：无限战争》	4027894.95	298	72
《守望先锋》	3468515.83	1516	265
《炉石传说》	3458681.96	670	118
《星际争霸2》	3400096.98	369	631
《光环5》	1748000.00	99	14
《神之浩劫》	1567900.00	143	8

依靠网络带宽的提升和硬软件技术的革新，能承载大量观众的网络传媒直播平台迅速兴起，逐渐成为了电子竞技爱好者观看赛事的主阵地。

2006 年，出现了一批以 NeoTV 为代表的直播网站，不仅转播一些重要的电子竞技赛事，同时也独立制作电子竞技游戏的节目。此时的直播网站只是将传统电视媒体播出的电子竞技节目进行了互联网式的包装。到了 2011 年，以电子竞技游戏为主要内容的直播平台 Twitch 横空出世，推动网络直播进入了高速发展的新时期——从传统的视频点播蜕变成为了在线直播，主播在直播过程中可以与观众进行实时互动。

在我国，出现了模仿日本的 NICONICO、推崇弹幕文化的新兴视频网站 AcFun（成立于 2007 年）、bilibili（成立于 2009 年）。在涉足直播之前，这些视频网站也仅仅是提供视频点播的服务。2013 年，AcFun 推出了"生放送"直播板块，提供以《英雄联盟》《DOTA2》等热门电子竞技游戏为主的直播，通过直播与弹幕相结合的方式，收获了大量观众的关注。2014 年，"生放送"改名为"斗鱼 TV"，成为了独立的网络直播平台并迅速发展壮大。由此，国内各大电子竞技直播平台如雨后春笋般发展起来，相继出现了战旗 TV、虎牙直播、龙珠直播等，而这些直播平台传播电子竞技赛事的方式也逐渐发生了变化。

（1）竞标获得赛事传播权

近年来，随着国内外电子竞技直播平台的快速发展，各大直播平台对电子竞技各种赛事的直转播权展开了商业化竞争。

以《英雄联盟》LPL 赛区的比赛为例：

2016 年，斗鱼 TV、熊猫 TV、战旗 TV、全民直播、龙珠直播和乐视体育共 6 家直播平台，以每家 1000 万的价格购得了 LPL 的 2016 年赛季转播权。

2017 年转播权的竞标底价达到了 1500 万元，最终，熊猫 TV、战旗 TV、全民直播、乐视体育、腾讯视频获得了全赛季的赛事转播权，而斗鱼 TV 和虎牙直播仅获得了周末赛事的转播权。

2018 年，LPL 合作直播平台则增加到了 9 家，即斗鱼直播、熊猫直播、虎牙直播、战旗直播、全民直播、龙珠直播、bilibili、企鹅电子竞技、腾讯体育。此外，还包括了 ESPTV 和 VSPN 两个电视渠道。

直播平台获得赛事转播权，借助热门游戏赛事的高关注度，能够提升直播平台的流量，增加用户留存量，扩大市场领先优势。

一方面，赛事承办方售出赛事直转播权，能获得大量利润，并在一定程度上减少了承办方的工作负担；另一方面，也可借助直播平台的流量，扩大电子竞技赛事的知名度和影响范围，吸引更多的电子竞技赛事观众。

（2）自主承办电子竞技赛事

以斗鱼 TV 为例，作为直播分享网站，已经不再满足于单纯的直播电子竞技赛事，而是积极投入平台资源，参与到电子竞技赛事的打造、承办和建设等环节中。2017 年，斗鱼先后举办了第一、二届斗鱼《CS：GO》亚洲邀请赛（如图 5-18 所示）；2018 年，斗鱼独家打造了 DSL 斗鱼超级联赛，填补了国内第三方综合性电子竞技赛事的空白，也标志着斗鱼 TV 从直播平台转变为赛事承办和传播的一体化平台。

图 5-18　斗鱼《CS：GO》亚洲邀请赛

此外，斗鱼 TV 还自制了《绝地求生》黄金大奖赛（如图 5-19 所示），第一季首日比赛观看人数就突破了 200 万，整个赛季的观看量突破了 1.7 亿，造就了国内《绝地求生》电子竞技赛事观看量的峰值。

图 5-19　斗鱼黄金大奖赛

承担过 TI6 国际邀请赛、基辅特锦赛、法兰克福特锦赛、马尼拉大师赛等多个国际电子竞技赛事中文转播工作的 MarsTV，成功打造了自主赛事品牌 MDL（Mars DOTA2 League）国际精英邀请赛（如图 5-20 所示）和 MHL《炉石传说》全明星邀请赛，赛事规模和比赛奖金达到了世界一流水平。此外，还承办了 DPL（DOTA2 Professional League，中国《DOTA2》职业联赛）。MarsTV 通过对赛事运营、赛事转播、电子竞技娱乐等多个领域的协同建设运作，实现了电子竞技赛事内容生产、制作、传播的一体化。

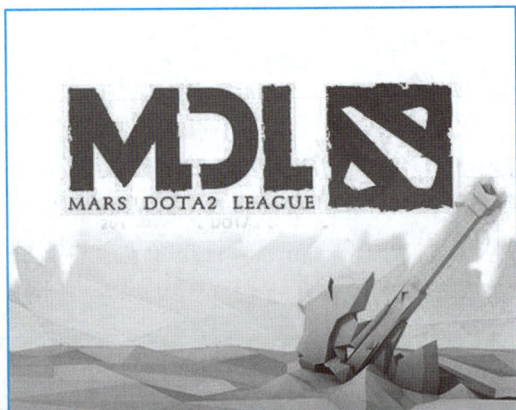

图 5-20　MDL 国际精英邀请赛

4. 其他传播方

除了商业化运营的传播方以外，还存在着许多为了传播电子竞技赛事与电子竞技文化而不断努力的工作者。

例如，一些知名的电子竞技主播、电子竞技退役选手，以及一些电子竞技行业的投资人，作为个体传播者，都能通过各种传播方式进行电子竞技赛事附属内容的再生产。前职业电子竞技选手 Misaya 若风在退役后加盟了直播平台，成为电子竞技游戏主播，并多次担任《英雄联盟》重要赛事的解说工作，同时在微博等平台进行电子竞技赛事的传播活动。还有一些电子竞技爱好者制作的"精彩镜头集锦""战术分析"类视频，这也是在传播电子竞技赛事的再加工内容。

图 5-21　城市英雄争霸赛的海报广告

此外，赛事主办方与电子竞技馆、高校电子竞技社团等合作举办赛事，制作张贴广告海报（如图 5-21 所示），鼓励职业与非职业的战队踊跃报名参赛，进一步推动了赛事传播。

5.2.2 媒体传播推广的要求和预期

电子竞技赛事作为电子竞技产业发展中的重要组成部分，电子竞技游戏制作商、运营商等组织举办电子竞技赛事，其主要目的在于通过电子竞技赛事传播电子竞技品牌文化，为电子竞技项目积累更广泛的受众群，创造更大的市场空间，从而获得更多经济效益。

电子竞技赛事传播方所做的宣传推广，是一个对大众的态度逐渐产生影响，并最终达到预期改变的渐进过程。推广宣传效果的取得，需要若干个环节共同起作用，因此绝不是一蹴而就的，必须通过长时间的循环反复宣传推广，才能慢慢渗透到大众的态度中，逐渐形成对电子竞技的良好观念，从而达到传播电子竞技赛事的目的。

1. 信息把关

大众传媒作为电子竞技赛事传播内容的甄选者和决策者，决定着传播什么、对谁传播和怎么传播。传播内容的选择是否妥当，会直接影响到电子竞技赛事传播的效果，对传播受众对于赛事结果的期望起着引导作用。

近年来，随着电子竞技运动不断得到体育界的认可，电子竞技行业从业者普遍将电子竞技视为具有远大未来的新兴体育产业。处于这样一个上升发展的时期，传播方在进行宣传推广时，需要避免传播低俗化的信息（如情色、暴力等），提倡文明赛风，正视电子竞技比赛过程中励志和拼搏的精神，以及比赛结果的不可预知性，做好宣传内容的甄选与把关，这才是传播方在工作中应秉持的原则（如图 5-22 所示）。

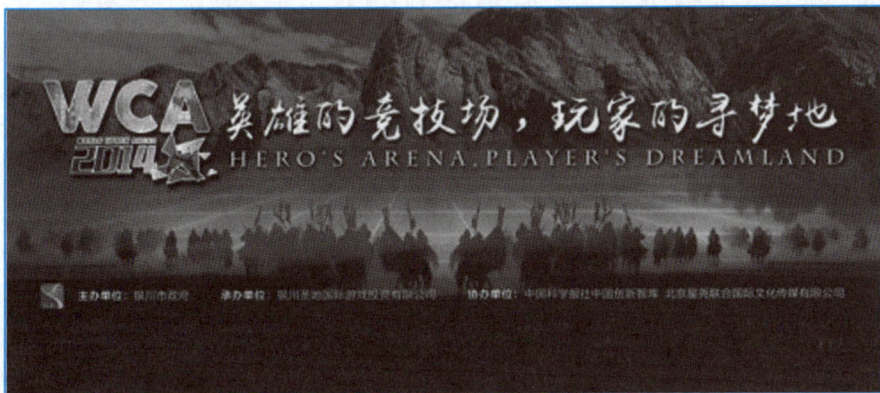

图 5-22　WCA 2014 的宣传海报

当前的网络传媒往往会过分注重于满足读者追求"新奇""娱乐""刺激"的需求，没有做好信息把关的工作，导致在传播的内容中带有低俗、虚假的信息，很大程度上破坏了所传播的主体在公众心目中的形象。

电子竞技赛事传播方作为公众媒体，必须认识到所传播的信息是面向全社会的，在传播赛事信息时，传播方必须严把"质量关"，传播真实、可靠、符合社会道德的赛事资讯，承担起相应的责任，避免过度"煽情化""媚俗化"，这样才能对社会的进步起到积极作用。

做好信息把关工作，就意味着传播方应重视对电子竞技赛事正面效益的推广宣传，深挖电子竞技运动的文化内涵，遵守传媒规范，传播电子竞技运动的观赏性和励志性，向公众呈现电子竞技积极、健康的形象。

2. 引流变现

通过电子竞技赛事引流，要求传播方通过多种传播渠道和方式，使得传播受众在关注到电子竞技赛事之后，能产生"路转粉"的转变，为电子竞技赛事持续造血。

电子竞技的主要面向群体是大量的电子竞技爱好者，对于他们来说，关注电子竞技赛事的目的可能并不完全相同，有的可能是为了获取关于电子竞技相关的最新资讯，有的可能是为了支持自己喜爱的电子竞技战队或选手，还有的可能是为了从电子竞技比赛中学习专业选手的操作技术。

对于传播方来说，将不曾关注电子竞技赛事的人群转变为赛事观众甚至是电子竞技游戏爱好者，就能长久地保持赛事的热度；将电子竞技赛事观众从只是看过游戏视频的"云玩家"转变为真正的电子竞技游戏玩家，就能维持、提升电子竞技游戏的活跃度，促使游戏开发商和运营方推陈出新。

电子竞技赛事的传播方在确定目标受众的基础上，应策划、执行相对应的宣传方案，在吸引电子竞技爱好者关注赛事的同时，使他们获得归属感、参与感（如发送弹幕进行互动、在线下场馆观战等）。利用知名电子竞技战队以及选手的吸引力和号召力，传播方可以制作精良的宣传片或举办线下见面会，吸引大量支持者关注、参与到电子竞技赛事中。

电子竞技赛事的关注和参与者越多，愿意为赛事消费（如购买门票、周边、游戏内道具等）的电子竞技爱好者就越多。例如，TI（《DOTA2》国际邀请赛）作为国际电子竞技赛事的标杆，每一年的总奖金都在大幅增长（见表5-2），并且每年都在刷新电子竞技单项赛事的奖金纪录。实际上，自2013年以来，每年全球《DOTA2》游戏玩家自发购买勇士令状（Battle Pass）总金额的25%，是作为TI赛事的总奖金分发给参赛战队（2011、2012年奖金由Valve出资）。2018年总奖金已经超过了两千五百万美元，这也意味着，全球《DOTA2》游戏玩家这一年购买勇士令状的消费总金额超过了一亿美元。

表 5-2　历年 TI 赛事总奖金统计

年　　度	奖金/万美元
2011	160.0
2012	160.0
2013	287.4
2014	1093.1
2015	1843.0
2016	2077.0
2017	2478.8
2018	2553.2

当观看电子竞技赛事直播的观众变得越来越多时，传播方就能通过向观众推送广告和增值服务等方式实现收益。在取得营收后，传播方就可以用更多的资源投入到更高规模的赛事中，吸引更大流量的观众，从而形成良性循环。

现如今电子竞技处于高速发展的阶段，电子竞技赛事传播方应根据比赛规模，投入相对应的人力、物力、财力，扩大宣传范围，加强宣传力度，提升赛事知名度，吸引不了解电子竞技的人群逐渐关注、参与电子竞技赛事。

3. 推广赛事品牌

对于游戏厂商来说，主办官方赛事十分依赖于游戏产品的影响力与奖金的数目。凭借游戏厂商与游戏产品的号召力，加以高额奖金的支持，就可以顺利地吸引到大量参赛俱乐部与赛事观众，从而传播推广赛事品牌。

以 TI 国际邀请赛为例，在 2011 年《DOTA2》刚刚面世时，全球的《DotA》（《魔兽争霸 3》中的一张地图）赛事仍在如火如荼地举办。此时 Valve 想要把俱乐部与观众的关注度从《DotA》转移到《DOTA2》上面，难度空前巨大。而当《DOTA2》的制作商 Valve 宣布拿出 160 万美元作为第一届 TI 的总奖金之后，成功地号召了众多职业俱乐部参赛，最终来自乌克兰的 Na'Vi 战队赢得了 100 万美元的冠军奖金（如图 5-23 所示）。TI1 的成功举办，顺利地将大量《DotA》玩家的目光吸引到了《DOTA2》上，从此 TI 赛事伴随着《DOTA2》在全球收获了越来越多的电子竞技观众。

图 5-23　Na'Vi 战队赢得 100 万美元 TI1 冠军奖金

而举办第三方赛事，主办方则可以更为灵活地选择较受观众喜爱的流行电子竞技游戏，从而吸引观众，提升赛事品牌关注度，推广赛事品牌。

要想提高自身赛事品牌的知名度，就需要大量的媒体曝光。而赛事的广泛关注度可以转化为品牌的影响力，这也就是为什么一些第三方赛事往往都具有赞助商的冠名（如图 5-24 所示）。

传播方将焦点对准重点选手或战队，对赛事相关信息进行持续的传播，可以进一步扩大赛事知名度与关注度，不断吸引更多的人群参与，让赛事品牌深入人心，带动举办地及周边区域的电子竞技潮流，引领和带动电子竞技与旅游的融合发展，不断提升赛事品牌的影响力。

图 5-24　由别克冠名的电子竞技赛事

这种传播方式，对于赛事冠名品牌来说，比直接展示品牌广告更能深入人心。将电子竞技赛事与赞助品牌紧密结合，既能使电子竞技赛事吸引到赞助品牌的关注者，又能使商业品牌得到电子竞技爱好者的认可，形成一种合作共赢的局面。这就对传播方提出了更高的要求，既要考虑电子竞技观众对冠名品牌的认知程度，又要将赞助品牌与电子竞技赛事相契合。

英特尔极限大师杯赛（Intel Extreme Masters，简称 IEM）由 Intel（全球最大的半导体芯片制造商）独家冠名赞助，截至 2018 年，已经举办了 13 个赛季。赛事传播方在传播 IEM 这项赛事的过程中，一方面能够向许多英特尔芯片的用户（包括个人与企业）传播电子竞技赛事的相关信息，挖掘大量电子竞技新观众与玩家；另一方面，可以向观众展现英特尔处理器的高性能与高稳定性，推动英特尔芯片的销售，实现了对赛事品牌的推广传播。

4. 促进社会认可

虽然电子竞技尚未在国人心目中形成完全一致的认可，在国内发展多年也是一直遇到坎坷，但不可否认的是，近年来，电子竞技的商业化与职业化正在逐渐成熟，"防沉迷系统"不断完善，"游戏分级制度"即将出台，这都预示着电子竞技正在从"洪水猛兽"成为一项具有广阔市场的新兴产业。

为了改变电子竞技过去在大众心目中"妖魔化"的不良印象，传播方在进行宣传推广时，应通过对电子竞技文化的传播、电子竞技赛事成果的介绍、电子竞技制度与法规的宣传、电子竞技运动员训练和生活的采访报道，在大众心中逐渐积累形成"电子竞技正在走向职业化、正规化"的看法。电子竞技赛事传播，应在受众之中营造正确的社会舆论，通过传播方具有权威性、高威信的宣传，从而引导转变大众对待电子竞技赛事的态度。

2016 年，在 TI6 国际邀请赛上，中国战队 Wings 赢得了冠军，CCTV-1 综合频道、CCTV-2 财经频道、CCTV-13 新闻频道共同报道了这一赛事新闻。2017 年，《人民日报》官方微博在 2017 年 4 月 18 日发布了一条内容为"电子竞技成为亚运会正式项目"的微博。而到了 2018 年的雅加达亚运会，中国队在电子竞技表演赛项目中获得了两金一银的成绩。赛后，《人民日报》与新华社微信公众号发文祝贺中国电子竞技团队；《人民日报》、新华社、央视新闻、CCTV5 等多个主流媒体的微博一同庆祝英雄联盟中国队夺冠；五星体育、CCTV5 也对这场比赛进行了新闻报道（如图 5-25 所示）。

图 5-25　CCTV5 报道中国队在亚运会英雄联盟项目上夺冠

　　这些都体现了主流传统媒体逐渐开始认可电子竞技。权威性的主流媒体对电子竞技赛事的不断报道，向大众宣传电子竞技与游戏的区别，可以有效地促进电子竞技赛事在社会中得到认可。

　　但需要注意的是，由于电子竞技的一部分受众是心智尚未成熟的青少年，传播方在进行宣传时，为了吸引大众的关注而传播一些负面信息（如暴力、色情等），会引起不良的宣传效果，影响青少年身心的健康发展，对社会认可电子竞技的程度产生负面的影响。因此，传播方应根据电子竞技赛事的性质与受众的特征进行针对性的宣传推广，避免过分夸大电子竞技的价值和意义，从而促进社会认可电子竞技。

5.3　电子竞技本地资源配置

5.3.1　政府参与

　　电子竞技产业的快速发展是行业人士努力的结果，但也离不开各行业外的资源介入和参与，其中政府的参与起到了较为重要的作用。政府的支持给电子竞技的发展提供了便利。

1. 政策支持

　　中国电子竞技与政府的联系建立于 2003 年。2003 年 11 月，国家体育总局正式批准，将电子竞技列为第 99 个正式体育竞赛项（2008 年，国家体育总局将电子竞技改批为第 78 个正式体育竞赛项）。但是，电子竞技早期的发展趋势并没有预期的那么顺利，2004 年原广电总局禁止网游类节目在开路电视播放，这一政策彻底改变了国内电子竞技产业链，使得国内电子竞技产业无法复制韩国的"游戏—赛事—TV 媒体"模式，只能去慢慢摸索属于自身的特色产业道路。表 5-3 为十几年间电子竞技领域较为重要的部分事件。

表 5-3　电子竞技领域重要事件

时　间	事　件
2003 年 4 月	CCTV5 开播《电子竞技世界》
2003 年 11 月	电子竞技成为中国体育总局承认的第 99 个正式体育项目；国家广电总局批准开办 GTV 游戏竞技频道
2004 年 2 月	由国家体育总局支持、以华奥星空作为企业载体举办的中国体育电子竞技联赛——第一届中国电子竞技运动会正式发布，简称 CEG
2004 年 4 月	原国家广电总局发布网游类电视节目禁播令，中央电视台《电子竞技世界》栏目正式停播
2006 年 9 月	中华全国体育总会在国家体育总局 201 会议室召开新闻发布会，对电子竞技运动项目的管理规定向社会进行公布
2007 年 2 月	著名职业选手 Sky 落选体坛风云人物
2007 年 10 月	电子竞技运动第一次纳入国际综合性体育运动会，成为第二届亚洲室内运动会的运动项目
2008 年	中国成都成功申办 WCG2009 全球总决赛，成都市第十一届运动会引入电子竞技运动为正式比赛项目，并将电子竞技重新定义为我国第 78 个正式体育项目
2009 年	电子竞技的主管部门明确为国家体育总局信息中心
2012—2013 年	世界电子竞技大赛 WCG 两次在江苏省昆山市顺利举办
2013 年	国家体育总局竞体司组建 17 人电子竞技国家队，出征第四届亚洲室内运动会
2013 年 1 月	CCTV5《体育人间》制作、播放《在追逐电子竞技梦想的道路上奔跑》节目
2015 年 2 月	完美世界宣布与华懿文化达成合作，推出国内首个基于大众电视频道的游戏类节目，将于全国 20 家主流省会电视台黄金时段同步播出
2015 年 3 月	CCTV13《朝闻天下》关注报道了电子竞技行业发展，其中包含了《DOTA2》国际邀请赛等内容

　　据前瞻产业研究院发布《2018—2023 年中国电子竞技行业商业模式构建策略与投资战略规划分析报告》显示，2016 年我国电子竞技产业市场规模已经突破 500 亿元人民币，而电子竞技产业用户也已接近 2 亿人。电子竞技产业如此蓬勃发展态势也引起了国家相关部门的重视，包括原文化部、教育部以及国家体育总局等相关部门相继出台电子竞技产业相关政策为行业的发展提供规范引导。随着电子竞技的影响逐步扩大，更多的人能用更科学的眼光看待电子竞技，政府对电子竞技的支持也越来越大，拨放专款至各个地区用以赛事场馆与体育中心的建设，以及一些重大赛事的举办和赞助。更重要的是，政府逐步在政策方面支持着电子竞技产业。

　　2016 年，原文化部 26 号文件提出了鼓励游戏游艺设备生产企业积极引入体感、多维特效、虚拟现实、增强现实等技术；支持打造区域性、全国性乃至国际性游戏游艺竞技赛事，带动行业发展；全面放开游戏游艺设备的生产和销售，全面取消游艺娱乐场所总量和布局要求。

2016 年 4 月 15 日，国家发改委发布《关于印发促进消费带动转型升级行动方案的通知》，明确指出"在做好知识产权保护和对青少年引导的前提下，以企业为主体，举办全国性或国际性电子竞技游戏游艺赛事活动。"

2016 年 10 月 14 日，国务院常务会议指出"要出台加快发展健身休闲产业指导意见，因地制宜发展冰雪、山地、水上、汽摩、航空等户外运动和电子竞技等。"

表 5-4 为国家关于电子竞技机关政策列表。

表 5-4　国家关于电子竞技相关政策

日　期	发布部门	政　策	政策要点
2006 年 9 月	国家体育总局	《电子竞技运动项目管理规定》	包括《全国电子竞技竞赛管理办法（试行）》、《全国电子竞技裁判员管理办法（试行）》、《全国电子竞技运动员积分制度试试办法（试行）》、《全国电子竞技竞赛规则》等
2016 年 4 月	国家发改委	《关于印发促进消费带动转型升级行动方案的通知》	明确指出"在做好知识产权保护和对青少年引导的前提下，以企业为主体，举办全国性或国际性电子竞技游戏游艺赛事活动"
2016 年 7 月	国家体育总局	《体育产业发展"十三五"规划》	指出"以冰雪、山地户外、水上、汽摩、航空、电子竞技等运动项目为重点，引导具有消费引领性的健身休闲项目发展"
2016 年 9 月	教育部	《普通高等学校高等职业教育（专科）专业目录》	增补了"电子竞技运动与管理"专业
2017 年 4 月	原文化部	《文化部"十三五"时期文化产业发展规划》	提出推进游戏产业结构升级，推动网络游戏、电子游戏等游戏门类协调发展，促进移动游戏、电子竞技、游戏直播、虚拟现实游戏等新业态发展

电子竞技产业在不断繁荣的同时，也带来了大量的人才缺口。作为新兴的行业，电子竞技没有前人经验可以借鉴，正因如此，整个行业对专业电子竞技人才充满着渴求。据统计，目前电子竞技岗位空缺达到 26 万个，需求职位方向达 36 个，其中包括电子竞技赛事运营、电子竞技心理分析师、电子竞技数据分析师以及电子竞技管理人员等多个专业岗位。

鉴于此，2016 年 9 月，教育部发布了《普通高等学校高等职业教育（专科）专业目录》，增补了"电子竞技运动与管理"专业。截至 2018 年 1 月，已有 13 个院校发布了其电子竞技相关专业的开设及招生情况，这标志着电子竞技被教育部门所承认，被推进优秀的学府中（见表 5-5）。

表 5-5　开设电子竞技专业的院校（截至 2018 年 1 月）

学　　院	专 业 名 称
湖南体育职业学院	电子竞技运动与管理
中国传媒大学	数字媒体艺术（数字娱乐方向）专业
中国传媒大学南广学院	艺术与科技（电子竞技分析方向）
南昌工学院	电子竞技运动与管理
海南体育职业学院	电子竞技运动与管理
四川电影电视学院	电子竞技运动与管理
四川传媒学院	电子竞技运动与管理
内蒙古锡林郭勒职业学院	电子竞技运动与管理
北京吉利学院	电子竞技运动与管理
合肥共达职业技术学院	电子竞技运动与管理
四川科技职业学院	电子竞技运动与管理
北开华嘉电子竞技教育	电子竞技运动与管理
九城游戏学院	电子竞技运动与管理

随着电子竞技产业的发展，越来越多的地方政府意识到电子竞技对于提升城市经济活力和加快地域经济转型升级的积极意义。电子竞技作为新兴产业，既能带动信息技术、教育、培训、动漫等产业的发展，又能帮助互联网、大数据、文化娱乐等产业的崛起发展，因此电子竞技越来越受到各地政府的重视。所以，较多地方政府会考虑实行一些优惠政策来鼓励电子竞技产业在当地的发展或吸引外来的电子竞技赛事。2016 年，国家三部委提议直至 2020 年之前培育创建 1000 个特色小镇，结合电子竞技在国内的火热程度，"重庆忠县电子竞技小镇""杭州电子竞技数娱小镇""河南孟州电子竞技小镇"等许多"电子竞技小镇"纷纷建成并投入使用。

银川市是国内将电子竞技与城市发展结合较为紧密的城市之一。银川借助 WCA 赛事的发展契机，持续不断的推动整个银川的经济发展，其中包括了娱乐产业和旅游产业所带来的联动效应。2012 年，国家对发展文化体育产业重视力度逐步提高，出台了一系列有利政策支持，国务院批复在宁夏设立内陆开放型经济试验区、银川综合保税区，银川市作为两大项目的核心区，经过长时间的努力，成为"沿黄经济带"和"丝绸之路经济带"的代表城市。2014 年，银川市政府秉承汇集全球电子竞技团队同台竞技的理念，主办了 WCA 2014。到了 2015 年，银川继续举办 WCA 2015，并再一次带给观众惊喜。此次大赛参加国家和地区多达 29 个，参赛选手 3700 多名，国外参赛队伍 148 支，国内队伍 128 支。世界电子竞技大赛 WCA 为银川带来了大量的关注度和人气，带动产业经济发展的同时，将国内电子竞技业内人士的目光聚集在了银川。银川对于电子竞技的重视程度也不仅仅满足于一个世界电子竞技大赛，银川不断推出便利政策和鼓励措施来帮助电子竞技产业的发展，银川也因此逐渐成为全球电子竞技受众关注的焦点。

政府参与电子竞技的方法还有直接举办电子竞技赛事。例如，2017 TEI 环太湖电子竞技邀请赛便是由国家体育总局体育信息中心作为支持单位，江苏省体育总会、苏州市体育总会指导，苏州市电子竞技运动协会主办的非职业级全民专业电子竞技赛事。该赛事宗旨为"为广大热爱电子竞技的非职业玩家提供一个公平竞技的舞台，争夺属于自己荣耀的机会"。2017 TEI 环太湖电子竞技邀请赛分为《英雄联盟》《王者荣耀》两大比赛项目，比赛从同年8 月份开始在苏州环太湖地区开始海选，参赛队伍共计 2376 支。经过角逐，从中选拔出 16 支队伍参加总决赛，争夺高额的奖金。

放眼全球的电子竞技产业，其实早在 2013 年，波兰的卡托维兹市便塑造了一个很好的成功案例。卡托维兹是波兰的第十大城市，拥有 30 万人口，曾以煤炭和钢铁工业著称，和电子竞技并无什么关系。2013 年 1 月 17 日，这座小城第一次举办 IEM（英特尔极限大师赛），就吸引了大约一万多名电子竞技爱好者顶着冬日的严寒来到卡托维兹，这份"突如其来的热情"使得当地政府开始意识到这项新兴体育的影响力。在此之后，卡托维兹政府和英特尔达成了合作，使得 IEM 每年都会在卡托维兹至少举办一次。2018 年，粗略估计因 IEM 而来到这座波兰小城的游客达到了 17.3 万人次。这个数字不仅相比当年翻了 10 多倍，更是超过了这座城市总人口的一半，这意味着电子竞技为卡托维兹的经济发展赋予了新的方向。

在 IEM 的协办单位、ESL 副总裁 Blicharz 看来，电子竞技能够很大程度上帮助波兰群众打通历史隔阂，"由于政治和历史的原因，在波兰的传统体育赛事中，没人会为来自德国和俄罗斯的运动员喝彩。但在卡托维兹的电子竞技赛场上，无论任何国籍的运动员都能得到相同的掌声。"一个新兴项目、十几万外来游客、上亿元广告收益，这对于卡托维兹来说，将逐渐发展成熟的电子竞技产业作为支柱产业之一已经不是遥不可及的目标。在当地政府的长远计划中，他们更多是看重电子竞技背后的大量青年受众。在过去，卡托维兹又被称为"波兰煤都"，以重工业为经济支柱的卡托维兹在二战前后饱受战争和政治的摧残，在经济方面已经有些落后于世界，而且在某段最艰难的时期，整个波兰的经济都需要靠着欧盟的援助来维持。于是，卡托维兹乃至波兰大批的青年群众选择出国寻找机会，在最多的时期，有超过 300 万的波兰青年群众在海外漂泊，这显然是波兰所不愿意看到的。所以在一定程度上，这是卡托维兹政府在看到了电子竞技对青年群体的吸引力后，决定倾全市之力也要支持电子竞技运动发展的原因。幸运的是，基于良好的判断力和 IEM 在欧洲巨大的影响力，卡托维兹已经在 5 年的时间中，从"波兰电子竞技之都"进化到了"欧洲电子竞技中心"。良好的电子竞技氛围不仅帮助卡托维兹重新赢回了青年群众的关注，还得到了许多海内外资本的青睐。可以说，政府与电子竞技产业合作的未来是"双赢"的。

2. 资金支持

根据政府公布的扶持政策来看，自 2016 年以来，从国务院、文化和旅游部、国家体育总局、国家发改委到地方政府，全国各级政府部门相继出台了一系列政策、规划，对电子竞技产业进行扶持，其中政府资金的支持较为直接和重要。

随着政府越来越重视电子竞技产业，各地方政府推出了很多扶持电子竞技产业的政策和发展计划。在杭州，电子竞技数娱小镇、知名电子竞技俱乐部"LGD"主场选址确定等事件都显示出杭州政府对电子竞技产业的支持态度。2018 年 4 月，杭州市下城区推出全省首个扶持电子竞技数娱产业的最新政策《杭州市下城区人民政府关于打造电子竞技数娱小镇促进产业聚发展的实施意见（试行）》，其中一些内容重点表明了政府为了加快电子竞技数娱小镇的建设和发展而推出的"重磅优惠"政策：

1）电子竞技小镇专项产业扶持资金1亿元人民币。下城区政府设立促进电子竞技数娱小镇产业发展专项资金1亿元人民币，扶持电子竞技数娱产业集聚发展。

2）小镇配套产业发展基金不少于15亿元人民币。小镇管委（筹）会与下城区国投集团积极探索产业基金的引入。下城区国投集团将牵头多家企业共同成立不少于15亿元人民币的小镇配套产业基金，用于赛事品牌打造、电子竞技数娱产业孵化、电子竞技初创企业扶助，致力于打造集产业、文化、旅游、教育于一体的电子竞技全产业链。

3）办公用房租金补助最高可达100万元人民币。对经核准入驻小镇的电子竞技数娱初创型企业、驻小镇的电子竞技数娱规模型企业，三年内给予办公用房租金补助：当年完成地方财政收入20万元人民币以上的，给予1元人民币/天/平方（最高不超过400平方米）的房租补贴；以此类推，地方财政收入每增加20万元人民币，给予增加200平方米的1元人民币/天/平方的补贴，每年最高可享受不超过100万元人民币的补贴。

4）人才用房租金补贴解决住房问题。对经核准入驻小镇的电子竞技数娱初创型企业的核心人才、精英骨干，三年内给予不超过2人500元人民币/月/人的人才用房租金补贴。对经核准的入驻小镇电子竞技数娱规模型企业，三年内给予人才用房租金补贴：当年完成地方财政收入20万元人民币以上的，给予4人800元人民币/月/人的补贴；以此类推，地方财政收入每增加20万元人民币，给予增加4人800元人民币/月/人的补贴，最多补贴人数不超过20人。

5）创新研发补助奖励。对于直播平台软件研发，三年内给予研发创新补助奖励：根据研发投资金额的20%进行补助，单个企业最高不超过50万元人民币；对于小镇内游戏开发商取得游戏著作权及获省级以上专利证书的，每项一次性奖励不超过1万元人民币；对于获得省级以上高新技术企业，一次性奖励不超过10万元人民币。

6）承办各级电子竞技赛事补贴总奖金最高可达1000万元人民币。在小镇范围内，三年内小镇电子竞技数娱企业承办国际职业大赛（总奖金额超过1000万元人民币），给予一次性补贴不超过300万元人民币；承办顶级全国职业大赛（总奖金额超过300万元人民币）给予一次性补贴不超过100万元人民币；承办次级全国职业大赛（总奖金额超过100万元人民币）给予一次性补贴不超过50万元人民币，用于赛事场地租赁、宣传推广等经费投入。

不仅仅是国内，电子竞技产业发展较为成熟的韩国政府也从未停止过对电子竞技的资金扶持。1998年《星际争霸》问世，适逢韩国政府大规模建设全国范围的互联网高速接入。因此，韩国基础通信业的发达使电子竞技成为一种低廉且大众化的消费，而韩国政府为支持电子竞技产业发展，专门成立了韩国电子竞技协会，负责管理电子竞技活动。依靠国家政策支持的大型媒体企业，韩国政府更是将电子竞技运动从线下搬上电视荧屏，组织职业联赛。2005年，韩国建造了第一个电子竞技馆——首尔龙山电子竞技馆。随着电子竞技与游戏人口的增加，韩国政府认为电子竞技馆需要再升级，于是2015年，韩国出资1400万美元建造专业电子竞技馆，用以推动游戏与电子竞技产业的持续发展。

5.3.2　其他个体参与

1. 个体参与

（1）自媒体

自媒体（We Media）又称"公民媒体"或"个人媒体"，主要指私人化、平民化、普泛化、自主化的传播者，以现代化、电子化的手段，向不特定的大多数或者特定的单独个体传递规范性以及非规范性信息的新媒体总称。自媒体的传播特点如下：

1）平民化。通过网络等信息平台，每个自媒体可以较为自由地发表自己的看法或分享身边的事物，通过自身"媒体"畅所欲言，构建自身的社交圈。

2）门槛低。相较于传统媒体的运作和所需的人力物力，自媒体几乎不需要过多的投入资金，同时也不需要传统媒体那样过高的专业知识，只要了解了自媒体平台的规则，就可以创建专属的"自媒体"。

3）传播快、交互性强。自媒体的出现和发展都得益于信息科技的快速发展，自媒体较为自由，没有太多的时间和空间的限制，任意时间和地点都可以经营自媒体。信息能够迅速传播，而且信息的受众能够直接给予反馈，这是自媒体相较于传统媒体较大的优势和特点。

正因为自媒体的诸多特点和自身具有的便利条件，无论电子竞技赛事本地资源是否有限，自媒体都是电子竞技赛事较好宣传、推广的选择。例如，一些拥有专属直播间的自媒体可以在条件允许的情况下转播电子竞技赛事；本地的微信公众平台可以发布一些电子竞技赛事的实时动态；有意愿的自媒体自发的在微博上分享电子竞技赛事的精彩时刻等。自媒体利用自身的特点，在宣传推广电子竞技赛事的同时也在构建自己的网络社交圈，所以可以说自媒体参与电子竞技赛事是一种"双赢"运营手段。

（2）个体商户

个体商户也称个体工商户，是指公民在法律允许的范围内，依法核准登记，从事工商业经营的家庭或户。个体商户还可以设计独立的字号，并以其字号进行活动。而在电子竞技赛事本地资源分配中，个体商户这一角色主要是承担了较大部分的赛事举办所需资源。赛事所需资源包括了赛事所需资金，包括赛事奖金、奖品，以及赛事所需的场地、道具、设备等。

（3）电子竞技赛事执行

如果说自媒体承担了电子竞技赛事的宣传推广工作、个体商户承担了电子竞技赛事举办所需资源，那么电子竞技赛事执行就是一场电子竞技赛事举办的执行者。电子竞技赛事执行需要负责电子竞技赛事的策划和跟进执行；负责电子竞技赛事相关的参赛选手的管理；需要分析并收集电子竞技赛事相关数据，并根据数据对赛事方案作出优化调整；策划电子竞技赛事中的活动并执行；电子竞技赛事结束后撰写电子竞技赛事结案报告等，涉及策划、筹备、执行、总结的工作。总结来说，电子竞技赛事执行的工作大致有前期筹备工作，中期电子竞技赛事执行，后期电子竞技赛事相关数据整理以及生成电子竞技赛事总结报告。一般电子竞技赛事执行对于工作经验以及语言、文字要求较高。

（4）志愿者

志愿者在电子竞技赛事中主要承担着工作人员的角色。志愿者在参与电子竞技赛事时，主要工作有监督比赛、记录比赛结果以及后勤保障等多项支援服务工作。一般需要志愿者的工作有以下 3 大类：

1）接待志愿者。这类志愿者在电子竞技赛事期间负责引导参赛人员参赛、赛事场地内的导航工作，以确保参赛人员顺利参赛。

2）赛会志愿者。这类志愿者需要在赛前参与比赛现场的布置，在比赛期间维护赛事现场的秩序，在比赛结束以后维护人员离场等工作。

3）新闻类志愿者。这类志愿者负责赛事的一切摄影、录像所需，需要记录下电子竞技赛事精彩时刻。

赛事所需的志愿者一般都是赛前公布出招聘或招募信息，分为有偿和无偿的两种志愿者，但无论哪种，志愿者在电子竞技赛事中都扮演着不可忽略的角色。

2. 社区参与

（1）社区体育的概念

20 世纪 50 年代，随着世界各国经济文化、科学技术迅速发展和人民生活水平日益提高，体育从学校扩展到社会，走进千家万户，逐渐深入到社会的每一个角落，成为人们日常生活中一个可缺少的重要组成部分。因其内容形式上不断丰富，其影响与作用远远超出了学校中身体教育的范畴，于是体育的外延被扩大，社区体育应运而生。社会体育这一术语在我国体育界始为流传，而此前只有"群众体育"或"大众体育"的说法。1989 年，天津市河东区二号桥街道创建了街道联合体协，在同年召开的经验交流会上，二号桥街道联合体协模式得到重点推广，之后，经过河东区领导多次研讨，最后定名为社区体育。1991 年，原国家体委在天津召开了全国部分城市社区体育工作研究会，统一了人们社区体育的认识，此后，社区体育逐渐被人们接受。

社区体育具体是指由社区居民自主进行的简便易行、广大群众喜闻乐见的、多种多样的身体锻炼活动，具有自主性、公益性、多样性、有趣性、服务性等特点，因此，对丰富居民文化生活、提高生活质量、交流邻里感情、改善人际关系、促进社区繁荣发展等都有重要意义。也可定义为特定社区的居民在社区范围内就近组织和参加，运用社区内的简易体育器材和设施，通过形式多样的活动项目，达成强身健体、休闲娱乐、社会交往等目的群众体育活动。

与竞技体育及宏观范围或正当行业所组织的一般群众体育相比，社区体育具有更广泛的群众基础，社区居民参与广。社区体育更加贴近居民的日常生活空间，社区体育活动更多的动因来自居民自身的要求，而不是被动接受外界的功利目的，在时间、空间上可以由参与者自由灵活的掌握，因地制宜。社区体育的功能大致如下：

1）提高居民身体素质。生命质量和生活质量有一定部分取决于身体素质，而社区体育可以将体育活动强身健体的功能更好地发挥，从而提高人们的身体素质。

2）调节心理状态。社区体育可以使人们的闲暇时间变得更加丰富多彩，满足人们健身、娱乐和社交等诸多方面的需求，使人们的生活更加充实、快乐，从而达到心理状态调节的效果。

3）整合社区环境。社区体育作为一种积极健康的体育活动，有助于改善社区的风气，净化社区的文化心理环境。通过社区体育，社区居民之间可以更好地互动，有利于建立彼此之间的友好关系，增强社区凝聚力，这对维护社区的社区秩序有极大的帮助。

（2）社区体育文化的特点

社区体育文化是大众体育文化的一部分，受大众体育文化的影响。我国的社区体育文化有着自身独特的特点。

1）社区体育文化包含更多子文化。

① 服务体育文化。社区体育不是只能为社区居民提供体育服务，在实施为居民体育服务的过程中，形成体育服务的概念、体育服务道德、体育服务形式、体育服务层次、体育服务质量、体育服务监督、体育服务效益等。服务体育文化是社区体育文化中的主体部分。

② 节日体育文化。每逢节假日，特别是传统节日，社区有组织的体育活动或体育演艺娱乐活动，这就是节日体育文化。

③ 家庭体育文化。家庭是社区的组成结构，是运动者生存所在和文化养成的根系，所以社区体育文化的建设多以家庭体育文化建设为背景和依托。

2）社区体育文化具有区域性。社区体育文化是在特定社区或区域内产生和发展的，一定区域的社区体育文化能够反映一定的社会经济发展程度。由于受到地理位置、人员结构、社区组织、传统精神等因素的制约，又不可避免地被打上所在地区的烙印，所以社区体育文化会形成鲜明的区域性的特点。往往随着社区体育文化形成的时间越长、体育文化积累得越丰厚，这种区域性的特点就越明显。

3）社区体育文化具有融合性。多数社区的人员结构会较为复杂，居民因职业、经济收入、受教育水平、宗教信仰、价值取向等因素的不同，体育文化兴趣也各不相同，但社区体育文化能以"海纳百川"的形式接纳和融合各种不同的体育文化形态。

4）社区体育文化具有共享性。社区体育文化是一定区域内的居民在生活实践和体育活动中共同创造的，因此也共享给一定区域内的每一名群众。

5）社区体育文化具有感染性。虽然社区体育文化形成并被群众认同后，便可以对群众产生一定的约束力，但相较于其他专业体育文化，社区体育文化仍属于一种松散型群体文化，社区体育文化对人们的影响和产生的约束，更多是靠着舆论引导、榜样示范、形成良好风气的氛围等不断影响和感染才慢慢成效的。

（3）发展社区体育的作用

1）凝聚作用。社区是特定人群的组合体，其中居民由多个社会人员阶层、多个利益群体构成。电子竞技运动的受众也是如此，虽然在年龄方面涉及的范围没有社区居民那么广，但在社会阶层、利益群体方面有很多相同的涉及范围。社区体育需要通过体育活动的方式沟通社区群众彼此之间的人际关系，是群众对社区建立归属感，电子竞技运动也十分注重沟通，同样适合社区体育用来建立群众彼此的人际关系。社区体育对于电子竞技运动的凝聚作用主要是社区群众通过参与电子竞技运动，获得了精神或物质上的满足，带动居民个人价值观和对人生的追求。通过电子竞技运动和社区体育文化建设有机的结合，使社区各个年龄段阶层的群众共同参与其中，建立彼此之间的社区人际关系，这有助于促进社区内部团结互助，能够拢心聚智，促进社区体育和谐发展。

2）约束作用。电子竞技游戏需要游戏内和游戏外的双重监督来保持游戏公平性，在普及电子竞技运动全民化的道路上，社区体育便可以很好地承担起"外界监督"这一职责。

约束作用和凝聚作用是紧密联系在一起的，没有一定的约束就没有凝聚的基础。社区体育文化的力量将社区群众的思想和行为统一到实现共同目标上时，对此目标背离的思想、行为便产生了约束的效果。这种约束机制和力量来自社区体育文化本身。因为社区体育文化形成后，在一定区域内会形成较为明显的体育文化体系，是社区群众自然而然的按照一定的行为模式和思维模式去参与社区体育，当出现有悖于这一文化模式的情况时，这种行为就会在该社区体育文化中难以找到落脚点。总结来看，社区体育文化约束作用的目的在于减少对社区群众的外在约束，增强群众自我约束、自我控制的能力。

3）调节作用。无论是过去中西文化的融合，还是如今电子竞技运动作为一项全民化的运动融入到人们的日常生活中去，社区往往是这类思想矛盾和摩擦相对较为集中的地方。国内虽然经过一段时间的发展，已经有更多的人可以用科学的目光看待电子竞技运动，但仍有一部分人过于片面或者目光集中在电子竞技运动的危害上，社区体育文化的调节作用，可以在一定程度上使这些矛盾得到缓解。社区体育文化的调节作用核心是人的自觉调节和自我调节。社区体育文化会要求社区体育管理者尊重人、关心人，协调好各方关系，通过丰富多彩的电子竞技活动和深入的思想政治工作，沟通社区群众彼此之间的感情联系，缓解或消除各阶段各层次的各种矛盾和影响彼此关系的不利因素。

4）引导作用。结合电子竞技运动建设出的社区体育文化，可以一定程度上引导社区群众培养出正确的思想价值观，使参与者能够以更科学的角度看待电子竞技运动。一般来说，绝大部分的文化都有着价值引导的作用，社区体育文化正是如此。在电子竞技运动全民化的发展道路上，社区体育可以引导人们建立起科学、正确、健康的电子竞技社区体育文化。

📁 **思考题**

1. 电子竞技赛事解说在比赛中扮演着什么角色？
2. 电子竞技俱乐部可以为赛事或者媒体提供哪方面的信息？
3. 简述社区体育文化发展的作用。

第6章

电子竞技竞赛管理

概述

在电子竞技赛事中，人员、成本、赛程等因素都会产生巨大的管理需求，因此本书将电子竞技竞赛管理单独列为一章进行介绍。希望通过本章的讲解，能够让读者意识到赛事流程、赛事应急、幕后服务工作的巨大作用。虽然竞赛管理是最能彰显赛事组织者综合能力的一个环节，但是实际的大量工作应当在赛事筹备阶段准备就绪。本章内容只是抛砖引玉，想要真正熟悉赛事筹备的读者，有必要学习组织管理知识或者亲身参与赛事类活动策划。

6.1　电子竞技竞赛管理的主要内容

当一些赛事初具规模后，举办方出于多方面因素的考虑，将该赛事赛程中那些比赛质量较高、赛事结果影响重大的比赛放置在线下进行。例如，WESG、WCA、CIG 等国内诸多赛事的后半程比赛——八强赛、四强赛、决赛等，均采用线下赛的模式，也有些国外赛事直接邀请参赛人员，赛事的全部赛程均选择线下赛模式。而在线下赛环节，由于场地、设备、安保的成本负担，以及人员背后存在的流动性、不确定性等潜在困扰，线下赛环节通常需要相应的与竞赛有关的管理。因此，本节讨论的关于电子竞技竞赛管理内容，均是指一项赛事中线下赛部分的竞赛管理。

6.1.1　竞赛中的流程执行与人员管理

在竞赛过程中，因为需要协调赛场内外的各项事宜，需要有一定的章程及方法，主要包括流程的落地执行与流程中人员的管理，其中流程规划的主要目的是建立科学、合理的赛事赛程安排。这既能保证举办方合理有效地进行时间、场地、人员的安排，也有助于与参赛方、媒体、观众进行信息交互，减少在实际运作环节的沟通成本。关于竞赛管理的内容，既可以按照一般活动的时间顺序进行流程规划，也可以从电子竞技赛事人员构成——办赛人员、参赛人员、观众与媒体组成的观赛人员这三类差别显著的群体出发；既考虑赛事活动的组织流程，也关注参与各类人群的心理预期和他们在赛事中的角色定位。

1. 流程执行

虽然赛事流程是在赛事筹备阶段就已经基本制定，但是在实际操作过程中，因赛事规模、级别、要求等原因，需要工作人员贯彻执行对应的策略。因此，按照文娱演出或体育赛事的方式，将电子竞技赛事的活动大致分为赛事启动、竞赛组织、竞赛维护 3 个部分。

（1）赛事启动

赛事启动承接赛事的前期宣传，某种意义上它既是赛事宣传环节结束的标志，也是竞赛环节的开始。虽然该环节的时间周期相对较短，但是一些以主题宣传、商业演出为代表的赛事依旧会较为重视这一形式。例如，选择在赛事启动环节加入开幕式剪彩、赞助商品牌宣传等内容。就赛事自身的功能需要而言，赛事启动则为场地、设备、人员的调度预留了缓冲的时间段，因此赛事启动通常包含人员入场与赛事开幕仪式两部分。

1）人员入场。人员入场主要是指在比赛前赛事筹备事宜完毕后，允许观众、参赛选手进入相应的场地就位，准备迎接比赛的开始。选手通常从赛前入住的宾馆直接由专用通道（通常参赛选手的入场通道与观众的入场通道是区分开的）进入候赛区，由专业的工作人员负责引导入场。通常，在电子竞技比赛的后台场区有专门用于参赛选手或战队休息、训练、观赛的场区。赛事方对于入场的准备主要是应对观众。在电子竞技赛事的历程中，观众入场观赛的方式大致可以分为三种，分别是免费观赛、持证或签到观赛、凭票观赛。

免费观赛通常是指举办方以一种欢迎的姿态，在场地环境允许的前提下希望更多普通人参与其中，一般的网吧赛、小型商业表演赛等普通赛事通常采用这种观赛方式（如图 6-1 所示）。

图 6-1 某网吧线下赛观众的观战方式

持证或签到观赛是指观众有必要持证件或签到等形式准许观赛（也可以是获得举办方主观认可进入观赛区），通常应用在高校电子竞技联赛、城市选拔赛等初具规模的比赛中，这类比赛的人员数量已经较大，有必要进行一定人数的限制。但通常因为主办方身份依旧带有明显的民间组织特性，也不存在盈利目标，所以对于喜欢电子竞技的非持证或非签到玩家的观赛许可不会过于严苛。

凭票观赛多指观众在赛前提前购买比赛门票，在比赛中凭门票进场观看比赛的入场方式，门票收入是赛事商业化的一项重要环节，它的良性运作通常意味着赛事在向盈利方向发展。凭票观赛这一机制既说明了观众对相应赛事的认可，也显示出赛事举办方在管理、宣传、赛事质量等各方面的底蕴。图 6-2 所示为 WESG 2018 年亚太区中国总决赛票务详情，观众可在网上实时查询。

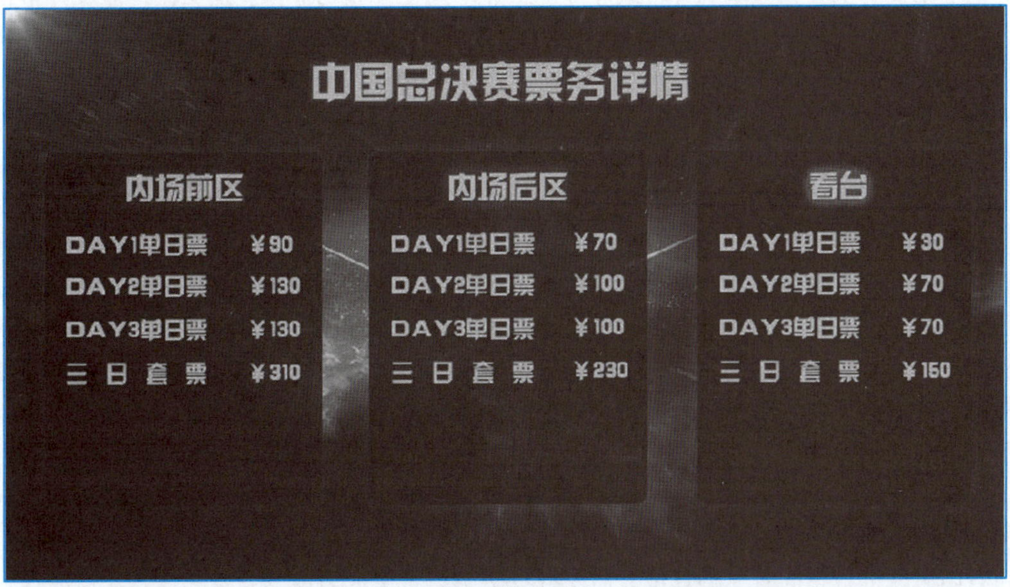

图 6-2 WESG 2018 年亚太区中国总决赛门票价格

三种不同的入场方式说明在赛事发展过程中不断变换的运营策略。在最基层的赛事中，首要目标是以娱乐的方式宣传、推广，并且由于规模较小，基本不存在管理问题。在中小型赛事中，主要源于参与赛场活动的人数剧增，管理的需求随之产生，因此会对人员进行一定的限制。在大型赛事或官方举办的职业联赛中，则能够以售卖门票的方式来管理观赛人员，因为这类赛事已经有稳定的队伍、海量的用户，同时为了实现赛事自身盈利的预期，所以售卖门票是这类赛事较为重要的运营环节，而且售卖门票能使电子竞技赛事的发展愈发正规化、精品化、商业化。

从上述事实可以看出，在赛事走向正规化、精品化、商业化的过程中，赛事管理方面的投入也随着赛事规模的增加而相应增长。但是，当赛事受众数量的增长趋于停滞时，对于管理的进一步投入所带来的效果就是在赛场内外为观众带来更为精致的服务。一般而言，越是高规格的赛事，就越能为观众提供超出基本观赛的服务内容。例如：

① 合理的场地设计。具体做法可以是，为保证相同票价观众的观赛体验，例如设置更多、更高分辨率的观赛屏幕，以满足各区域观众的基本观赛体验。

② 在赛场内外为观众提供各类便捷性服务，包括但不限于私人物品存放、场地公共网络、设立休息区与吸烟区等特殊区域等。

③ 在接待、安检、观赛、赛事周边服务中，可以设立免费抽奖、免费线下体验、现场赠品等附加活动，注重赛事组织方人文关怀的有趣互动。

④ 赛场中举办方派遣的工作人员应熟悉场地布局（如图6-3所示），做好适宜的引导。例如，观众可能是第一次光临某电子竞技场馆，对于所持票的座位、出入口、洗手间、休息区等均不了解，当他们向工作人员询问这些信息时，工作人员的回答必须准确，以免给观众造成不必要的麻烦。

2）赛事开幕仪式。电子竞技赛事本身是一种宣传性活动。因此，一些商业性质比较显著的电子竞技赛事会较为重视开幕式环节。虽然不同主办方的操作差别明显，但从开幕仪式的环节、电子竞技的特色等方面出发，通常考虑的是开幕式的仪式感、主题特色、表演艺术等。

① 开幕式的仪式感。仪式感是指在特定的场景中，人们用庄重、正式的礼仪传递情感。这在以奥林匹克为代表的体育赛事中有着广泛应用。仪式内容多种多样，包括开幕式倒计时、赛前致辞、象征物传递等。例如，奥林匹克火炬接力就是一项有着悠久历史的仪式。

奥林匹克火炬接力（Olympic Torch Relay）是奥运会的前奏，是古代奥运会和现代奥林匹克运动之间强有力的连接，是仅次于奥运会本身的最重要的传播工具。火炬接力在100多天的传递活动中，传播奥林匹克精神、传递友谊与和平的信息，点燃人们对奥运会的激情。奥林匹克火炬接力是奥运会主办国组委会提升公众对奥运会认知度和创造宣传点最有力的传播活动。火炬接力使主办国人民有机会全面感受奥运会的力量，也为举办国家和城市提供了展示自己的机会。

相较于传统体育赛事，电子竞技赛事的仪式感尚不浓厚，更多的是以游戏运营商代表或赞助企业代表揭幕、政府参与或主导的电子竞技赛事的赛前致辞等方式，而缺少一种让所有参与者印象深刻、感同身受的宣传，需要各赛事组织者更大力度的开发和探索。造成这一现象的原因主要有以下两方面：

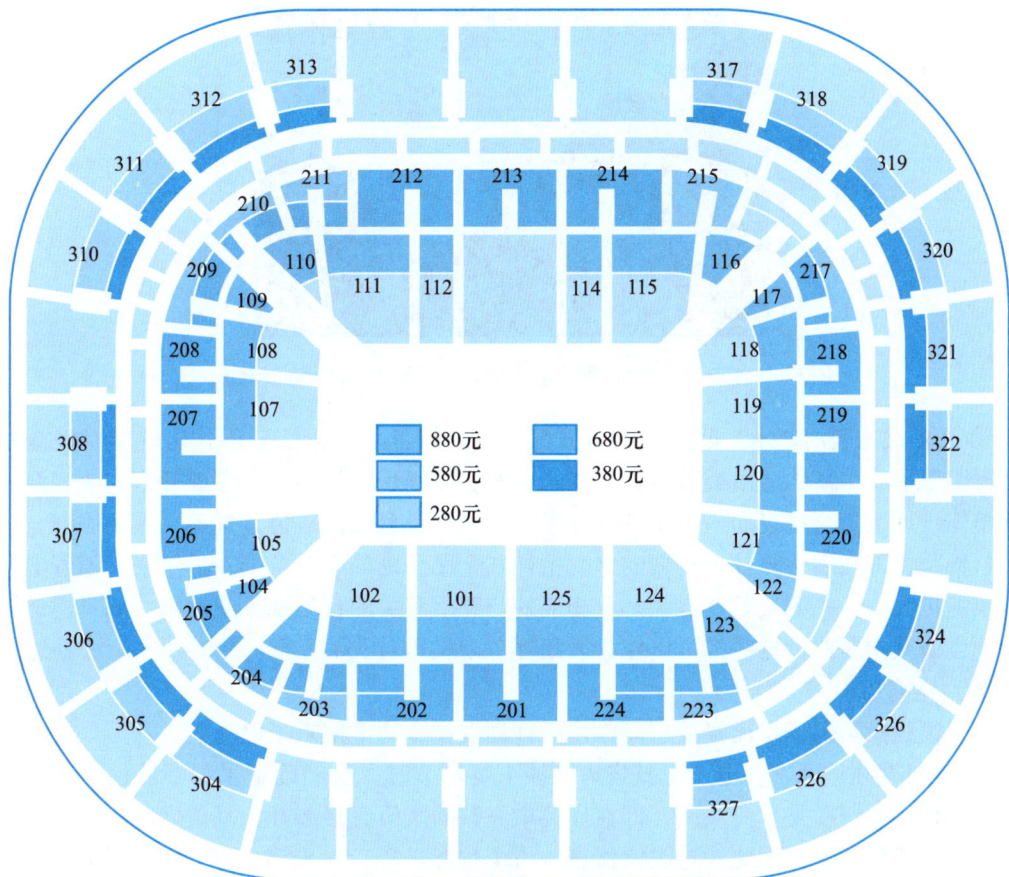

图 6-3 LPL 七周年庆典票区分布图

● 限于历史、社会等原因，缺乏代际间的竞技精神的传递，难以实现真正意义上的社会共鸣。

● 赛事受限于商业形式不完善、依附于电子竞技主体产业等原因，无法践行完全独立自主、平稳高速发展的有效路径。

② 开幕式的主题特色。开幕式的主题感主要是结合赛事特色的现场主题。例如，在北京鸟巢举办的《英雄联盟》2017 全球总决赛（简称 S7）开幕式中，官方的赛事团队大胆采用增强现实（Augmented Reality，AR）技术。虽然在体育直播界 AR 的应用早已常见，并且同为电子竞技赛事的《DOTA2》国际邀请赛等其他电子竞技赛事都运用过这项技术，但 S7 开幕式的巨龙依旧给所有人留下了深刻的印象。其实巨龙形象并非凭空杜撰，而是早已存在于游戏内的玩家和众多观众都耳熟能详的游戏元素。在开幕式中，巨龙在决赛场上翱翔，观众发出阵阵惊呼，所有人都为之兴奋，无论是现场观众还是正在观看直播的互联网用户，都能够感受到巨龙咆哮的震撼，也更加期待后续的精彩决赛。这就是电子竞技类赛事开幕式特色的完美展现（如图 6-4 所示）。随后，在 2018 年的艾美奖（美国电视界的最高奖项）评选中，《英雄联盟》的赛事团队也因此获得了"最佳直播画面设计"这一极具分量的奖项。

图 6-4 《英雄联盟》2017 全球总决赛开幕式中使用的 AR 技术

③ 开幕式的表演艺术。除必要的仪式感、主题特色外，通常开幕式还有针对观众的音乐、舞蹈等形式丰富的演出类节目，一些知名的文体娱乐明星会应邀参加开幕式的表演。在舞台整体设计上都会适当加入电子竞技元素，无论是舞台设计、道具选择、人物服饰，还是歌曲、舞蹈，都在表达竞技、拼搏的体育精神和全民互动的娱乐氛围。近年来，随着电子竞技规模的扩大，一些游戏厂商也会筹备相应的与赛事有关的宣传视频或动画，或者邀请歌手演唱原创游戏主题曲，这些都可以作为表演环节中展示自我的一部分。

（2）竞赛组织

竞赛组织是指以满足比赛要求而作出的计划安排，通常偏重于以下几点：

1）安排赛程。通常，电子竞技进入到线下赛环节时，已经确定了参赛队伍的数量。最常见的一种比赛制度是单淘汰制，即在比赛中失败的队伍直接离开，其被广泛应用的原因是成本低、比赛周期快。因此，这类淘汰赛队伍个数都是 2、4、8、16、32 等 2^n（为了线下观赏性和举办效果，n 通常大于或等于 3）。如举办方无特殊规定，所有队伍的晋级状况是相似的，所有队伍按照 64 进 32、32 进 16 的方式有序展开，最终两支队伍展开决赛。同时为了比赛的高效，往往将队伍进行分组同步比赛，一方面避免在上一轮结束后再次抽签；另一方面，分组比赛在竞技人数、设备与场地要求上分配平均。例如，《英雄联盟》全球总决赛的小组赛阶段就是 16 支队伍分为 4 个小组，每个队伍经过两番轮战后，决出小组内的前两名，即俗称的 8 强。

较为特殊的赛制是邀请赛制度。这种制度的代表是《DOTA2》国际邀请赛的预选赛阶段、《英雄联盟》2014、2015 年举办的"德玛西亚杯"。在邀请赛制度中，部分参赛队伍直接跳过首轮对抗。例如，"德玛西亚杯"在 2014、2015 年的队伍数量均是 8 支 LPL 队伍、16 支 LSPL 队伍以及 4 支非联赛体系职业队伍。其中 LPL 春季常规赛前 4 支队伍首轮轮空，直接晋级 16 强，其余 24 支队伍都将从首轮淘汰赛开始。

关于这种邀请制度，需要注意以下几点：

① 首轮轮空队伍需要有相应其他顶级赛事成绩为参照，易于被其他参赛队伍认可，保证举办方的客观公正。

② 由于部分队伍首轮轮空，因此总参赛队伍的数量有所调整，在首轮比赛结束后，队伍数量应当依旧是为 2^n。

③ 这类邀请赛多为游戏运营商主办，运营商不仅对所运营游戏的赛事有较大的发言权，

并且号召力较强，容易吸引足够数量的队伍参赛，保证比赛的竞技性、观赛性。

④ 这类赛事通常是借助不同层次队伍的对抗，以实现更大规模的选拔或学习交流的目的。但究其本质不难发现，存在部分队伍首轮轮空的制度，说明比赛中各参赛队伍间的实力已有较大差距，因此并不适用于正规的同级别比赛对抗。

2）对战赛制。对战赛制是指在电子竞技比赛中，客观公正的评判两支队伍胜负关系所需的对战场数，经常会采取 BO1（单局制）、BO3（三局两胜）、BO5（五局三胜）等不同的比赛方式。在非联赛的赛制中，举办方应当考虑以下几项可能影响比赛的因素：

① 参赛队伍数量。多数比赛在线下赛开始前已经基本确定参赛队伍数量，并且参赛队伍数量往往与赛事的周期相互影响。赛事周期长，则参赛队伍相对较多；赛事周期短，那么举办方也会相应地缩减邀请队伍的名额。

② 不同项目的差异。不同项目的单局竞技时长不一，这将直接影响赛制。当单局比赛用时过长时，会直接影响后续比赛安排（如 BO5 中的 3∶0 与 3∶2 两种都可能出现的情况之间的巨大时间不确定性）。单局对抗场次过多，也会增加赛事主办方的人员负担、场地支出成本，同时过多场次的比赛会对参赛队伍产生较大负担。

③ 整体赛程随比赛队伍数量而改变。随着比赛的一步步进行，比赛质量越来越高，因此很多电子竞技比赛更重视半决赛、决赛等环节。即使同为线下赛环节，首轮淘汰赛的赛制常常比决赛更为精简。例如，《DOTA2》《英雄联盟》等很多项目的各项决赛都采用 BO5，而首轮若为淘汰赛则更倾向于 BO3，或者采用循环积分赛等较为精简的对抗方式。

④ 成本。随着电子竞技环境的良好发展，越来越多的赛事为了保证比赛质量，愿意邀请更有名气、竞技水平较高的战队或是更多地承担队伍出行费用，这一点在各大型第三方赛事上表现明显。虽然不同级别赛事对于成本的估算与预期不同，但是无论主办方是否为队伍"买单"，他们的决策都会因受邀队伍而改变，从而会在一定程度上影响电子竞技赛事的具体赛制。

（3）竞赛维护

在电子竞技竞赛过程中，需要做好维护工作，并按照不同的功能区特点分为赛场治安维护、赛事进程督导，分别对赛场观众、参赛选手负责。

1）赛场治安维护。大型赛事需要在活动前向有关部门申请。通常，赛场治安维护会交由专业的安保公司负责，同时为了保障大型活动的顺利进展，在场地布置和彩排、比赛使用、赛后人员疏散等各个环节也会有当地公安、消防部门参与。赛事组织方在比赛期间应当积极听取专业警务人员的意见，尤其是在遇见突发状况、天气变化、赛事延期导致的种种问题时，要积极配合专业人员及时、有效地维护现场治安。

在一些中小型赛事的治安维护中，因为活动规模较小，并不一定需要向有关部门递交正式的活动申请，通常是向场地使用方提出申请，如在学校礼堂举办比赛应向所在学院申请，而在商场举办活动应向场地安保和临近商家沟通，等等。

中小型赛事具体维持治安的人员会因成本原因由举办方自行组织，维护人员可以是员工、志愿者、赛前聘请的迎宾接待人员等。如果赛事周期比较长，既需要考虑对相关人员的短期培训，也需要顾及工作人员的作息、食宿、出行。

2）赛事进程督导。赛事进程督导主要指以裁判、现场协调员、场外调度人员构成的赛事工作人员团队，他们在提供帮助的同时也负有督导运动员比赛的职责，其中以裁判的工作最为重要。根据中国电子竞技赛事的重要构建者之一——腾讯电竞发布的《腾讯 2018 电子竞技运动标准》，对裁判职责有相应描述。裁判是电子竞技赛事的官方人员，负责判断发生在赛前、赛中以及紧跟赛后发生的比赛相关问题、疑问和情况。他们监管的方面包括但不限于以下内容：

① 赛前检查队伍阵容。主要是确认参赛人员信息，为了方便管理，若有人员的替换或变动，应当在比赛开始前的规定时间内报备。

② 检查并监督参赛选手的设备和比赛区域。在比赛开始前了解选手的设备是否调试正常，在《英雄联盟》等一些项目中，对选手操作以外的策略环节（游戏角色使用的 BP 环节）的行为有正确判断。

③ 控制比赛进程。指挥比赛中的暂停/继续，在比赛暂停期间禁止或限制参赛选手做出规定以外的行为。

④ 对于赛中违反规则的行为进行处罚。在现行游戏系统较为完善的情况下，裁判也可对参赛选手的恶意言语、挑衅动作、奇异装束等做出处罚。

⑤ 确认比赛结束以及比赛结果。向赛事机构上交所执裁比赛的相关记录，以便后续查阅。

2. 电子竞技选手的管理原则

在电子竞技赛事中，由于参赛选手的相对稀缺性，现阶段电子竞技选手在一些赛事中除了必要的义务外，还可享受赛事方提供的各项权益和权利。

（1）电子竞技选手的义务

1）在比赛期间公平竞技。电子竞技赛事作为一项体育运动，应当做到公平、公正，因此赛事方有权要求参赛选手公平竞技，这是竞赛环节得以有效展开的前提。《腾讯 2018 电子竞技运动标准》中列出的部分要求如下。

以下行为会被认为是不公平游戏，并将由赛事官方自行裁定处罚：

① 合谋：合谋的定义是两名或两名以上选手达成协议，使对立选手处于不利局面。合谋包括但不限于如下举动。

串通比赛：指两名或两名以上选手达成协议，不在游戏中伤害或阻止对手，或是没有在游戏中以合理的标准进行竞争；事先安排分割奖金或任何其他形式的报酬；向一名同谋者发送或者接收暗号、电子信号或者其他东西，反之亦然；由于奖金或其他任何理由，有意在某局游戏中失利，或是唆使其他运动员如此行动。

② 竞技公平性：任何队伍都应在游戏中时刻秉承良好的体育精神，尽全力参与比赛，始终保持诚实，并保证公平游戏的原则不被破坏。需要说明的是，在确定是否违反此规则的时候，队伍阵容以及选择/禁用阶段是不考虑在内的。

③ 黑客行为：黑客行为的定义是任何选手、队伍以及代表选手或队伍的个人对游戏客户端做出任何修改。

④ 利用漏洞：利用漏洞的定义是故意使用任何游戏内的系统漏洞以获得优势。利用漏洞包括但不限于如下举动：购买装备时的小故障、与游戏中立元素互动中的小故障、技能表现中的小故障或者任何由赛事官方认定的、没有按照预期运作的游戏功能。

⑤ 窥屏：观看或者试图观看观战者屏幕。

⑥ 代打：使用其他选手的账号比赛或者教唆、怂恿及指引其他人使用另一名选手的账号进行游戏。

⑦ 作弊方法：使用任何种类的作弊设备或作弊程序，或者任何相似的作弊方法（例如信号装置和手势信号等）。

⑧ 故意断开：在没有正当以及明确阐明原因的情况下故意断开连接。

⑨ 拒绝服从：任何队伍成员均不得拒绝或者不听从赛事官方的指令或决定。

⑩ 假赛：任何队伍成员不得提出、同意、策划或者尝试以任何法律或此份规则禁止的手段影响游戏或者比赛结果的行为。

2）基本的行为与礼仪。

① 亵渎及仇恨言论：队伍成员不得使用中伤他人的、具有攻击性的或者令人厌恶的语言，也不得在比赛区域中或附近的任何时候采取鼓动、煽动仇恨或歧视他人的行为。

② 干扰、无礼行为：队伍成员不可以对其他队伍成员、观众或者官方人员采取任何动作或者打任何手势，也不可以煽动其他任何人做同样的内容，包括嘲笑、干扰以及敌视行为。

③ 侮辱行为：对赛事官方、其他队伍成员或者观众的侮辱是无法容忍的。多次违反礼节，包括但不限于接触其他参赛选手的设备、身体以及物品的，将会受到处罚。队伍成员以及他们的嘉宾（如果有的话）必须有礼貌地对待所有参加比赛的个人。

④ 故意损毁或盗取主办方所持有的设备。

3）对赛事传播的积极支持。参赛选手或队伍应当积极支持赛事传播，有效避免因团体或个人对赛事传播带来的不良影响。

① 禁止参赛选手做出干扰演播的行为或使用未经许可的通信。

② 队伍成员禁止穿着、携带虚假宣传广告或含有任何诽谤的、亵渎宗教的或带有攻击性的内容，或者是其他一些不被公众认为是可接受话题的事项。禁止含有任何在赛事区域被认定为非法活动的组成或相关内容，包括但不限于煽动、协助或者宣传赌博行为的彩票或企业、服务或产品；禁止为任何色情网站或不法产品做广告。

③ 身份：参赛选手不可以遮挡其的脸部，或者采取任何试图向赛事官方隐瞒其身份的行为。赛事官方必须可以在任何时候辨别出每名选手的身份，并且可以命令选手移除任何会妨碍其身份辨认或者会分散其他选手或赛事官方人员注意力的事物。受这条规则影响，将禁止戴帽子。

④ 遵循规则的义务：除非另有明确规定，否则侵犯或者违反赛事官方正式规则及游戏用户协议的行为都会被处罚，无论是否有意为之。尝试违反或者侵犯规则也可能经受处罚。

⑤ 不负责任的公开言论：队伍（包括选手、教练及经理等）有责任和义务对于其在公开场合的言论及行为（包括在微博等社交媒体）负责，并应严格监督审核任何出现在其官方社交媒体或选手个人社交媒体的文章、视频等，避免在任何公开场合违反本规则的相应行为守则。特此说明，任何与客观既定事实不符的虚假报道将被视为造谣行为，赛事官方将对其做出相应处罚。

⑥ 保密义务：队伍成员不得以任何通信手段，包括所有社交媒体的渠道，公开任何由

赛事官方或开发商及任何附属机构所提供的保密信息。

（2）电子竞技选手的权利

1978 年联合国教科文组织通过的《体育运动国际宪章》第 1 条指出，从事体育训练和体育运动是一项基本的人权。因此，电子竞技选手在赛事中享有多项人身权益。

1）正常的运营与商业宣传权利。

① 参赛队伍利用服饰、队名、标签正常的商业冠名、形象等方面进行宣传。

② 个人或团体在比赛之外，是否继续愿意参与报道的权利。一般性质的电子竞技比赛中，举办方与参赛方的合作基础是电子竞技比赛，不应过多涉及其他衍生的商业性行为。如果确有相关合作方向，双方应遵循事先协商、过程中互相督促、事后履行许可等一系列原则。

2）日常便捷性服务。

① 赛事方在出行、住宿、餐饮等环节应提供必要的服务保障。这类必要的成本支出可以减少主办方对参赛队伍统一管理的难度，同时有效避免饮食卫生、消防火灾等出行隐患。

② 赛事方满足队伍的人员安排。通常除正式参赛人员、队伍中的经理与领队等管理人员外，队伍中可能出现的还有后援团成员、赞助商或投资人代表、队伍正式成员亲友等一些不确定的人员。参赛方在可允许的范围内，应给予相关人员一定的优惠保障。

③ 赛事方允许参赛队伍在规定比赛时间外自由行动，但因此造成的比赛延误的责任将主要由参赛队伍承担。

6.1.2 竞赛中的现场安排

1. 现场企划

现场企划是指电子竞技比赛现场中配合竞赛展开的多项活动形式，它既有完善电子竞技赛事观赛体验的需要，也有用作宣传、推广的自我需求。

（1）解说与访谈类节目

电子竞技赛事通常有解说、主持等负责增加赛事讨论度、关注度的角色，前者主要负责赛事的实况播报与分析，后者则更偏向场外采访与现场主持。

1）场外赛事分析。一些大型赛事出于赛事时间安排、赛事深度挖掘以及对观众电子竞技意识的培养等品牌包装相关目标，会将赛事分析环节，包括对战双方的风格等进行更为专业、系统、全面的分析，同时丰富观众的观赛体验。如果设立这样较为专业的节目，想要达到这一目标，通常有两点要求：一是该电子竞技赛事有一定的积淀，对于项目的要求就是游戏足够出色，有多种可供挖掘、研究的竞技玩法；二是对于参与赛事分析的人员的要求是赛前有足够的资讯信息，同时自身对游戏的理解十分独特。一些赛事的场外分析人员会选择前职业选手或教练、现役职业选手或教练等一批直接亲身参与比赛有经验的人。综合而言，这类场外分析节目要求赛事的组织较为完善、信息获取渠道丰富，通常这样的节目常出现在以 LPL、KPL 为代表的联赛中，或者是如《DOTA2》国际邀请赛这种最高级别、规格的比赛中（如图 6-5 所示）。

2）比赛实况解说。由于电子竞技比赛的用户针对性比较强，以现场以外的观众视角观察，比赛解说和比赛实况直播共同构成了互联网观赛用户的内容体验，因此解说的重要性不

图 6-5 《DOTA2》赛事赛前场外分析

言而喻。为了保证赛事的呈现效果，解说既要具备一定的演讲与主持技能，也要熟悉电子竞技的相关知识。他们的工作内容重点是为观众解说比赛实况，并借助赛事提供的一些视频、赛前数据等内容做出必要的分析，在保证辅助观众观赛的同时注重娱乐性。

（2）比赛内容放送

比赛内容的放送可以有多种形式，主要针对的是一场比赛后，举办方依据原始比赛视频与比赛数据，通过视频剪辑、数据统计、语音录制等各类工具软件，将电子竞技比赛中最精彩的瞬间、最细致的全局统计、幕后等信息及时传递给观众，做好针对电子竞技赛事相关内容的二次开发。

1）赛事精彩集锦。大型电子竞技赛事中，导播间内通常设有专业设备对直播中的比赛视频进行采集，所以在观众观看同一场比赛时，幕后团队能够迅速将该比赛数分钟前的精彩战斗、运动员的高光时刻进行回放，既不需要花费人力、时间进行剪辑，也有效地避免了观众因为观赛疲劳或其他信息干扰而错失精彩比赛瞬间，为观众带来细致、体贴的观赛体验，以最快的速度呈现出全方位的竞赛内容，传递电子竞技精神内核。随着电子竞技赛事如火如荼地发展，越来越多的技术、设备得以应用到电子竞技领域，赛事精彩集锦只是其中的一种结果。

2）比赛信息统计。例如，在以《英雄联盟》《DOTA2》为代表的 MOBA 类项目的比赛中，使用一些数据来量化选手、队伍的表现，其中尤以 KDA——击杀（Kill）、死亡（Death）、助攻（Assist）最具代表性，按照一定比率来算出一个数值，其公式为（K+A）/D。这类数据既能综合反映单个选手在某一方面的实力，也能更好地用数据对比、数据转换等方式为观众呈现出最清晰的比赛数据分析。

除比赛数据外，还有比赛语音、比赛相关新闻等都在比赛信息统计的范畴内。关于是否存在这些内容处理、制作的标准，或者参赛双方有没有将其公开的必要，需要具体情况具体分析。例如，对于一支高人气队伍的突然临场人员变化，赛事方有必要给出解释，以做到公平、公正。

2. 用户互动的形式

用户互动是活跃现场气氛时常用到的一项手段，在电子竞技比赛中，主要是为了度过参赛选手中场休息、比赛意外暂停的时间，宣传赞助品牌或深化赛事主题特色等。

在电子竞技赛事中，最常见的互动形式就是抽奖，根据奖品的不同分为直接物品奖励、活动参与奖励。其中，直接物品奖励可以根据观众持有的门票、活动奖券进行随机抽奖，通常奖品由赞助商提供，以宣传产品。例如，在《英雄联盟》七周年庆狂欢盛典活动中，每个购买《英雄联盟》七周年庆狂欢盛典门票的用户，可获得游戏人物艾瑞莉娅的新皮肤"玉剑传说 舞剑仙"（如图 6-6 所示）。

图 6-6 《英雄联盟》七周年活动皮肤

活动参与奖励则是根据赛事活动安排，其中有代表性的活动是与一些电子竞技明星人物共同竞赛，这种娱乐的方式被玩家称为"水友赛"。线下赛事观众可以通过比赛门票号码，线上观众则是通过弹幕或评论留言，随后进入比赛，进行有趣的对抗。

3. 预备应急预案

基本的应急预案主要与电子竞技赛事中的各项资源配置情况有关，当这些重要元素发生问题，赛事不得不延期或者终止。

1）设备。设备的预案主要是应对网络与电力供应。通常在赛事筹划阶段，这些都有备用设备。例如，比赛场地出现供电紧张，应当及时排查线路，明确是比赛设备用电还是比赛公共用电原因。通常，为了保证比赛正常有序，比赛设备用电是专用线路，一些大型比赛会专门搭设线路，保证比赛的正常进行。

相对于很少出现的电力问题，网络问题带来的影响更为重大。原因是电子竞技赛事对网络的要求比较高，以《CS：GO》为代表的一些游戏对网络的要求比较高，如果网络状况无法满足条件，应当更换场地以保证后续比赛正常进行，如将比赛临时转移至周边网咖。

2）人员。人员的预案主要是针对参赛选手与观众。其中，参赛选手主要是指其因突发的身体原因而耽搁比赛的状况，单人项目可以做时间上的调整，团体项目则是会允许替补选手登场。一些比赛为了保证比赛正常进行，既会重视选手饮食也会要求队伍设置替补阵容。

有关观众的预案主要面对的是比赛中的突发状况。各种突如其来的状况会让观众感觉到焦躁或愤怒，如果处理不当，会带来较为不良的影响。无论这种影响是出自安全风险还是赛事信誉，与观众有关的问题都应当尽可能避免。一旦一项赛事经常让观众感到不适，会影响其在业内的口碑，而且这方面的问题应在赛前筹划、员工培训等环节做好充分准备，避免因人员矛盾引发的事件危机升级。

3）环境。环境因素主要是指天气、时间的变化。其中，天气变化只要做好充足的准备，就可以减少天气对赛事正常举办带来的影响。较为特殊的是时间因素，由于电子竞技赛事在赛制、游戏模式上的特点，不同队伍的比赛用时可能存在较大差别，这一点与传统体育截然不同，所以赛事方只有通过全面考虑，合理安排比赛周期，安排出最恰当的比赛行程。

6.2　电子竞技赛事的后勤保障

6.2.1　安保服务

竞赛活动是体育赛事的核心组成部分，举办赛事主要是做好竞赛的组织与保障工作，并且体育赛事中的一切保障工作都应该以竞赛活动为中心。

赛事安保主要是为赛事现场、驻地提供安检、消防应急以及交通疏导的行为。赛事安保的主要目的是保障赛事相关人员的人身安全和赛事相关场地、设施的安全。所以安保服务是电子竞技比赛成功举办的必要条件。随着电子竞技行业的发展，赛事安保也显得越来越重要。

1. 安保服务的内容

安保服务涉及多方面，本节主要从 4 方面考虑安保服务的安排，分别是参赛选手保障、裁判员保障、技术官员保障、场地与器材保障。

1）参赛选手保障：比赛资格确认、秩序册、点名检录、赛前训练、交通、餐饮、比赛组织、领奖以及兴奋剂检查工作，同时做好伤病救治等。

2）裁判员保障：选拔报到、培训、分工、现场实习、交通、餐饮、成绩统计和宣告、比赛执法、颁奖组织等。

3）技术官员保障：技术官员包括仲裁、技术录像、兴奋剂检查人员等，主要做好选派报到、交通与餐饮、独立工作区域、保卫、电源设备和器材保管等工作。

4）场地与器材保障：标准化制作、采购运输、保卫、检查、备份等。

电子竞技赛事保障系统的建立，除了由竞赛部门牵头负责，各个部门都要密切配合。竞赛的组织者主要注意突发事件和自然灾害（如气候的影响等）对这一系统的冲击。另外，还要特别关注竞赛成绩造成的冲击，做好与内部、外部的合作和协调工作。

● 与内部合作。与赛事场馆合作，对场馆的安全设施进行检查；与财务部门和采购部门合作，根据财务部门提出的预算对采购部门提出装备要求；与后勤部门合作，了解赛事日程安排及参赛人员信息，进行安保布防等。

● 与外部合作。与政府部门合作，主要指和公安、交通、消防等部门对接；与安保设备供货商合作，包括赛事器材供货商、消防器材供货商、通信器材供货商等。

2. 安保服务升级

近年来，随着我国社会经济的发展、对外交往的扩大，电子竞技赛事与日俱增，且呈现出规模大、规格高、国际化的特点。由于电子竞技赛事的规模逐渐庞大、参与人数增多，安保服务也进行了相对应的升级。主要表现在以下几个方面：

1）赛事安保涉及领域逐渐扩大。原来的赛事安保主要针对场馆内部的安全，现在还涉及赛事场馆所在社区、城市交通、信息管理等众多领域。

2）安防手段深度智能化。利用人脸识别系统进行视频监控，对所有人员的行动踪迹有所掌握；"人证合一"实名制身份核查；对安保路线进行 3D 建模，实现实时可见和全程跟踪。

3）赛事安保的人文因素逐渐增强。根据以人为本的核心思想，面对不同人群提供针对性的服务，从而满足各类人群的需求。

大型活动安保工作是一项繁杂严谨的工作，不容出现细节方面的失误，确保可能出现的危险都被考虑在内。正如立体化、全方面公共安全网要求维护公共安全体系，要从最基础的地方做起，要构建公共安全人防、物防、技防网络，实现人员素质、设施保障、技术应用的整体协调，要认真汲取各类公共安全事件的教训，推广基层一线维护公共安全的好办法、好经验。

大型活动及赛事期间，秩序部主要岗位暂停轮休，以加强现场安全保卫力度。根据活动需要以及场地规划，活动重点区域划分为场馆比赛区、场馆观众区、出入口、安全通道、贵宾及接待室、停车场、场地周边等几部分，由秩序部主管与外聘保安公司协调后，统一部署安保工作。

4）入场人员票证查验及安全检查措施。为最大限度保障活动安全，活动所有入场人员须进行安全扫描门安检，并且要佩戴参赛证或观赛证方可进场。所有进入场地的非工作人员必须接受安全工作检查，对拒不配合的，一律不得入场。对强硬闯入的，现场安保人员予以现场制止，对不听从劝阻且态度强硬的，带离现场并移交公安机关处理。比赛开始后封闭入口，留下至少 1 名保安人员看守，其余人员加入场内安全巡逻工作，及时发现并制止影响现场人员人身和财产安全的不安全行为。

5）比赛消防安全措施。活动开始前，由领导小组带队进行一次全面的现场检查，包括消防栓方位配备、灭火器的检查，确保使用状态良好；对灯光、音响设备要进行认真、细致的检查，不许出现消防隐患和漏洞，确保消防安全。活动前一天组织安全事项会议，事先向每位安保人员发放突发事件应急预案、安全出口、灭火器位置图。现场吊挂大型安全出口及场内区位示意图。现场秩序维护及人员疏导措施、消防及治安管理问题由活动主办方及承办方向公安和消防部门申报，秩序维护部协同安保公司派出人员协助维持秩序。

6）群众进出场秩序、观看秩序由现场安保人员负责。在发生突发事件时，应在应急领导小组的指挥下，全体安保人员协助现场群众疏散，并在确保自身安全的情况下，对突发事件进行控制。

7）赛场、演出涉及的舞台、灯光、音响等工程将由拥有技术资质的专业公司负责设计、安装，由设备维护部监管用电安全。活动承办方负责现场监督。

8）活动场地设施在活动过程中如有损坏，由当事人照价赔偿。在找不到当事人的情况下，由活动承办方负责赔偿，并保留追究当事人责任的合法权利。

如今的大型安保工作已经完成了以人为主的模式到智能化、科技化模式的蜕变。未来的安保工作将更多依赖智能系统、物联网、大数据及地理信息等技术手段，实现对整个活动态势感知、预警、监测及海量数据分析，达到人员管理、交通组织和指挥调度的全面智能化。尤其是 AI 技术与智能安防技术的融合应用，将把大型活动安保科技推到一个全新的高度。从应用层面来看，三维可视化安防系统时代的到来或指日可待。

6.2.2　医疗服务

赛事医疗服务是为赛事提供有关的医疗救护、卫生监督、疾病控制、护理保健等方面工作的行为。赛事医疗服务的目的是保障赛事运行过程中，参与人员的安全与场馆环境的卫生。医疗服务是赛事顺利运行的重要保障，任何体育赛事都不能缺少医疗卫生机构的介入。筹委会通常成立专门的医卫部门，主要包括三大类工作：

1）主要医疗工作，包括常见病治疗、运动损伤的理疗和现场救护工作。

2）针对流行病等多发病、突发性疾病的控制防治，通常有效的方法是对当地历年同等时期内的流行病、多发病进行分析，采取有效措施解决。针对突发疾病，要启动预案，按突发事件程序积极应对。

3）食品卫生监督。除了驻地餐饮与食品供应监督管理是重点外，难点主要是街面上的餐饮饭店，特别是小吃摊点的卫生监督。目前行之有效的办法主要是做好赛事正常的餐饮供应，同时主动引导参加赛事人员到卫生条件较好的地方就餐。坚决取消无证摊贩，层层落实责任制，对社会上的餐点加强检查，决不搞"下不为例"。

在构建电子竞技赛事的医疗服务体系时，应考虑到以下几个方面：

1）遴选定点医院，组建医疗保障团队，为赛事提供优质的医疗保障服务。

2）开展传染病、流行病症状监测，加强疾病预防控制。对于不同类型、不同规模、不同程度的突发事件都应该备有相对应的紧急医疗救援预案，主要包括人员的调配、车辆的调配、救护医院的接收等。面对突发事件紧急救援时，应该由领导小组对突发事件进行宏观管理、总体调控、指导现场行动。

3）强化卫生监督，做好场地、驻地的公共卫生监督检查，确保不发生突发公共卫生事件。

4）专设医疗卫生保障部门。部门内按照职能分为医疗救护处、卫生监管处、疾病防控处、医疗保健处等。医疗卫生保障工作需配备具有医务专业知识、经验丰富的工作人员，包括医疗救护人员、卫生监督人员、疾病防控人员等。对医疗卫生保障工作人员的培训要注意以下几点：对医疗救护人员的培训侧重于掌握急诊医学的基础理论、常见危重病的临床特点及赛事突发事件中的急救处理；对卫生监督人员的培训侧重于相关法律法规和赛事有关医疗卫生规定的培训，要求熟练使用卫生检测设备；对疾病防控人员的培训侧重于掌握常见传统病的特征、疫情监测手段及传染病疫情应急处理。

赛事医疗服务主要是为参与赛事的人员提供安全、高效的服务，为相关人员的身体健康提供保障。通过督查卫生，为赛事参与人员提供优质、卫生的食宿环境。通过整治周围的环境卫生，减少甚至是杜绝疾病传染源，提供安全的公共环境。为参赛运动员提供医疗保健服务，让参赛运动员拥有良好的身体条件来面对比赛。

每一场电子竞技赛事的背后都有大量工作人员的辛苦付出，需要确保所有的后勤工作万无一失。因此对后勤人员提出了极高的要求，后勤保障的重要性不容忽视。

6.2.3 财务管理

在电子竞技赛事中，财务管理的作用不容小觑。电子竞技市场的庞杂性和电子竞技产品的特殊性，使得电子竞技赛事在财务管理方式上不同于一般行业。由于我国电子竞技产业仍处于不够成熟的发展阶段，目前还未建立起成熟的财务管理体系。常规来说，业内一般将赛事的财务管理分为收入体系和支出体系。

1. 收入体系

收入体系一般是指基于赛事活动本身而产生的资金，一般分为外部资金来源和内部资金来源。

（1）外部资金来源

外部资金来源是指除了赛事组织以外募集到的以公共资金为主的资金来源方式，其中包括政府机构的财政支持、团体组织的赞助、拍卖、捐赠、基金申请、慈善晚会等。

（2）内部资金来源

内部资金来源指的是在赛事活动本身的资产上获得的收入。其中包括：

1）"转播特权"的销售。赛事组织可以许可别的数字网络平台对赛事进行直播、转播、录像以及报道，并从中获取相应报酬。

2）门票销售。商业性的赛事通常从区别席位、捆绑销售、比赛双方热度、学生票等方式来定价。门票销售是商业性赛事的一项重要（关键）的收入来源（公开的非商业性赛事不能通过这种方式获得收入）。常见的定价策略有标准价、捆绑价、标准价加优惠、区别定价。

3）赛事周边产品的销售。一般周边产品由赛事组织自行设计、生产、发售，也可以通过合作的形式将这些流程外包给专业的机构。

4）特许经营。将带有赛事专用的特殊标识（赛事名称、队徽、吉祥物、会歌、口号等）作为经营资源授予特许的企业使用，并规范地展开一系列经营性活动。这些都是为了能够让赛事成功举办而在财务管理中的收入体系方面所做的努力。

建立符合实际条件的收入体系，能够最大限度地提升收入指标。一般来说，在电子竞技赛事开始之前，很多收入指标已经明确。但在比赛过程中，会有一些不可控的因素发生。例如，投资商追加投资、部分广告商在看到其他投资者获得效益后，自己也想投放广告，如果相关条件允许，完全可以增加各项指标收入，前提是不能破坏既定收入体系。

2. 支出体系

在电子竞技的财务管理中，除了建立符合实际的收入体系之外，还要在支出体系上做出努力。支出体系和收入体系有很大的不同。首先，支出体系的建立与后续发展具有密切的关系，持续性支出所带来的必须是持续性的收入；其次，支出方面的工作，有些是临时的，有些是长久的，严格划分才能保证每一分钱都花得有价值；最后，支出体系的建立会对收入体系产生最直接的影响，而且在盈利方面，是否会获得持续性效益，也是非常重要的考量标准。就赛事本身而言，各个阶段的表现方法和工作模式具有很大的差别。从财务管理的角度看，赛事各个阶段的支出具有很大差异。赛事的支出体系可分为以下 4 个阶段：

1）搜寻与征询阶段。主要的费用支出集中在通信费、差旅费等方面。前期投入的资金会根据比赛性质和比赛时长来决定，不同地区的不同要求，会造成前期投入的不同效果。因此，在搜寻与征询阶段，需要得到较为全面的信息，避免在后续工作中投入更多的不必要费用。

2）签约费用。此项费用的占有比例非常大，集中在球队出场费用、比赛场地租赁费用、销售代理费用等方面。签约费用在支出和收入中，都占有很大的比例，处于一个中间环节。如果控制不好此项费用，会导致财务管理工作遇到较大的阻碍，甚至影响体育比赛的时间和效果。

3）履行与执行阶段。此阶段的费用属于后期费用，多数情况下，履行和执行阶段的费用不会发生太大的变化，除非遇到一些不可抗拒的因素，如国家政策变化或者是社会上的舆论压力。此阶段的费用集中在应急措施费用、招待费用等方面。在电子竞技方面，游戏开发商的决策对于信息不对等的大中型赛事而言，也是一种不可抗拒因素。例如，某厂商决定在一年内的比赛周期中添加一场赛场。

4）总结阶段。这个阶段代表着赛事结束，各项工作进入尾声。从客观的角度来说，总结阶段需要结清相关合作单位的费用，并且对自身是否盈利进行一个全面的分析和总结，为日后的发展提供相关参考。

总体而言，资金在日常管理中，也需要综合社会上的外部因素和体育比赛的内部因素，这样才能得到一个理想的成效。

6.2.4　交通与接待管理

1. 交通管理

（1）设计目标

1）确保赛事顺利、安全进行。

2）尽量降低赛事交通影响，避免出现突发交通事件与交通拥堵。

3）满足沿线单位、居民的正常出行需求。

（2）设计步骤

1）确定交通影响区。根据赛事对周边交通的影响强弱程度，将交通影响区分为直接影响区和间接影响区。其中，直接影响区指与赛事地点（线路）直接关联的区域，影响程度较强；间接影响区指与赛事地点（线路）间接关联的区域，影响程度较弱。

2）分析交通现状与问题。通过调查道路设施、公交运营及路网交通流量等现状，分析交通现状及存在的问题。

3）设计交通组织方案。根据赛事导致的交通流量变化，进行流量的重新加载或分配，确定影响区内的交通拥（挤）堵点，并结合居民出行需求，提出相应的交通改善措施。

4）评价交通组织方案。对比实施交通组织方案前后的路网车流运行状态，评价方案是否起到较大限度降低赛事交通影响的作用。

（3）降低交通影响的对策

1）优化赛事地点（线路）选择。赛事地点（线路）的确定往往仅从经济、方便性等角度出发，对交通的影响方面考虑不足。因此，在确定赛事地点（线路）时，应综合考虑其交通影响，进行多方案比较，选出交通影响最小的赛事地点（线路）。

2）注重道路设施改造。通过赛事交通需求预测分析，对影响区内的交通拥（挤）堵点进行工程改造（如旧路改造、渠化），以充分挖掘路网通行潜力。

3）强化交通组织与管控。常用的交通组织与管控措施包括削减交通需求、分走过境交通、单道双通、双道单行、调整信号禁限转向、交警维序、分时放行、设置专用道优化公交线路、诱导停车等。

（4）大型赛事交通管理实例分析

2013 环中国国际公路自行车赛（重庆巴南）于 2013 年 9 月 19 日（中秋节）14:00—17:00 在重庆市巴南区（起终点位于巴县衙门）举行，比赛线路包含巴滨路、龙海大道、龙洲大道、下滨江路、江滨路、大江东路、鱼轻路、丰华路、大江西路、新 S106、云山公路渝南大道 C 段等道路，全长 124 公里。参赛队伍 22 支，分别来自美国、法国、英国、中国等国家，赛事具有影响区域广、公交线路牵涉多、居民出行需求大等特点，对交通组织要求颇高。

1）确定交通影响区。直接影响区包括赛事线路封闭的 12 条主要道路及 20 个交叉口；间接影响区包括李家沱、花溪、龙洲湾、鱼洞云篆山等片区的众多道路。

2）分析交通现状与问题。根据交通现状调查分析，鱼洞片区道路条件不佳，部分道路及交叉口高峰期的饱和度已达 0.85。渝南大道 C 段占去北侧半幅路作赛道，出行需求受限。巴南立交桥下渝南大道由南向北侧道路狭窄，通行能力剧降。大江东路、云山公路被封，大江、云篆山片区居民出行困难。

3）设计交通组织方案。

① 优化比赛线路。第一套方案的赛道主要比最终方案多包括了渝南大道 C 段（右半段）、龙洲大道（下段）、娄八路及渝南分流道，致使整个巴南区被全封，交通影响十分严重；第二套方案的赛道主要比最终方案多包括了娄八路及渝南分流道，但也使整个龙洲湾、李家沱、花溪片区被全封，交通影响较为严重。最终的实际方案则需要从时间安排、人流量处理等多个方面入手。

② 注重交通组织与管控。赛事运用的交通组织与管控措施如下：

● 在影响区外围设置分流标志，分走南岸至一品（珞璜、江津）、江津（珞璜）至南岸的过境交通。

● 在大江东路与巴县大道交叉口实行分时段放行，以满足大江与鱼洞居民的出行需求。

● 在渝南大道 C 段（赛道段）实行单道双通，以保障鱼洞与大渡口居民的出行需求。

● 在渝南分流道与走马梁路交叉口实行转向禁限，即在北进口中央分隔带处凿开一个缺口，供车辆左转入走马梁路，禁止车辆向南直行，南进口只允许车辆直行与右转；东进口只允许车辆右转；目的是扩大由南向北的道路通行能力（因为巴南立交桥下渝南大道由南向北侧道路仅一条车道可通行）。

③ 在直、间接影响区内相应路段和交叉口配置大量警力，疏导交通，处理突发交通事件。

2. 接待管理

接待管理是指为参加、参与赛事的各类相关人员提供住宿、餐饮、交通一系列服务的集合，虽然并非赛事中一定存在的环节，但是众多赛事中依然保留。

（1）特点

1）接待服务工作中存在许多量化指标，其优势劣势将会很清楚的显现出来。

2）接待服务工作的直接对象是人。

3）接待服务对象数量多，并且通常是同时到达和同时离开。

4）因竞赛因素产生的不满情绪或者矛盾，也将使体育赛事接待工作承受不同于其他活动的压力。

5）参赛或观赛者通常有自己所处团队或支持队伍，立场鲜明。比赛具有对抗性特点，运动员的对抗情绪会带动观众。过于激昂的情绪易引发肢体冲突、恶性事件，使体育赛事接待比其他类型接待的安全问题更为突出。

（2）一般步骤

1）了解接待对象的期望的服务，对接待服务的整体工作量进行估计，同时要了解所需具体情况，即赛事运作管理机构所拥有的可用于接待服务的所有资源。

2）条件允许的情况下，尽可能满足甚至超过接待对象的期望；在条件不允许的情况下，要与接待对象及早沟通，使其期望值及时调整。

3）在赛事筹办过程中，对接待对象需求的变化及时作出反应，对接待工作中出现的问题快速疏导、解决。

4）赛事结束后，要对接待服务情况进行评估，总结经验或者教训。

（3）主要内容

1）住宿服务。

① 确定需要提供住宿宾馆的对象类别：

· 结合各类接待对象的数量、规格、抵离时间确定接待宾馆。

· 依照接待对象对住宿时间、地点、竞赛项目的需求分配接待宾馆。

· 编制接待宾馆的服务标准，包括《宾馆接待工作规范》《客房卫生设备达标方案》《宾馆设施使用规定》《服务人员着装、行为、语言行为规范》《消防安全工作方案》《24 小时值班经理制度》等，并下发到各接待宾馆。

· 组织开展宾馆相关人员的培训工作。

· 对各接待宾馆进行周边环境布置。

② 住宿方面要考虑承受能力。2004 年雅典奥运会期间，为弥补雅典市的旅馆资源不足，奥组委和当地政府推出两个方案，一是豪华邮轮租住方案，即奥运期间在毗邻雅典的重要港口比莱夫斯市停泊八艘大型豪华游轮供游客租住；二是家庭住房出租计划，鼓励雅典居民把闲置的住房出租给奥运游客，或届时外出度假以腾出空房供奥运游客租住。此外还要考虑价格，奥运会期间饭店普遍涨价，如 2000 年悉尼奥运会期间涨价 2~3 倍；2004 年雅典奥运会期间涨价 3~6 倍；2008 年北京奥运会期间涨价 1.4~1.6 倍。

2）餐饮服务。提供优质餐饮服务的首要前提是了解各类接待对象的餐饮需求，即确定各类接待对象的用餐类别、用餐时间及饮食习惯。

① 用餐类别包括固定用餐和非固定用餐。固定用餐又分为宾馆接待用餐点和场馆固定用餐点。非固定用餐大都因为特殊工作原因而需要接待部门向接待对象提供的餐饮服务方式，如向竞赛裁判员、记者提供的场地用餐。此类用餐服务的关键是餐饮的及时供应及卫生

标准。非固定用餐包括快餐、食品及饮品。

② 用餐时间需要根据不同接待对象加以区别。例如，安排记者的餐饮时，需要注意记者的工作时间很长，只要新闻中心没有关门，记者驻地就应该继续供应饮食服务，而参赛选手用餐时间则应和竞赛安排结合。

③ 饮食习惯则与接待对象的国籍、民族、宗教、区域、个人喜好等因素相关，应事先对接待对象的饮食习惯进行征询，尤其要注意不同接待对象的饮食禁忌。

④ 在全面了解接待对象的饮食需求的基础上，合理选择餐饮供应商。餐饮供应商的选择方式则根据赛事的实际情况而定，较小规模的赛事可采用询价、报价、洽谈、比较的方式来确定餐饮提供商；大规模的赛事则有必要采用公开招标的方式进行餐饮供应商的选择。

3）迎送服务。迎送服务要求制订详细的迎送工作方案，方案的内容一般包括迎送对象、抵离时间、站点设置、迎送团队、交通保障、迎送路线、迎接与欢送的要求等。

① 迎送服务成功的首要前提是信息的准确。迎送服务人员必须掌握来宾所乘飞机（火车、船舶）的抵离时间、地点、车次、班次、人数等信息，如有不详情况要提前通过电话、传真等途径核实清楚，及早通知全体迎送人员和有关单位。如有变化应及时周知。

迎送人员应在飞机（火车、船舶）抵达之前到达机场（车站、码头）。送行则应在接待对象登机之前抵达（离去时如有欢送仪式，则应在仪式开始之前到达）。如接待对象乘坐飞机离开，则应该通知其按航空公司规定时间抵达机场办理有关手续。

② 迎送工作中的几项具体事务，如安排汽车，预订住房等。如有条件，在接待对象到达之前将住房和乘车号码通知接待对象。如果做不到，可打印好住房、乘车表或卡片等，在客人刚到达时，及时发到每个人手中，或通过对方的联络人员转达。这既可避免混乱，又可使接待对象心中有数，主动配合。

指派专人协助办理入出境手续及机票（车、船票）和行李提取或托运手续等事宜。体育代表团通常人数众多，行李也多，应将主要接待对象的行李先取出（最好请对方派人配合，及时送往住地，以便更衣）。

4）交通服务。

① 交通服务是指为接待对象提供交通便利，主要包括两方面的工作，一方面是赛事期间各类接待对象的用车需求，另一方面是各类接待对象的中转票务需求。

② 规模较小的赛事一般将交通管理的职能归属于接待部门，而大型综合性赛事，由于交通服务涉及与城市交通管理部门及铁路、航空等部门的大量协调工作，常常在赛事运作管理机构中设立独立的交通管理部门。

思考题

1. 电子竞技赛事的赛事流程大致有哪几部分？
2. 电子竞技赛事的安保服务需要注意哪几方面的内容？
3. 举例说明电子竞技赛事交通管理的一般步骤。

第 7 章

电子竞技赛事的场外运营

概述

电子竞技赛事的快速发展主要受 4 个因素推动，首先是国家对电子竞技产业的态度从限制转为鼓励，不仅增加了电子竞技的正面报道，而且举办了多个全国乃至世界级的电子竞技赛事，起到了极大的示范作用；其次，2010 年前后诞生了多款质量较高的竞技类游戏，使游戏厂商和电子竞技产业从业人员得到了更多赛事开发的渠道；再次，电子竞技赛事展现出的巨大商业价值吸引了大批的电子竞技业内和业外的赞助商投入大量资金；最后，经过电子竞技赛事从业人员出色的运营和严谨的管理，国内举办了多场较为成功的电子竞技赛事，逐渐形成了独立的赛事版权。本章内容将从这 4 个因素入手，阐述如何借此维护电子竞技赛事的持续发展。除此之外，本章还将列举一些现阶段影响电子竞技赛事发展的因素，并对电子竞技赛事未来的发展情况进行分析。

7.1 赛事的持续维护

7.1.1 赛事申办

1. 赛事申办的法律法规

《群众性文化体育活动治安管理办法》第二条规定如下。

在公园、风景游览区、游乐园、广场、体育场（馆）、展览馆、俱乐部、公共道路、居民生活区等公共场所举办的下列活动，适用本办法。

① 演唱会、音乐会等文艺活动；

② 游园、灯会、花会、龙舟会等民间传统活动；

③ 体育比赛、民间竞技、健身气功等群众性体育活动；

④ 其他群众性文化体育活动。

电子竞技相关赛事适用于《群众性文化体育活动治安管理办法》。因此，电子竞技赛事的申报应该遵循该管理办法，特别是以下条款：

1）举办群众性文化体育活动的公民、法人和其他组织，应当向所在地县级以上公安机关提出书面申请，并在申请时提交以下文件：

① 活动方案和说明；

② 活动安全保卫工作方案；

③ 场地管理者出具的同意使用证明；

④ 申请人身份证明及无违法犯罪记录等；

⑤ 法律、法规和规章规定须经有关主管部门批准的活动，应当同时提交有关批准文件。

2）申请举办群众性文化体育活动的法人和其他组织必须具有合法身份。

申请举办群众性文化体育活动的个人，必须具有国家主管部门授予的专业技能资格证明及举办活动的相应条件，具有合法的身份证件。

个人举办群众性文化体育活动，必须经有关主管部门批准。

3）申请举办群众性文化体育活动的公民、法人和其他组织，应当对活动的具体内容、安全保卫措施承担全部责任，并制定安全保卫工作方案。

安全保卫工作方案应当包括以下内容：

① 活动的时间、地点、人数、规模、内容及组织方式；

② 安全工作人员情况、数量和任务分配、识别标志；

③ 场地建筑和设施的消防、安全情况；

④ 入场票证的管理、查验措施；

⑤ 场地人员的核定容量；

⑥ 迅速疏散人员的预备措施。

4）群众性文化体育活动的参加人数在二百人以上三千人以下的，由县级公安机关许可；人数在三千人以上的，由地（市）级公安机关许可；跨地区的群众性文化体育活动，由共同的上一级公安机关许可。作出许可的公安机关应当向上一级公安机关备案。

公安机关应当在接到申请后三十日内，作出许可或者不许可的书面决定。逾期未作答复的视为许可。公安机关在作出决定过程中，必要时应当进行实地检查。

5）申请举办群众性文化体育活动有下列情形之一的，公安机关不予许可：

① 违反宪法基本原则，危害国家安全和社会稳定的；

② 侵害少数民族风俗习惯、破坏民族团结、煽动民族分裂的；

③ 宣扬迷信邪说、色情、淫秽或者渲染暴力，有害群众身心健康的；

④ 违背社会公德或者侮辱、诽谤他人的；

⑤ 申请的公民、法人和其他组织不符合本办法规定条件的；

⑥ 举办的活动按规定需经有关主管部门批准，而未获批准的；

⑦ 场地管理者不同意使用其场地的；

⑧ 在县级以上国家机关周边地区，广播电台、电视台、外国使领馆、军事设施及其他要害部位周边地区举行的；

⑨ 举办活动场地不符合安全条件，以及举办的活动可能严重妨碍治安交通秩序和社会生产生活秩序的。

2. 赛事举办的规则

电子竞技赛事举办一般要遵守游戏所属开发商所制定的要求和标准。

以《王者荣耀》全民赛为例，举办方的申请规则如下：

（1）赛事申请流程

赛事申请的一般流程如图 7-1 所示。

| 01 填写商家信息 注册企业账号 | 02 提交赛事信息 | 03 确认免责声明 | 04 等待审核通过 | 05 审核通过 发起比赛 |

图 7-1　赛事申请的一般流程

审核时间为提交申请后的 7 个工作日内。

（2）赛事名称要求

1）举办方可依据所举办赛事需求自定义比赛名称，如"XX 杯王者荣耀赛"。

2）举办方自定义的赛事名称中不可出现"官方授权、官方赛事"等表意为官方参与的字眼。

3）须于比赛所有宣传、报名渠道的宣传物料中注明"本赛事非《王者荣耀》官方赛事，为自主举办，欢迎监督"。

（3）申办资格要求

1）赛事规模要求：全民赛的线下赛事规模仅限于同城比赛。

2）举办方硬件要求：

① 场地要求：赛场面积为 200 m² 或以上；至少可容纳 80 人进行比赛。

② 网络要求：可提供无线网络且延时不得超过 100 ms。

③ 现场独立的充电设施不少于 10 个。

赛事环境必须满足举办赛事的标准，否则《王者荣耀》项目组有权终止比赛。

3）以下列五类商家不可进行申请：

① 电子游戏（包括但不限于 PC 端游戏、手机游戏、网页游戏等）开发商及运营商。

② 赌博、色情淫秽网站或产品。

③ 烟草（包含电子香烟产品）、酒类商品及含酒精类饮料、碳酸饮料。

④ 其他有害未成年人身心健康的产品。

⑤ 被玩家举报或投诉的商家。

（4）海报、商标使用规范

全民赛的海报、商标使用规范如图 7-2 所示。

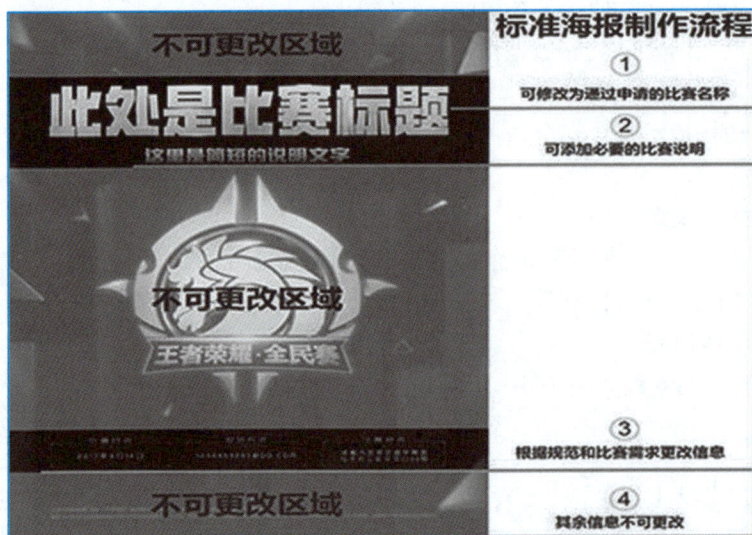

图 7-2　海报、商标使用规范

1）全民赛海报仅可在获批比赛的时间范围内使用，不得用于其他事项，不得进行二次授权使用。

2）全民赛海报样式由《王者荣耀》项目组提供，赛事举办方不得做违规修改（违规修改包括但不限于拆分使用海报元素、添加多余元素等行为）。

3）全民赛标志不得单独使用，且不可拆分或添加其他任何元素。

4）全民赛海报不得出现举办方以外其他企业或商品的第三方的标志及影像。

5）如出现违反上述 4 条规定的传播内容，举办方必须在三天内下线。

（5）禁止行为

1）禁止违反法律法规。

2）禁止在举办《王者荣耀》全民赛的同时举办其他游戏的比赛。

3）禁止以任何名义和形式向玩家收取费用（如报名费、押金、抵扣税金、入场费办卡、买手机）。

4）主办方不得在线上、线下活动中贩卖《王者荣耀》官方的游戏外围商品，也不得贩卖其相关衍生盗版外围商品。

5）主办方不得在线上、线下活动中贩卖其他游戏或其他游戏的官方周边商品。

6）守护条款：禁止 12 岁以下未成年人参与比赛，13～18 岁参与者需监护人陪同参赛（举办方须在线上、线下报名规章内加入并强调此要求）。

7）若比赛任何环节出现任何不健康、负面的内容，《王者荣耀》赛事举办方有权随时撤销该比赛的许可。

8）禁止填写虚假信息。

9）商家提供的奖励不可为：任何赌博产品；处方药品；色情淫秽网站或产品；烟草（包含电子烟产品）；酒类商品及含酒精类饮料；其他有害未成年人身心健康的产品。

（6）违规处理办法

1）违反上述任何一款规定，第一次将收到项目组邮件警告，限定于三日内完成修正。

2）违反上述任何一款规定，第二次将被取消举办资格。

3）违规行为严重者，将被永久取消全民赛申办资格，且《王者荣耀》赛事举办方保留向违规方提起诉讼的权利。

（7）举办方权利

1）接受《王者荣耀》官方的指导和建议。

2）优质的全民赛事将获《王者荣耀》官方渠道的推广宣传。

（8）法律归责

1）全民赛事活动中发生任何违反国家法律法规的行为，与《王者荣耀》赛事举办方无关，《王者荣耀》项目组及腾讯企业不承担相应的法律责任。

2）全民赛事活动中发生任何对玩家人身安全产生隐患或对玩家生命造成危害的行为，与《王者荣耀》赛事举办方无关，《王者荣耀》项目组及腾讯不承担相应的法律责任。

7.1.2　赛事开发

随着电子竞技事业的不断发展，电子竞技赛事的举办正逐渐成为社会发展和进步的重要标志，体现着一个国家的综合国力和社会的文明程度。而大型电子竞技赛事市场的开发与营销，不仅带动了外交、建筑、旅游、金融、交通、信息技术、通信等相关产业的发展，而且更进一步地促进了整个经济的发展和城市形象的改善。怎样才能更好地推动大型电子竞技赛事市场的开发与营销，成为了行业内所关注的重大问题。当前，我国电子竞技市场的开发力度与营销策略仍然不够。社会各界对于大型电子竞技赛事的关注，也仅停留在短期的经济效益方面，而忽视了它给整个城市、社会及国家所带来的辐射效应。因此，运用合理的营销手段开发大型电子竞技赛事市场，是推动我国电子竞技事业发展、促进经济繁荣的重要途径。

1. 我国大型电子竞技赛事市场开发的特点

（1）以电子竞技赛事商业化为主，突出赛事的观赏性

电子竞技赛事商业化是推动大型体育赛事市场开发的根本途径，大型电子竞技赛事商业价值的形成与赛事活动本身有着直接或间接的关联，市场开发的效果直接影响着电子竞技赛事商业化发展的水平，它与赛事的级别、品牌、赞助商的构成、运动员的现场表现、群众关注程度等有着密切的联系。竞技体育商业化的过程能为电子竞技赛事提供丰富的物质支

持，赛事市场发展的商业化程度直接取决于赛事的可观赏性。在此方面，电子竞技较其他竞技体育有着天然的优势。大型电子竞技赛事的成功举办需要财力与物力的支持，而仅有政府单方面的支持是不够的，只有不断将电子竞技推向商业化，才能为大型赛事创造充足的资金、设备等方面的支持。因此，不断提高电子竞技赛事的观赏性，推动电子竞技商业化，才能得到更多的赞助投资，创造更多的附加价值，吸引更多的商家投资到电子竞技赛事中。

（2）市场开发以无形资产开发为主

在大型电子竞技赛事市场开发的过程中，除了可以计算的有形资源外，赛事还会带来一系列的无形价值，而这些对于市场的开发具有重大的潜在价值，如赞助商开发、社区自豪感、国家或国际认同感、旅游业所带来的巨大经济利益等。大型体育赛事的开展都需要不断地开发市场，加强无形资产的开发是筹资来源的主要途径。在 2008 年北京奥运会期间，我国充分、合理地进行了赞助商这一最大无形资产的开发，将奥运会的品牌价值转让给赞助商，给体育赛事提供了巨大的资金来源。吉祥物系列标志的开发同样也是大型体育赛事无形资产的重要组成部分，"福娃"、纪念币、纪念邮票、明信片的问世在全国掀起了一阵浪潮，创造了巨大的价值。在第九届全运会上，通过对特殊标志（名称、会徽、吉祥物）使用许可权的开发利用，如在大街上及各赛场小卖部里处处可见的九运会纪念邮品、纪念卡（银行卡、地铁卡、电话卡、铁路卡）、纪念徽章、匙扣、工艺品、文化衫、太阳帽等。

（3）多渠道开发市场，积累资金

市场开发是实现赛事无形资产和有形资产价值的过程，是推动赛事成为企业宣传、促销的载体。应注重赛事本体资源的开发（冠名权、特许权、专有权、赛事项目），赛事载体资源的开发（场馆广告、户外广告），媒介经营资源开发（媒体经营活动、媒体文化、无形资产赞助商、吉祥物标志、申请纪念币、纪念邮票等无形资产公开发售），以及衍生产品的开发（吉祥物玩具、金属徽章纪念品、纪念服装、现场观看用品、当地特产）。多渠道的市场开发，需要组织者与政府、企业、社会团体等多方面鼎立协作，依靠商业、交通、旅游等相关产业的支持与合作，才能大面积地创造和积累资金。

（4）筹备周期长

为了更好地展示举办城市的魅力与实力，在举办大型的电子竞技赛事之前，政府与相关的组织部门都会针对需要改善的电子竞技场馆设施、环境、安全防护、自然灾害等一系列可能出现的问题进行预测、建设与改造。在大型的电子竞技赛事中，筹备工作是整个赛事成功举办的根基，也是电子竞技市场开发工作最先启动的工作之一。例如，2008 年北京奥运会的市场开发是 2003 年 9 月 1 日正式启动，到 2008 年 8 月正式举办历时 5 年，成为了中国承办的大型体育赛事中市场开发周期最长、跨度最大、覆盖面最广的一项赛事；而 2001 年第九届全运会的筹备工作也在 1997 年 5 月开始正式筹备，历经 4 年时间的筹备工作，由基础性筹备、综合性筹备以及试运转三个阶段组成。现阶段电子竞技赛事的筹备周期也较长，一些大型世界级赛事会提前一至两年确定举办地、举办方等信息。

2. 大型电子竞技赛事市场开发的渠道

（1）公众在该地区的消费

公众消费主体来自于各类电子竞技爱好者个人或协会。协会成员通常集体购票、购买比赛纪念品，并组织丰富多彩的活动。公众消费也是电子竞技赛事市场开发的重要途径。随着电子竞技赛事的不断开发，推动了当地经济的发展，同时也带动了相关产业的发展，让更多的人开始慢慢地了解当地的本土人文气息。公众对于电子竞技赛事的关注程度是市场开发的重要渠道，公众的注意程度越高，代表着赛事观赏性就越强，所创造的价值也就越高。

（2）赞助招商

电子竞技赛事赞助是经营电子竞技比赛的市场支柱。通过赞助者与被赞助者之间建立的互利关系，赞助者给予被赞助者金钱、食物、技术或劳务等方面的支持，而被赞助者为赞助者带来巨大的经济回报，如冠名权、广告宣传、专利权和促销等方式对赞助企业进行宣传，以提高企业的品牌形象，同时也将为大型电子竞技赛事本身筹集巨大的资金支持。因此，在组织大型电子竞技赛事过程中，抓住赞助商的心理对于扩大市场投资力度，吸纳赞助经费具有重要的作用。而在吸引赞助商投资的过程中，要善于介绍，积极倾听，了解赞助商的需求；给赞助商的建议书中应包括相关赛事的量化数据，可将研究或预测报告列入建议书附件；通过与赞助商维持良好的关系等途径寻找潜在的赞助商。

（3）网络直播权的有效利用

由于电子竞技运动的竞争性、刺激性、娱乐性和具有悬念等本身特点，以及我国对电子竞技赛事的相关政策，网络直播成为了满足观赏需求的一种最好的传播媒介。而网络直播权也被视为电子竞技市场的产金地带，成为了各类电子竞技项目赛事的重要收入来源。在一个健全的市场环境中，质量高、观赏性强的赛事直播会吸引大量观众，收视率的提高会为赛事吸引大量的广告客户，推动电子竞技市场开发渠道的扩展。

（4）政府对基础设施的投资

承办大型电子竞技赛事，政府部门在基础设施建设上会有较大的投资，这对电子竞技场馆设施的完善以及电子竞技产业的发展都具有十分重要的作用，在一定层面上为大型电子竞技赛事的成功举办奠定了前提与基础。

3. 大型电子竞技赛事的营销策略

（1）加强电子竞技赛事的推广与宣传

一场大型的电子竞技赛事，电子竞技选手的参与是基本前提，评定一场电子竞技赛事的规模程度往往是由所参与的电子竞技选手的数目决定的。因此，赛事组织者要与电子竞技选手所在的俱乐部、教练员、经纪人发展关系，吸引电子竞技选手参加赛事，吸引媒体报道赛事，加强体育赛事的宣传力度，等等，是提高电子竞技赛事经费的重要途径。例如，在媒体前来采访时准备一定的礼物，将对于做好赛事宣传具有重要的作用；吸引公众前来观看比赛或关注有关赛事的报道，是电子竞技赛事营销的主要途径，商家可以通过媒体广告、互联网等多种有效手段来提高公众的知名度。

（2）合理利用企业赞助

吸引赞助商投资是成功举办赛事的前提，在组织赛会的同时，应抓住赞助商的心理，弄清楚吸引赞助的优势是获得赞助商青睐的重要条件。电子竞技赞助一方面能提高企业的知名度，帮助企业建立品牌意识；另一方面，它能为电子竞技赛事提供大量资金的支持。因此，在举办大型的电子竞技赛事时，举办商首先必须了解赛事，其次要开展调研，甄别潜在的赞助商，加强与跟踪联系赞助商，是电子竞技赛事营销的主要手段。要更好地吸引赞助商，需善于抓住赞助商所关注的价值，制订灵活多样的赞助方案，尽量挖掘赛事的卖点，为赞助商提供尽可能多的广告宣传、促销机会等，推动企业的无形资产和有形资产两方面盈利。

（3）建立品牌，提高形象包装

运用营销学的手段，将电子竞技赛事包装成为知名的媒介品牌，有助于推动电子竞技产业的发展，同时也是商家出奇制胜、压倒对手、争取商机的武器。从奥运会的运作和美国职业篮球联赛的包装上看，体育赛事的商业开发价值平台逐渐凸显出来，这对电子竞技赛事的商业开发有着重要的启示。广告策划的整体思路包装、多样化的媒介经营手法对商家无形资产的推动、电视媒体的宣传作用、新闻媒体的宣传炒作等，都成为了商家所看好的重要条件，同时也是推动电子竞技赛事营销的手段。

（4）推动执行公司的发展，提高赛事营销质量

执行公司是从事赛事策划、包装、推广的专门机构，具有专门的营销人员，掌握着大量的市场赞助信息与商业资源，拥有丰富的赞助知识和市场推广经验，能够根据双方要求和赛事特点制订出切实可行的推广方案，有利于提高推广的策划和实施水平，促成双方交易。执行公司在电子竞技市场中具有推动电子竞技运动商业化进程的作用，使得赛事数量和卖点增多，电子竞技比赛的组织者扩大资金来源，增加财富，降低交易成本与风险。我国的大型电子竞技赛事市场开发来看，相关专业的法律法规稀缺，执行机构数量本身有限，并对于赛事的作用仍相对薄弱。因此，执行机构应不断借鉴电子竞技产业发达国家的管理与经营经验，并结合国情，采取合理的方式推动我国电子竞技赛事健康、快速发展。

7.1.3　赛事赞助

随着近年来的政策支持与全民健身的推广，体育已经成了人们不可或缺的新的生活方式。而作为新的连接介质，不同体育项目与生俱来带着某些特质，如拼搏、力与美、不可预知、优雅等，这也就圈定了各类项目的不同受众人群。如此多的受众人群使得体育赞助市场体量巨大，据相关预测显示，2025 年体育赞助市场有望达到 1 000 亿美元的规模。此外，体育赞助市场增速快、增长幅度也比较大。目前世界体育赞助总值约 200 亿美元，每年平均以10% 以上的速度递增，而广告的增长速度却低于 5%，这就说明了赞助市场的年增长速度要超过广告 1 倍以上。从国内来看，中国体育赞助市场潜力巨大，在国际体育市场中，中国体育服务占比大约在 70%，而中国的体育市场和国际相比还不够成熟，处于发展初期阶段，这其中有 30% 是体育赞助行为。体育市场主要以体育装备和体育用品为主，体育服务占比大约 20%，体育赞助的占比份额则较少，未来体育赞助市场将蕴藏着巨大潜力。

电子竞技赛事作为体育赛事之一，同样存在着巨大的赞助市场。电子竞技赛事赞助在体育与经济之间起着纽带的作用，它完美结合体育与竞技，并促使两者达到平等、互惠。所以，赛事赞助既能促进体育健康向上发展，也能带动经济使之充满活力、繁荣向上，有一箭双雕的双重作用。随着社会、经济各方向的全面发展，体育的魅力越发显现，感召力越来越大，企业越来越重视体育赛事，并且不断参与其中，电子竞技运动的企业赞助金额也呈现逐年递增的趋势。如今的各项体育比赛活动已经不是单纯意义上的体育竞技活动，而是包括政治意义、经济利益、文化内涵等多种事物的大融合、大比拼，赞助的趋势也在不断变化（如图 7-3 所示）。

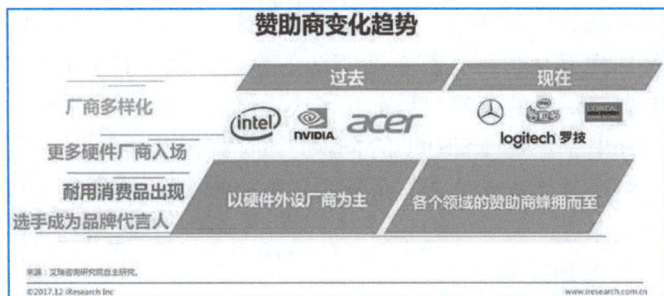

图 7-3　电子竞技运动赞助商的变化趋势

无论是传统体育赛事赞助还是新型体育赛事的赞助，其基本内涵仍然融合在体育赛事赞助活动中。赞助企业为体育赛事管理者提供经费支持，或给运动队提供实物，如服装、装备或相关服务等支持，而体育赛事管理者或运动队员则允许企业赞助商享有某些权利，如冠名权、标志使用权、特许销售权等，或者可以在体育活动场地进行商业广告宣传等。双方互惠互利、资源共享，属于合作形式。体育赛事赞助一般有如下几种形式：冠名权赞助，如"××杯"等体育活动；对奥林匹克运动会的赞助，以及针对体育明星个人的赞助；对体育场馆的赞助，包括赞助体育场馆的建设单位、维修等并命名，如"逸夫体育馆"等；还有一些纯体育公益事业的赞助，这一类赞助不图回报，主要是企业为了奉献社会而进行的赞助。电子竞技作为一种新型的体育赛事项目，必然也有着自己独特的赛事赞助。

电子竞技体育赛事的赞助以其特有的公益性、可控性、互动性和成本效益优势成为企业青睐的品牌营销手段，当前越来越多的企业认识到体育赞助的营销价值。但不少企业对体育赞助的理念和操作还存在不成熟之处，从而影响了体育赞助的效果。总体而言，我国企业在进行体育营销时最大的不足主要表现为活动不够系统深入、配套资金不到位甚至根本没有配套资金以及对活动效果缺乏深入的评估与总结。因此，树立科学的体育营销理念，完善体育赞助各业务环节，实现科学决策、系统策划、精确执行，对电子竞技体育赛事进行赞助的企业乃至赛事运营机构都具有积极意义。合理利用赛事赞助，能够为电子竞技行业带来巨大的积极意义，主要要做到以下几点。

1. 合理预算，打造营销支点

企业进行体育赞助的营销预算主要支出为广告经费。然而，成功的体育营销并非在双方签订协议之后即结束。根据美国 IEG 咨询公司发布的《2015 赞助花费报告》数据显示，赞助企业被问及"花在赞助执行上的费用和赞助费的比例是多少"时，绝大部分的企业更加认可 1:1 的比例。不同的企业在进行体育营销时的目标不同，其推广活动预算的高低也应视赞助赛事本身规模大小及企业营销目标而定。

2. 整合传播，挖掘营销价值

电子竞技体育赛事的体育营销，就是借助各种与体育相关内容（产品、人物、事件、服务）为载体，使企业与消费者之间建立以体育文化为核心的品牌文化体系，是一种多层次的整合营销运用，必须融入于企业既有的营销计划之中，以求发挥最大的效果。不论现场观众及参加者数量有多少，那仅能代表企业的部分目标市场。体育赛事的真正营销价值，还需要通过大众传媒以及相关的营销活动来开发与放大。而不少国内企业在进行赛事赞助时，往往把赛事赞助误认为就是体育营销的全部，在赛事赞助上不惜重金，出资金、在现场树立广告牌，但赛事之外别无其他，不进行企业资源的整合，缺少体育营销在企业战略中的布局，导致资源严重浪费，最终的营销效果也就平淡无奇。因此，如何将企业、产品、赛事巧妙结合起来，才是选择电子竞技体育赞助的企业应该仔细斟酌的问题。这就要求赞助企业需要有整合传播思维，将赛事的核心精神与企业的品牌核心文化相连接，并传递给消费者，进而受到消费者的接受或认可。

3. 挖掘数据，评估赞助效果

体育赞助是长期性行为，每一次活动都应实时跟进，用数据说话，全面评估，系统总结，以此作为策略修订的依据。因此，赞助效果评估的重要性不言而喻。概括而言，体育赞助的效果可以分为"质"和"量"两个方面，前者主要包括品牌忠诚度、品牌形象、企业社会责任等方面，后者则包括品牌的曝光度、产品的展示与销售、媒体报道量等内容。

电子竞技体育赛事的赞助不是广告也不是促销，它既是企业获得可持续竞争优势的重要资源，也是促进电子竞技体育赛事长久发展的重要保障。赛事赞助并非一助就灵，由于体育本身作为一项大型活动，其具有综合性、复杂性，因此赞助效果的好与差受多重因素的影响，如赛事影响力、媒体传播平台、赞助级别、赞助持续时间、整合传播力度、品牌与赛事的匹配性等。

2017年，对于中国电子竞技发展来说是至关重要的一年，电子竞技体育化以及大众化认可都得到了一个空前的提升，并在全国范围内掀起了全新的电子竞技热潮（如图7-4所示）。"2018最具赞助价值体育赛事"的榜单显示，LPL位列第9名，KPL居第21位（见表7-1）。中国最具赞助价值体育赛事TOP100榜单一直作为体育赛事风向标，评选旨在科学评估体育赛事赞助价值，寻找并培养更多更优质的值得赞助商进行赞助的体育赛事，从而加快推进中国体育产业的良性发展。2018年的榜单显示共8项电子竞技赛事上榜，数量相当可观，其中LPL位列前十，在2018中国最具赞助价值体育赛事中排名第九。除LPL之外，其他进入榜单的电子竞技赛事还包括KPL（17）、NEST（21）、德玛西亚杯（31）、WCA（47）、城市英雄争霸赛（86）、CFPL（89）以及中国电子游戏超级联赛（100）。

• 第一批电子竞技游戏进入中国 • 第三方赛事主导市场 • 政策影响行业发展停滞 • 中国电子竞技俱乐部开始萌芽	• 电子竞技游戏网游化 《星际争霸2》《英雄联盟》登陆中国 • 电子竞技俱乐部联盟成立 • 游戏厂商开始主办电子竞技比赛，赛事奖金逐步攀升	• WCG停办，第一届LPL开幕 • 直播平台进入电子竞技市场，助力电子竞技传播并促进赛事版权市场 • 赛事良性发展推动行业职业化、专业化，大量新兴俱乐部涌现	• 电商与传统赞助商品牌开始参与电子竞技领域 • 内容提供商进行整合升级 • LPL进行联盟化改革 • S7于中国举办，极大提振了中国电子竞技受关注度 • 行业进入黄金五年
1998年—2008年	2009年—2013年	2014年—2016年	2017年—
探索期	发展期	成熟期	爆发期

图7-4　中国电子竞技赛事发展趋势

表 7-1 2018 最具赞助价值体育赛事 TOP100 榜单前十

排　名	赛事名称	综合评分	赛事时间
1	中国足球协会超级联赛	97.94	3—11 月
2	中国职业篮球联赛	97.48	10 月至次年 4 月
3	中国网球公开赛	96.89	10 月
4	中国足球协会杯赛	96.54	3—11 月
5	F1 中国大奖赛	96.02	4 月
6	上海网球大师赛	95.29	10 月
7	昆仑决	93.11	全年
8	NBA 中国赛	92.63	10 月
9	《英雄联盟》职业联赛	91.66	全年 9 个月
10	铁人三项	91.62	4—11 月

　　《英雄联盟》职业联赛（LPL）能够进入到榜单前十，并且在排名上力压中国足球协会超级杯、中国排球超级联赛和中国羽毛球大师赛等赛事，以及电子竞技赛事在该榜单接近10%的入围率，都表明电子竞技赛事的赞助价值受到了认可。

　　很显然，LPL 这一年的发展以及在 S7 赛季中能够落地中国等重大事件，对于中国电子竞技的发展产生了极大的影响，联盟化与主客场改革的事实把中国电子竞技带到了一个新的线下化、地域化的体育时代，而为期 1 个月的 S7 则彻底刷新了大众以及各行各业对于电子竞技的认知以及认可度。经过了 LPL 全年的发展以及洲际赛、S7 等国际赛事的洗礼后，在2018 年最具赞助价值赛事榜单中，LPL 已直接提升到了第九位，仅次于 NBA 中国赛，并且是前十项目中唯一一项电子竞技项目，这也很直接地说明了，在经过了 2017 年全年之后，LPL 已经成为中国最具影响力的电子竞技项目，并且在体育项目中同样名列前茅。虽然在2003 年电子竞技就已经被认可为体育项目，但真正获得大众认知与认可，也只是从近几年才开始，国内电子竞技变得职业化、规范化，开始有了比较完善的电子竞技生态，不管是规模、影响力还是产业价值，都得到了极大的提升。但相比于传统体育赛事来说，电子竞技赛事的产业价值以及线下渗透力相对较弱。2017 年年 11 月，国内权威数据研究机构艾瑞咨询发布了《2017 中国电子竞技生态研究报告》，指出在 2017 年，中国电子竞技产业整体规模约在 50 亿人民币左右，相比于传统体育动辄百亿、千亿人民币的市场规模，电子竞技还处于体育化的初级阶段。例如，在 2017 年《英雄联盟》全球总决赛期间，决赛有超过 5760 万独立观众观看，远超 NBA 总决赛单场赛事观众，但两者的赞助规模差距还很大，一方面是因为NBA 经过长久的发展，已在体育领域有非常深的沉淀，另一方面也是因为传统体育项目在大众影响力方面有着非常大的天然优势。因此，继续开发电子竞技赛事赞助也就显得尤为重要。

7.1.4 赛事版权的延伸

1. 赛事版权的概念

　　赛事版权（也称为"赛事 IP"）是如今体育产业最受关注的热点。从 2015 年开始，体育版权早已是媒体争夺的稀缺资源。万达集团收购马德里竞技和盈方体育股份，腾讯体育5亿美元拿下 NBA 的中国网络独播权，接着体奥动力 80 亿元人民币巨资拿下中超 5 年版权，乐视体育 27 亿元人民币拿下两年中超的网络独播权。2016 年 6 月，苏宁收购了意大利国际米兰足球俱乐部 70% 股权，成功地在意甲联赛这样一个巨大的版权赛事中插下了中国企业的"旗帜"。在国内，能称得上体育赛事版权的只有中超、CBA 和中网等少数赛事。随着电子竞技赛事被越来越多的人所关注，新的赛事版权在游戏厂商、主办方的多方构筑下悄然形成。

2017 年《王者荣耀》职业联赛（KPL）举办，从 3～12 月，KPL 观看量达到了惊人的 103 亿，超过国内许多传统体育赛事。电子竞技产业打造热门版权内容的能力丝毫不输娱乐和传统体育产业。近年来，当很多 70 后乃至 80 后人群还在观看传统体育赛事和娱乐内容时，融合娱乐、游戏、体育等多重元素的体育项目电子竞技迅速崛起，并有超越足球、篮球等热门体育赛事的趋势。电子竞技是一个新兴领域，是一种新体育、新娱乐和新文化。本质上，电子竞技是一个基于互联网产品的内容产业，让人既能感受到青春和热血，又能感受到个体的峥嵘与团队的默契，既丰富了当下的文化生活和娱乐领域，又推动艺术创意和高科技产业的发展。相比于娱乐产业，电子竞技产业极易打造出全球化的版权产品。例如，2017 年左右，"孙悟空"形象被移植到电子竞技平台后，这一版权产品便迅速向全球扩散开去，如此便把中国的元素融合在电子竞技产业中，同时也向更多的年轻人展示一种文化自信。中国一批电子竞技公司也在不断积极开拓顶级赛事，涌现出一批热门的电子竞技赛事版权。除了电子竞技赛事版权本身，在电子竞技赛事版权多产业开发上，电子竞技公司做出了巨大的贡献。作为国内移动电子竞技游戏开发商、运营商的英雄互娱创始人兼 CEO 曾表示他们曾制作了电子竞技教学节目《7M 教学大全》，2014 年策划了国内第一档互动直播真人秀节目《火线兄弟》。同时，还策划了《狼人杀》《王者荣耀》《魔兽世界》等一系列游戏周边节目，建立了一个大规模的策划和服务团队，使得雪碧、宝马、vivo、夏普等众多知名品牌有效触达 95% 以上电子竞技人群，实现了电子竞技的商业价值。

2. 赛事版权延伸的特点

（1）情感是核心，支持者社群是落脚点

"情感"是优质赛事版权的核心。NBA 中国首席运营官说："优质版权产品应该能够深入人心，唤起受众的情怀，得到受众的热爱。"某著名球星则说："体育能够使人与人之间产生情感关联，就像我不认识绝大部分球迷，但我相信，我和他们之间一定有某种联系。"

情感的建立首先要真诚，一个公平公正的赛事才可能不断输出正能量并培养人格，让人代代相传。

其次要愿意花时间，培育的时间越长、越用心，情感越深。NBA 在中国篮球界培育了 30 年的情感，CBA 在中国篮球界培育了 15 年，网球四大满贯平均发展时间都超过 80 年，英超发展超过百年，成熟的版权赛事大都如此。电子竞技赛事的发展历史还很短暂，从现在开始不断培养支持者对赛事的感情，才是电子竞技赛事版权可持续发展的关键。

再次要有一个严谨的管理体系。电子竞技是一个很年轻的产业，有着很强的朝气与活力，但与此相对的，则是相关赛事体系的不成熟。事实上，无论是国际足联还是 NBA，甚至连 WTA（国际女子网球协会）都有很详尽的球员、赛事、服务管理体系，且这个体系每年都在更新。电子竞技赛事版权要想有所延伸与发展，管理体系的完善至关重要。

最后也是最关键的是建立一个让情感落地的社群，从而让支持者和明星、用户与用户之间能有所连接。支持者的归属感建立在同类人的集群社会活动上，明星与观众进行情感的沟通和连接也变得更加重要。在国内，各大电子竞技豪门都有着自己专属的支持者群，而运动员与支持者的互动、运动员日常的直播以及支持者之间自发的各种活动，正是加强情感的重要一环。

（2）盈利能力薄弱，价值变现仍需创新

我国体育产业核心环节的盈利能力普遍薄弱，中国近 80% 的产值均由体育用品贡献，体育赛事产值不到 10%。以乒乓球为例，2015 年马来西亚世乒赛的收视率达到 1.78 亿人次观看，可是赛事变现能力却微乎其微；而即便是年均 16 亿的中超版权，在 2015 赛季，其转播收入也不过 7000 万元~8000 万元人民币。电子竞技作为体育产业中的新兴一员，虽然吸引了大量眼球，但其本身盈利能力弱的短板仍没有多少改善。

例如在电子竞技赛事执行上，有一个非常有趣的现象：规模越大的赛事，利润空间越小；反之，利润空间越大。赛事执行的主要花费在于场馆的租赁、灯光舞美、解说人等，在官方的大型线下赛事中，这部分的要求是最高的，因为这一定程度上代表了官方的形象，而官方给执行方的预算却满足不了这部分的需求，因此利润空间较小。

这就要求参与到赛事版权竞争中的人们在玩法上创新。例如，在变现途径上，除了版权、门票、赞助、衍生品这四项体育项目主要收入方式外，可以在衍生消费以及版权的高附加值上下功夫，如用户体验升级。

（3）投资赛事版权需谨慎

投资电子竞技赛事版权不可盲目，需遵循一些原则，例如：

1）是否符合电子竞技产业或体育运动发展趋势。电子竞技与体育运动大多是对战争、生存、劳作的模拟，越是符合现代人生活的越可能成功。

2）是否符合马斯洛的需求层次理论。从生理、安全、社交、尊重到自我超越，假设体验电子竞技是低级需求（个体生理满足），参与电子竞技赛事及其他活动可以归类为中级需求（群体社交），宣传和发展电子竞技则更接近高级需求（尊重和自我超越）。

3）是否符合中国文化及当代人的信仰。例如，剑术成为奥运会项目后开始兴起，乒乓球是我国的国球，这些更容易成功。

4）是否具有商业开发机制。从赛事角度，主要是团队/个人项目、对抗性、悬念性、节奏/速度、是否有代表性的电子竞技明星等；从联盟角度，主要是赛制、分配制、所有权、商业运营方面等。

综上所述，挖掘电子竞技赛事版权，无论是行业巨头还是创业者，都需要一个时间沉淀过程。目前电子竞技还处在萌芽期，在看到行业整体发展潜力足、创新空间大的同时，也需要认清现实，避免"一着不慎满盘皆输"的悲剧。

3. 我国赛事版权延伸实例

以斗鱼直播平台为例，其已经初步建立了电子竞技赛事、线下活动、明星三大版权产品队列。

赛事方面，斗鱼首创的黄金大奖赛开创了国内直播平台自制赛事的先河，连续四季的比赛已经使其成为国内顶级《绝地求生》专业赛事，即使在未来可能存在项目更迭的情况下，黄金大奖赛这一赛事活动的版权也将持续为斗鱼创造价值。此外，斗鱼还打造了 DSL 超级联赛这一综合性电子竞技赛事版权，囊括了 13 款热门游戏，填补了国内第三方线上直播类电子竞技赛事的空缺。从赛事开始打至总决赛结束，累计观看人次超过了 1.11 亿，最高同时在线观看人数突破 245 万。而通过"主播星计划"和"酷斗计划"，斗鱼正在促使平台上的明星主播摆脱单一的主播身份，逐渐走向娱乐圈，使其成为斗鱼手握的明星版权资源。

在线下活动方面，斗鱼打造了"国际武汉斗鱼直播节"这一全新版权产品。在 2018 年为期三天的直播节期间，入园人次总计达 52.18 万，同比上年增长 17 万人次，累计全网线上观看人次约 2.3 亿。

以线下的大型活动版权产品为承载平台，赛事版权和明星版权都获得了展现，解决了版权变现这一难题。具体来说，斗鱼通过直播节线下活动，为 DSL 斗鱼超级联赛和明星主播提供了展现的舞台。在 2018 年的直播节中，斗鱼自制的 DSL 超级联赛总决赛前明星主播们登台献唱，52 万被直播节吸引而来的支持者和线上 2.3 亿人次观看的流量被导入，斗鱼三位一体的版权体系也就此建立了起来。

斗鱼在填补国内第三方综合性电子竞技赛事空缺的同时，也通过电子竞技融合与泛娱乐属性的斗鱼直播节版权相结合的形式，吸引来自各个层面的用户关注电子竞技赛事。通过自制赛事，不仅能为平台输入更多的优质内容，也能打造属于平台自身的赛事版权，挖掘更长远的商业价值。有报道表明，当大众刚刚意识到版权产品能带来价值时，斗鱼已经开始了自己版权产品打造的探索。当大众苦苦思索如何打造自己的版权产品时，斗鱼已经初步建立了自己的版权产品矩阵，并对外输出自己的版权产品运作能力。在极光大数据发布的《2018年 Q2 移动互联网行业数据研究报告》，斗鱼表现抢眼，在日活跃用户数量（DAU）数据上，斗鱼从 2018 年 3 月的 719.1 万增长至 761.6 万，位列榜首，相比于第二名直播平台的 570.5 万 DAU，斗鱼高出三分之一之多。

7.2　赛事的未来分析

7.2.1　赛事的受制因素

根据伽马数据发布的《2018 电子竞技产业报告（赛事篇）》中公布的数据，2017 年中国电子竞技市场规模达到 770 亿元人民币，虽然其中电子竞技赛事仅占了电子竞技产业总收入的 1.2%，但考虑到一些电子竞技赛事在社交媒体的表现、赛事视频的播放情况、赛事观众规模等方面已逐渐接近传统体育赛事，甚至个别电子竞技赛事在一些方面已经超过传统体育赛事。在未来，电子竞技赛事会有更广阔的方向，但电子竞技这类新兴产业的高速发展虽然会带来新的增长点和突破点，但仍有一些制约因素限制着电子竞技赛事的发展。

1. 游戏的知识产权影响

电子竞技运动是以电子竞技游戏为基础，信息技术为核心的软硬件设备，在信息技术营造的虚拟环境中，在统一的竞赛规则以及规则保障下公平进行的对抗性电子竞技游戏比赛。

其中"以电子竞技游戏为基础"或许就是电子竞技运动与传统体育最为不同的地方，因为传统体育并没有"电子竞技游戏知识版权"来干涉或限制传统体育赛事，但电子竞技赛事在举办时需要考虑所涉及的电子竞技游戏知识版权问题。而这些知识版权都掌握在游戏开发商手中，所以需要与所涉及的电子竞技游戏的开发商达成一定的协议，之后才会有机会举办电子竞技赛事。通俗来说，电子竞技游戏开发商掌握了游戏的知识产权，因为开发商对游戏内容有开发、修改权，所以他们对旗下的游戏所涉及的电子竞技赛事拥有决定权。最终电子竞技游戏的开发商影响着电子竞技赛事的发展。下面将列举三个截至 2018 年具有代表性、全球范围较具影响力的开发商，展现其所开发的著名电子竞技游戏对相关赛事的影响。

（1）暴雪公司

暴雪公司对旗下游戏的电子竞技赛事把控严格，因为暴雪公司旗下的游戏都要使用"战网"系统，并在使用"战网"前需要统一的用户协议中，明确指出所有利用战网进行的电子竞技赛事都要经过暴雪公司的授权。起初这项协议只是针对《星际争霸2》，但后来形成了独立的一套更为详尽的细则。暴雪公司对旗下游戏的电子竞技赛事控制如此严格的渊源与早年的《星际争霸》赛事有关。1998 年《星际争霸》发行问世，当时韩国受亚洲金融危机的影响，大力扶持电子竞技产业，《星际争霸》的正版游戏成为了当时韩国解决金融危机的重要依托，韩国还专门成立了韩国电子竞技协会（简称 KeSPA），管理相关运动员和赛事。但此时暴雪公司作为《星际争霸》的开发者和拥有者，却没能够从赛事中获得收益，于是暴雪公司在《星际争霸2》发行前与 KeSPA 进行接触，明确表态《星际争霸2》所举办的电子竞技赛事需要通过暴雪公司的授权许可，但双方并没能达成共识，并一度就这一问题谈判了将近 3 年之久，这可能与游戏公司自身的运营策略有关。之后暴雪公司放弃与 KeSPA 的合作，转而与韩国直播平台 GomTV 合作，KeSPA 得知情况后联合其签约的知名战队集体抵制《星际争霸2》赛事，暴雪公司与 KeSPA 爆发了极大的矛盾。最终这些矛盾因外部原因得以调解，一方面，暴雪公司鉴于《星际争霸2》的市场下滑，以及《英雄联盟》《DOTA2》的大火等原因感到市场的挑战；另一方面，KeSPA 由于没有得到授权，无法举办《星际争霸2》赛事，《星际争霸》面临着较大的困境。在这个双方各有所需的背景下，暴雪公司和 KeSPA 终于达成协议，与 GomTV 以及 OGN 四方共同合作，将韩国《星际争霸》职业联赛从《星际争霸》过渡至《星际争霸2》。

2016 年，暴雪旗下的《守望先锋》发行问世，成为了 2016 年全网话题热度最高的游戏，仅在中国发行 40 小时便突破 100 万销量。但当暴雪公司开始有意让《守望先锋》进军电子竞技赛事后，《守望先锋》的发展前景就变得模糊起来。虽然游戏内在的外挂、游戏环境差、更新频率慢等因素影响了《守望先锋》相关赛事的发展，但游戏外在的暴雪公司的一系列做法则真正加速了《守望先锋》市场下滑的状态。受文中提到的"暴雪娱乐社区比赛授权条款"的影响，暴雪所有旗下游戏相关的第三方赛事都需要经过暴雪公司的授权，并且申请条件较为苛刻，其中还有"赛事总奖金不能超过 1 万美元"的规定，并且一年内同一申请的组织或个人累计不能举办总奖金超过 30 万元人民币的赛事。一时间原本形势较好的《守望先锋》电子竞技赛事发展势头瞬间被遏制住，所有《守望先锋》相关的赛事都受制于暴雪公司，甚至有些第三方赛事因为与暴雪公司举办的赛事时间重合，在开赛前几个小时被迫宣布取消比赛。一些为职业体系的建设投入了大量人力物力的电子竞技俱乐部，短期内无法从赛事中获得资金的帮助。2017年底，暴雪公司发布了2018年赛事规划，将中国、韩国、其他太平洋地区的职业联赛改为挑战者系列赛，并且说明"这将会为运动员创造更多的机会来挑战自己，同时也让他们有更多的机会被《守望先锋》联赛（简称OWL）的星探所发掘"。这篇"赛事规划"中没有提到俱乐部在2018年将如何盈利，反而透露出优秀的运动员将被OWL联赛选走的可能，俱乐部耗费人力物力培养出的运动员，最后可能会成为OWL的"囊中之物"。

截至2018年，暴雪公司对旗下游戏的相关赛事进行严格管理，但是却在一定程度上背离了市场，第三方赛事、电子竞技俱乐部的参与度、参与热情受到打击，由于缺少具有活力的多方参与，暴雪旗下项目的扩张成为一个难题。

（2）Riot Games

Riot Games（拳头游戏，简称拳头）公司作为《英雄联盟》的开发商，从种种措施和表现来看，在游戏发行之初就对旗下游戏相关赛事有一定的规划。虽然拳头公司一直以来对《英雄联盟》的相关赛事举办权控制严格，但国服等拥有代理商地区的相关赛事在达成协议的前提下可以由代理商举办，而其他无代理商的地区赛事则一律由拳头公司亲自举办。从结果来看，拳头公司的积极运营使得《英雄联盟》成为市场中最成功的电子竞技项目。

2018年，《英雄联盟》官方赛事共有8个月左右的春季赛和夏季赛，共两个赛季，之后便是大型的世界赛。同时，在这些官方赛事结束后，拳头公司会根据一段时间的《英雄联盟》各项数据和赛事中的数据，对《英雄联盟》的内容进行优化、平衡，这样的策略基本上扼杀了非官方赛事的竞争可能，降低了第三方锦标赛的质量。截至2018年，拳头公司主办的官方赛事已经成为了一年中最重要的《英雄联盟》赛事，而在官方赛事或赛季结束后，参赛的运动员多数会利用这段空闲时间进行训练、休息或者是熟悉拳头公司对《英雄联盟》内容进行的新改动。所以，运动员们几乎没有什么动力参加第三方赛事。直至2018年，拳头公司俨然成为了《英雄联盟》最主要的赛事组织者，同时对于《英雄联盟》职业比赛的转播权也拥有一定的控制力。相比之下，第三方赛事的发展空间越来越小。知名的第三方赛事英特尔极限大师杯赛（简称IEM）在2017年也宣布暂时取消《英雄联盟》项目的比赛。而电子竞技赛事的关注度会因为大量稍显平淡乏味的常规赛而逐渐流失，拳头公司意识到这一问题并试图通过举办"季中赛""邀请赛"等地区间对抗赛来解决赛事关注度的问题。

除了在赛事方面的监管，拳头公司通过合同约束职业选手的行为并保障其利益，如果职业选手有不当的行为，拳头公司还会做出罚款或停赛等惩罚。拳头公司的初衷是建设一个友好的职业赛事氛围，并能够长时间保持这一氛围。例如在2017年，职业选手Likkrit因为在个人直播时的一些过激的个人言论，被拳头公司俄罗斯分部处以禁赛6个月的处罚。

（3）Valve Software

Valve Software（维尔福软件公司，简称Valve）是一家专门开发电子游戏的公司，代表作品有《半条命》系列、《CS》系列、《求生之路》系列以及《DOTA2》等。其中《CS：GO》与《DOTA2》的相关赛事都已发展成为全球性的成熟赛事。Valve对于旗下游戏的相关赛事的态度是允许任何第三方组织者举办相关电子竞技赛事，并且一般都不会主动干涉赛事内容。除去对Major这类全球级别的赛事进行赞助支持外，Valve对于旗下游戏的相关电子竞技赛事更多的是为竞技环境和第三方社区提供发展空间，让第三方自由塑造和发展自身，而 Valve 通过游戏内的饰品和贴纸等虚拟物品盈利。从近几年的效益来看，Valve 所主导的自由交易市场的发展越来越好。在相对固定的电子竞技赛事市场中，赛事组织者无法满足所有电子竞技赛事受众的需求，而开放的市场体系则会迫使赛事组织者通过一些足够新颖或能吸引到足量注意力的方法，使自身脱颖而出。Valve 的开放赛事举办权是为了让更多的锦标赛获得最好的关注和热度，从而能够不断提高所有赛事组织者的水准。

Valve 对于旗下游戏的各种类型锦标赛都持支持态度，既有像 CS_Summit 这种选一处别墅举办比赛的轻松休闲类赛事，也有 ESL Cologne 这类大规模、赛制十分严谨的赛事，有了不同风格的赛事，电子竞技赛事的受众才能够有选择的观看喜欢的赛事。Valve 旗下游戏《CS:GO》赛事 Major 是全球公认的该项游戏最高级别、最高竞技水平的赛事，但 Valve 本身并不举办 Major，而且 Major 并不是赛事名字，它代表的是赛事的级别。每年 Valve 会从赛事影响力、赛事奖金、运营商执行力等多角度筛选出一些大型赛事，将其认证为 Valve 的《CS:GO》Major 大赛，将该赛事的主办合同转让给筛选出的赛事组织者，并为其提供资金、推广等多方面的支持。任何赛事组织者只要能证明自身有实力举办这一高水平的全球级别赛事，并且在赛事举办期间不会出现重大问题，那么就有机会成为新的 Major 主办方。Valve 这种对旗下游戏赛事的支持态度不仅有助于赛事组织者资助全球顶级赛事之一的 Major，而且还是一种绝佳的赛事营销方式，同时还会获得多种收入渠道。Valve 通过向观看赛事的观众投放纪念品吸引更多的人观看和参与赛事，Valve 赞助赛事但并不一定会参与举办赛事，这样，赛事的人力和创造力都得到了一定程度的发挥，最大化的避免了赛事出现重复性的情况。Major 赛事体系虽然并不是完全自由的市场体系，但与其他相较于固定的延续赛季的联赛、并在赛季末举办重大赛事的比赛模式相比，优点在于它具有更高的包容性。虽然 Major 赛时只有一到两周，但仍使得该赛事保持了全年的热度，并且一直吸引目标观众的兴趣。

Valve 支持第三方赛事的发展，不与任何第三方赛事竞争，因为只要 Valve 旗下游戏的赛事继续举办，Valve 就可以从旗下游戏中获利，无论是游戏本身、饰品，还是贴纸等纪念品（如图 7-5 所示）。因为其良好的市场表现和明确的支持态度，Valve 的自由市场模式使其成为众多电子竞技赛事中一个较好的案例，虽然没有哪种赛事模式是完美的，但 Valve 凭借其开发游戏的模式和对所有赛事的支持态度，使得 Valve 旗下游戏本身更具有独特的表现力。截至 2018 年，并没有任何迹象表明 Valve 旗下游戏的热度大幅下降。

游戏开发商因其拥有旗下游戏的诸多知识产权，所以对涉及旗下游戏的电子竞技赛事有着一定的干涉力，无论是暴雪、拳头公司为代表，对旗下游戏的相关赛事把控较为严格，还是 Valve 为代表支持第三方赛事发展，都是在发展电子竞技赛事道路上的正确决断，各大游戏开发商用最适合自身游戏的方式管理着其涉及的电子竞技赛事。未来这些电子竞技赛事发展会越来越正规化、商业化。

2. 电子竞技生命周期的持续性

电子竞技运动相较于传统体育有非常大的不稳定性和生命周期较短的不良因素，制约着电子竞技运动、电子竞技赛事的发展。比起已有百年历史的田径、足球等传统体育运动，电子竞技游戏很难做到"经久不衰"，即便是 2018 年主流的《英雄联盟》《CS:GO》等电子竞技游戏，未来的几年发展前景也无法预测，甚至少有人知晓下一个 10 年的主流电子竞技项目，市场难以琢磨，从业者们在摸索中前行。例如，2016 年暴雪公司发行的《守望先锋》起初极具"黑马"的特征，但之后却并没有发展至人们预料到的高度。除此之外，传统奥运会体育项目需要赛事方具有统一的官方协会，方便奥组委与之协定项目规则和要求，但电子竞技运动的规则很大程度由电子竞技游戏决定，也就是受电子竞技游戏开发公司制约。所以，无论是电子竞技历史、电子竞技运动项目的生命周期，还是赛事规则细节协定，都与传统体育有较大的差别，电子竞技运动的变动及不确定性更大。

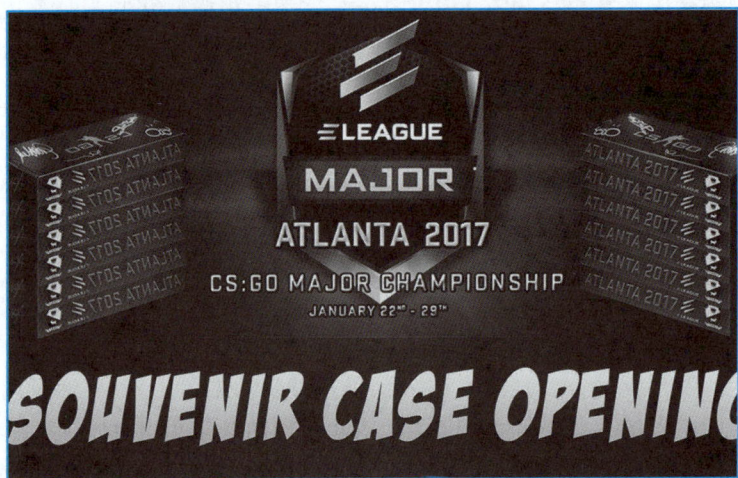

图 7-5　2017 年《CS：GO》赛事期间发放的虚拟纪念品

（1）通过赛事运营保持项目活力

2016 年，韩国电子竞技联盟 KeSPA 发表声明，宣布《星际争霸》职业联赛正式停运，这个从 2003 年开始举办的赛事经过 10 余年的运营，最后仍无奈停运。"电子竞技赛事依托于电子竞技游戏，而电子竞技游戏生命周期相较于传统体育赛事较短"的事实再一次引起电子竞技产业从业人员的深思。但电子竞技游戏也有其自身优势，即只要安装电子竞技游戏便能参与其中，电子竞技运动的传播速度远超过传统体育，所以为了吸引更多的参与者，电子竞技运动通过举办电子竞技赛事来吸引受众。同时，也是借助电子竞技赛事帮助电子竞技游戏推广，保持电子竞技游戏的生命力，延长电子竞技游戏的生命周期。

（2）建设电子竞技运动文化

电子竞技运动想发展成传统体育运动一样，获得大众的普遍认可或者通过电子竞技赛事在奥运会上为国争光等，这些都无可厚非，但电子竞技运动要认清自身仍然与传统体育有一定的区别，"百花齐放"的电子竞技项目使得电子竞技赛事无法建设稳定的赛事体系，电子竞技赛事同时也需要完善自身，需要文化的沉淀。电子游戏被称为"第九艺术"，所以电子竞技产业也是文化产业的一部分。截至 2018 年，全球范围参与电子竞技的人群数量很大，但仍算是新兴产业的电子竞技产业，行业内的人才培养、电子竞技文化建设、电子竞技赛事体系养成都需要一定的时间与积累。所以，在得到传统行业大力支持与认可的情况下，电子竞技赛事更需要稳固的形成自身独有的文化沉积，只有形成了独有的电子竞技文化，才有可能转变大众对电子竞技运动的"偏见"，得到社会的认可。当然，也可以针对电子竞技运动依托于电子竞技游戏的特殊性，在未来如果能通过软、硬件技术，将电子竞技运动脱离电子竞技游戏这一"基础"的束缚，发展成为一种独立类型的运动文化，那么电子竞技运动距离传统体育便更近一步。

电子竞技赛事需要稳定的体系支持，无论是对于电子竞技游戏开发商的制约，还是电子竞技游戏本身的游戏规则、生命周期，或者电子竞技赛事的主办方、参与者等，都需要建立起一套严格、完善的管理机制。不仅要针对电子竞技运动员、裁判员进行规范，还需要对游戏产品、游戏规则进行改进和完善，并且还要建立一定专业的产业监管机构来确保所有电子竞技产业从业人员遵守标准化的行规等。虽然发展至 2018 年，电子竞技赛事发展仍有很多的制约因素，但只要在未来，电子竞技赛事能建立起稳定的规则体系，那么电子竞技赛事一定会发展得更加长远。

7.2.2　赛事的进步

截至 2018 年，国内的电子竞技赛事已经有了 10 余年的蓬勃发展史，电子竞技赛事从最初尚不成熟的小规模赛事，发展至 2017 年可以承办全球规模的顶级赛事，这期间不断积累经验与创新，举办了 WCG（世界电子竞技大赛）、CPL（电子竞技职业联盟）、ESWC（电子运动世界杯）等赛制赛程各具特色的顶级赛事。从电子竞技赛事的赛制制定、商业化发展以及电子竞技精神发展来看，近几年来，电子竞技赛事正逐步向传统体育赛事靠近。在借鉴传统体育完善自身的同时，电子竞技赛事也在不断创新、进步。

1. 赛制借鉴与完善

电子竞技赛事发展至 2018 年，全球范围的参赛俱乐部、参赛队伍越来越多，电子竞技赛事规模越来越大，竞技对抗强度也越来越大。为了不让电子竞技俱乐部和电子竞技运动员背负太过沉重的负担，电子竞技赛事的主办方不断通过赛制的升级、完善来更有效地实现电子竞技赛事的"升级"，这也是电子竞技赛事进一步发展的必经之路。而改进电子竞技赛事的赛制，最好的"老师"无疑是与电子竞技运动属性最为相近的传统体育，尤其是篮球、足球、网球这类高度职业化的竞技体育项目。

在电子竞技赛事发展初期和尚不成熟阶段，除了韩国这种独具特色的"全民电子竞技"的特例外，在大部分国家和地区，无论哪种电子竞技项目都很难形成较大规模的线下联赛。即便是电子竞技运动发展较早的欧美地区，在电子竞技赛事发展的初期，绝大部分电子竞技赛事基本以线上联赛为主，以压缩、节省赛事开支成本。这段时期，电子竞技联赛的线下赛基本都是以"赛会制"为主。所谓的"赛会制"，是指赛事主办方挑选一个有资格或者公正、中立、适合举办赛事的地点比赛，而不是在参赛队的"主场"或"客场"进行。

直至 2018 年，全球电子竞技产业呈现井喷式的发展，使得世界各地都涌现出各类的大规模赛事，电子竞技赛事的观赛人群，无论是数量还是阶层范围都在不断扩大。于是，电子竞技赛事的观众们对周期较长、场数较多、竞技观赏水准较高的电子竞技赛事的需求越来越高。在这种市场"刚需"的前提下，国内应运诞生了许多大规模电子竞技赛事，如 2012 年诞生的《穿越火线》职业联盟电视联赛（CFPL），2013 年诞生的《英雄联盟》职业联赛（LPL）和 2016 年问世的《王者荣耀》职业联赛（KPL）。大约从 2015 年起，基于国内政策便利、电子竞技产业发展势头较好等多方面因素，为国内的电子竞技发展环境带来了持续的改善，各类电子竞技项目的顶级职业电子竞技赛事，无论从参赛俱乐部规模，还是电子竞技赛事的观众群体，或是电子竞技赛事规模上，都保持着稳步上升的态势。这些电子竞技赛事在发展的同时，赛制也在不断升级、完善。例如，CFPL 在 2018 年的 S12 赛季开始采用"季前赛（淘汰制）+常规赛（循环制）+季后赛（淘汰制）"的新赛制（如图 7-6 所示）；国内最高级别的《英雄联盟》赛事 LPL 也在 2018 年对赛制进行了调整，开始启用东、西部分区的内外双循环赛制。虽然以上提及的两种赛制模式截然不同，但都可以看出是借鉴传统竞技体育的成熟赛制来完善自身的赛制，从效果上来看，这两种赛制都能够有效改善电子竞技赛事赛程偏长、赛事强度较大的问题。

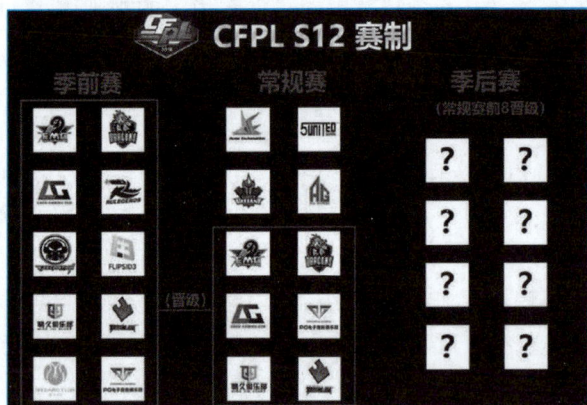

图 7-6　CFPL S12 采取的新赛制

除了改善赛事"升级"后的各项问题，电子竞技赛事效仿传统竞技体育的赛制改革，对于提升比赛观赏性的考量也同样不容忽视。例如，2018 年 1 月揭幕的 2018 年 LPL 春季赛，在本赛季开始实施足球、篮球等联赛中的主客场制，Snake、LGD、OMG 三家电子竞技俱乐部分别将主场选择落户重庆、杭州、成都，位于不同城市的俱乐部之间的竞技将依据赛程中制定的主客场安排来决定比赛的所在地。从 2018 年的实施结果来看，主客场制为 LPL 带来了较为丰富的话题和各主场城市较为火爆的线下观赛氛围以及更多的赛事赞助商。2018 年 3 月揭幕的 2018 年 KPL 春季赛，也同样对自身的赛制进行了改革。比赛采用了东、西部分区制度，将东、西部队伍的赛场分别安排在上海和成都两地，也同样能够有效地提升电子竞技赛事的观赏性，并提升赛事效率。

尽管许多电子竞技赛事都在借鉴传统体育的赛制模式，但借鉴来的赛制运用到具体的电子竞技项目中时，却并非直接"照搬"。电子竞技赛事从自身实际情况和完善赛制的核心目的出发，在传统体育赛制中寻找恰当的方式加以参考，融合电子竞技的因素，形成具有自身特色的电子竞技赛事赛制。例如，LPL 考虑自身联赛的建设，为了吸引更多的外来资本投入《英雄联盟》的相关赛事，在赛制上大幅度向运营、赛制较为成熟的美国职业篮球联赛（NBA）靠拢，在赛制改革上不仅取消了顶级联赛与次级联赛之间的升降级制度，同时打造了具有区域联赛特性的《英雄联盟》发展联赛（LDL），这与 NBA 打造的篮球发展联盟（NBDL）很相似。KPL 也借鉴了 NBA 的联盟化运作模式，增加了"工资帽"等具体规则。

LPL、KPL 等国内发展较为成熟的大型线下电子竞技赛事几乎都对自身的赛制进行了一定的改革，这一"巧合"现象，所反映的正是国内电子竞技产业高速发展、本土电子竞技赛事日益成熟的大趋势。虽然他们在赛制改革的思路上有相似之处，都选择从足球、篮球等赛事发展极为成熟的传统体育赛事进行借鉴，但实际上，每项电子竞技赛事的每一点改革的背后，都有着电子竞技赛事自身长久发展的深度考量，相信我国未来的电子竞技赛事会诞生较为成熟、独具特色的赛制。

2. 赛事商业化

将电子竞技赛事打造成为 NBA、世界杯等一样的超级赛事是许多电子竞技运动从业者的梦想。随着电子竞技赛事发展逐渐成熟，电子竞技赛事也逐渐步入"版权（IP）时代"。根据伽马数据发布的《2018 电子竞技产业报告（赛事篇）》数据分析，电子竞技赛事背后蕴含了不亚于传统体育赛事版权的商业价值。例如，《英雄联盟》赛事最具影响力的版权——英雄联盟全球总决赛（简称 S 系列赛，S 是 season 的缩写，即赛季的意思）。截至 2018 年第八届 S 系列赛（简称 S8）成功落幕，S 系列赛已经举办了 S1~S8 共 8 届比赛。S 系列赛是《英雄联盟》开发商拳头游戏公司打造的最大赛事版权。2018 年 11 月，在 S8 决赛中，LPL 赛区的 IG 战队以 3∶0 战胜了对手，取得了 LPL 赛区第一个 S 系列赛的冠军。据某直播平台官方统计，某平台当天直播热度突破 1000 万，S8 期间观赛人数峰值已突破 1.2 亿，超过了 NBA 总决赛在国内的热度。《DOTA2》国际邀请赛（简称 TI 系列）是另一个由其开发商打造的极具代表色彩的赛事版权代表，截至 2018 年，每届 TI 系列赛都是由《DOTA2》开发商 Valve 公司主办。根据 Esports Charts 公布的数据，第八届 TI 系列赛（简称 TI8）转播时间为 122 个小时，最高在线观看人数达到了 1496 万。这些"系列赛"的成功举办，证实了电子竞技赛事已经打造出自身独特的版权。

赛事版权化是电子竞技运动走向商业化的"必经之路"。打造成功的版权才会进行内容合作和内容营销，进行版权的开发和衍生，带来更多的合作机会，这样才会吸引更多的资本投入到电子竞技产业，而不是仅仅将资金投入来源局限于电子竞技行业垂直领域，《英雄联盟》S8 赛季的赞助商就涵盖了汽车、食品、化妆品、地产等多个行业，其中还包括了知名的国际品牌（如图 7-7 所示）。

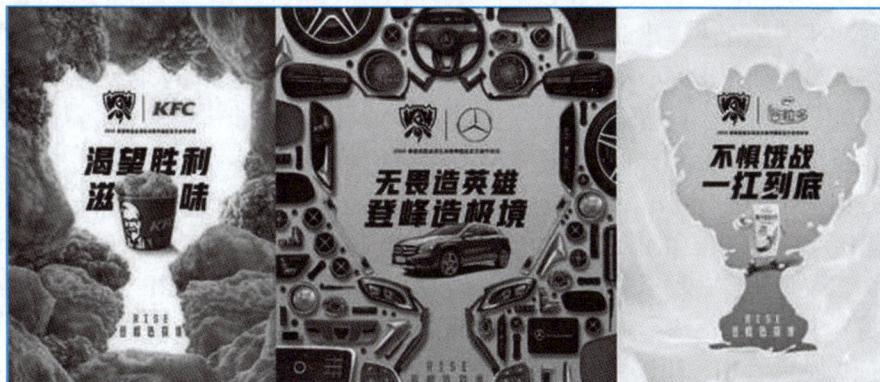

图 7-7　S8 赛事中的部分赞助商

除了对电子竞技赛事投入赞助，打造独立的赛事版权同样受到许多资本的青睐。京东创办的赛事版权"京东杯电子竞技大赛"旨在营造"全民电子竞技"的氛围，在全国80多个城市同时开赛，引导电子竞技文化走向全民化的道路；苏宁在2018年与网易游戏达成合作关系，举办"狮王全球邀请赛"，将电子竞技赛事版权和"双十一"活动相结合，通过线上报名-线下竞技的形式，将电子竞技用户引导至苏宁旗下产业，实现流量转化；杭州威佩网络科技有限公更是将电子竞技赛事版权用途再创新，由其一手打造的"南洋杯"打破了以往的电子竞技赛事模式，将比赛场地移至邮轮上，打造出"电子竞技+旅游"的跨界概念，让参与者在度假的同时享受电子竞技赛事的魅力。

电子竞技赛事凭借着其所拥有的庞大、高度年轻化的观赛群众，能够有效地实现品牌商广告的精准投放，电子竞技赛事的版权可塑性也给予了品牌商自由发挥的空间。无论是向传统体育靠拢，还是通过跨行业合作深度挖掘商业价值，都能通过打造电子竞技赛事版权来实现，品牌商可以举办大规模、普及范围较广的电子竞技赛事来打造自身独特的赛事版权，为品牌快速积累高黏度用户。电子竞技赛事版权展现出了电子竞技赛事商业化的可行性，同时随着电子竞技赛事商业潜力的逐步挖掘和电子竞技赛事服务平台的完善，会有越来越多的资本关注电子竞技赛事。在未来，打造电子竞技赛事版权将成为电子竞技赛事商业化的重要途径，也会使电子竞技赛事成为企业进行品牌宣传的重要途径。

3. 赛事推动电子竞技全民化

（1）全民接受电子竞技概念

随着互联网技术的高度发展，电子竞技赛事的影响范围也越来越广，电子竞技赛事版权的打造也趋于"全民化"。2018年《英雄联盟》S8总决赛，IG战队夺冠后，全国庆祝的盛况已丝毫不亚于其他传统体育夺得世界冠军。在社交媒体平台上，IG战队夺冠在一段时间内占据了热搜排行榜，也显示出电子竞技运动正向着"全民化"稳固发展。作为电子竞技运动受众参与电子竞技的主要平台，电子竞技赛事有着一定的职责引导电子竞技运动受众和非电子竞技运动受众，以更科学、更健康的眼光看待电子竞技、参与电子竞技，并通过电子竞技文化的熏陶，正向地改变电子竞技运动。

根据腾讯电竞公布的数据，2018年，《英雄联盟》进入联盟化与主客场制度的全新发展时代，在上半年，《英雄联盟》赛事观赛数据持续增长，LPL赛区直播观赛人次超过70亿。可见，经过多年的产业生态建设，电子竞技赛事已经不仅仅是一个现象级的体育赛事，更是像一些传统体育一样，正逐渐融入到了人们日常生活中，越来越多的人像热爱足球、篮球等传统体育一样热爱着电子竞技运动，其"全民化"的目标正一步步实现。

电子竞技运动"全民化"的例子还有很多，由美国电子游戏品牌暴雪娱乐主办的"暴雪嘉年华"是电子竞技运动爱好者的一场全民娱乐的盛会，每年举办时都有来自全球范围的数以万计的暴雪游戏玩家和电子竞技运动爱好者参与。从2005年起，经过很长时间的沉淀，"暴雪嘉年华"已经成为了一项全球范围的泛娱乐盛宴；全国电子竞技大赛（NEST）早在2013年便开始将赛事总决赛落户于国内的很多城市，将电子竞技文化带入其中，吸引许多顶尖战队和"民间"战队参加。2018年，NEST又增加了更多的线下落地赛事（如图7-8所示），在全球范围内，举办了10多个大中城市的大众网吧赛，并开启了4站高校落地赛。

图 7-8　2018 年 NEST《英雄联盟》总决赛

随着国家给予电子竞技的政策逐步清晰，未来电子竞技赛事极有可能迎来"从线上走到线下"的发展趋势，而当线下赛事越来越多时，电子竞技运动对人们的正向引导就会越强烈，电子竞技运动所受到的质疑也会有所减少，这不仅是电子竞技产业从业者希望看到的，同样也是广大电子竞技运动爱好者所盼望的。电子竞技赛事不断推动着电子竞技全民化，电子竞技赛事打通了职业与全民赛事，夯实了国内电子竞技发展的基础。电子竞技赛事的线下发展不断向全国拓展，促进了电子竞技全民化。更多的线下电子竞技赛事也意味着电子竞技可以渗透到电子竞技受众中去，和消费者有更多直接沟通的机会。只有在打造出成熟的商业模式基础上，电子竞技赛事才能得以长远发展，那么电子竞技赛事就可以不断地深入线下，向人们传达健康、正向、科学的电子竞技文化理念，实现电子竞技运动全民化。虽然截至 2018 年，电子竞技运动因其还无法达到足球、篮球等传统体育的普及程度，但电子竞技运动"全民化"已经成为了一种趋势，相信在不久的未来，电子竞技运动必将和足球、篮球等传统体育一样，成为一项全民化的运动。

（2）电子竞技文化上升空间广阔

随着电子竞技运动不断地发展，正逐渐形成一种全新的正向、科学、健康的电子竞技文化。受电子竞技文化的熏陶，无论是电子竞技运动的爱好者还是电子竞技产业的从业人员，竞技精神也在不断地上升，从最初玩家与玩家对抗，发展为战队与战队竞技。到了 2018 年，种种迹象表明，电子竞技运动精神正在逐渐升华，电子竞技运动本身正上升成为国家或地区之间彼此文化交流的一种方式。

早在电子竞技运动发展初期，其实就已经有了"中国电子竞技国家队"的概念，2007年，电子竞技项目被列为亚洲室内运动的正式项目之一，同年的中国澳门第二届亚洲室内运动会上，中国电子竞技代表队在《极品飞车》《FIFA 2007》和《NBA 2007》三个项目上夺得金牌，当时的运动员们身披国旗，代表着国家的荣誉站在最高领奖台上。两年后，在越南河内举办的第三届亚洲室内运动会上，中国电子竞技代表队同样取得了 1 金 1 银 4 铜的不俗成绩。2010 年，国家体育总局正式授权赛事技嘉 StarsWar（星战—国际电子竞技明星邀请赛）选拔《魔兽争霸3》和《星际争霸2》项目的国家代表队人选。同年，国家体育总局展开 2010 年"中青基业杯"电子竞技国家集训队选拔赛。到了 2013 年，亚洲室内运动会与亚洲武道运动会合并为亚洲室内与武道运动会（简称"亚室武会"），电子竞技项目仍然是其正式比赛项目之一，国家体育总正式发文成立电子竞技国家队，在之后的赛事中，电子竞技国家队均取得了不俗的成绩。2018 年 5 月，亚洲奥林匹克理事会正式对外宣布《英雄联盟》《Arena of Valor（《王者荣耀》国际版）》《皇室战争》等 6 款游戏出现在 2018 雅加达亚运会的赛场。此次亚运会，虽然电子竞技项目仅作为表演赛，但共有 27 个国家和地区的代表队参加，其中中国电子竞技国家队"为国出征"，取得了极佳的成绩（如图 7-9 所示）。

图 7-9　2018 雅加达亚运会《英雄联盟》项目夺冠颁奖时刻

阿里体育打造的世界电子竞技运动会（WESG）覆盖了全球 125 个国家和地区，与全球其他电子竞技赛事不同的是，WESG 制定并发布了一套以奥运会项目为标准的赛制要求，结合电子竞技运动特质，对参赛人员的年龄、国籍、道德礼仪准则等都做出了一定的要求，引进了"参加队伍人员必须同国籍"的概念，以此推动世界电子竞技运动的良性发展。

虽然电子竞技运动很早便被作为国家和地区之间文化交流的一种方式，但在早期的电子竞技运动发展时期和社会环境影响下，只得到了小范围的传播和发酵。时至 2018 年，随着电子竞技运动不断地发展，电子竞技产业逐渐正规化，大众层面对电子竞技认同度增强，人们对电子竞技运动的竞技精神和电子竞技文化的认知正不断上升，在不久的将来，电子竞技运动有望像传统体育运动那样，正式成为国家与地区之间文化交流的一种竞技体育。

📁 思考题

1. 简述电子竞技赛事的持续发展需要从哪几点因素入手。

2. 简述现阶段电子竞技赛事有哪些受制因素。

3. 相较于电子竞技赛事发展初期，现阶段的电子竞技赛事有哪些进步？多年来的发展对电子竞技赛事有哪些方面的提升？

参考文献

［1］李宗浩．电子竞技运动概论［M］．北京：人民体育出版社，2005.

［2］潘爽，蒋力．我国电子竞技运动 10 年发展历程解析和展望［J］．运动，2013（22）.

［3］雷曦，夏永思．对我国电子竞技体育产业发展现状和对策思考［J］．北京体育大学学报，2005，28（8）.

［4］张鑫，金青梅．我国电子竞技职业化路径分析［J］．体育文化导刊，2016（7）.

［5］潘德伦．对我国电子竞技运动现状及发展趋势的调查研究［D］．北京：体育大学，2011.

［6］胡洋．我国职业电子竞技俱乐部管理运营现状研究［D］．北京：体育大学，2014.

［7］刘琳．我国电子竞技营销策略研究［J］．中国市场，2011（45）：96-98.

［8］畅向前，杨慧超，许春梦．电子竞技——网络数字化下的新型体育［J］．中州体育，2012（5）：22-25.

［9］屈萍，郑伟涛．我国电子竞技运动的发展现状、前景与对策［J］．体育成人教育学刊，2010（2）：16-18.

［10］张鑫，金青梅．我国电子竞技职业化路径分析［J］．体育文化导刊，2016（7）.

［11］白磊．浅析奥林匹克体育赛事 IBC 转播供电系统架构和应急处理［J］．现代电视技术，2018（5）：53-55，36.

［12］王莉．大型国际田径赛事组织工作的完善途径［J］．四川体育科学，2016，35（5）：5-8.

［13］陈奕纬．2007 年全国电子竞技运动会赛事差异化管理研究［D］．福州：福建师范大学，2008.

［14］刘东波．我国承办大型体育赛事风险管理机制研究［D］．长春：东北师范大学，2010.

［15］李壬戌，李艳丽．浅议单项体育赛事运作流程设计［J］．生物技术世界，2014（10）：231.

［16］孙会杰．我国电子竞技赛事组织管理研究［D］．北京体育大学，2007.

［17］赵子健，任重．中国电子竞技运动产业化发展模式研究［J］．武汉体育学院学报，2006（09）.

［18］李树．双边效应：我国电子竞技赛事运营产业商业模式初探［J］．中网络传播研究，2016（01）.

［19］张宏圣．电竞赛事的本与末［J］．电子竞技，2015（24）.